LES TRÉSORS DE L'ASIE

COLLECTION ÉTABLIE PAR

ALBERT SKIRA

LES TRÉSORS DE L'ASIE

LA PEINTURE PERSANE

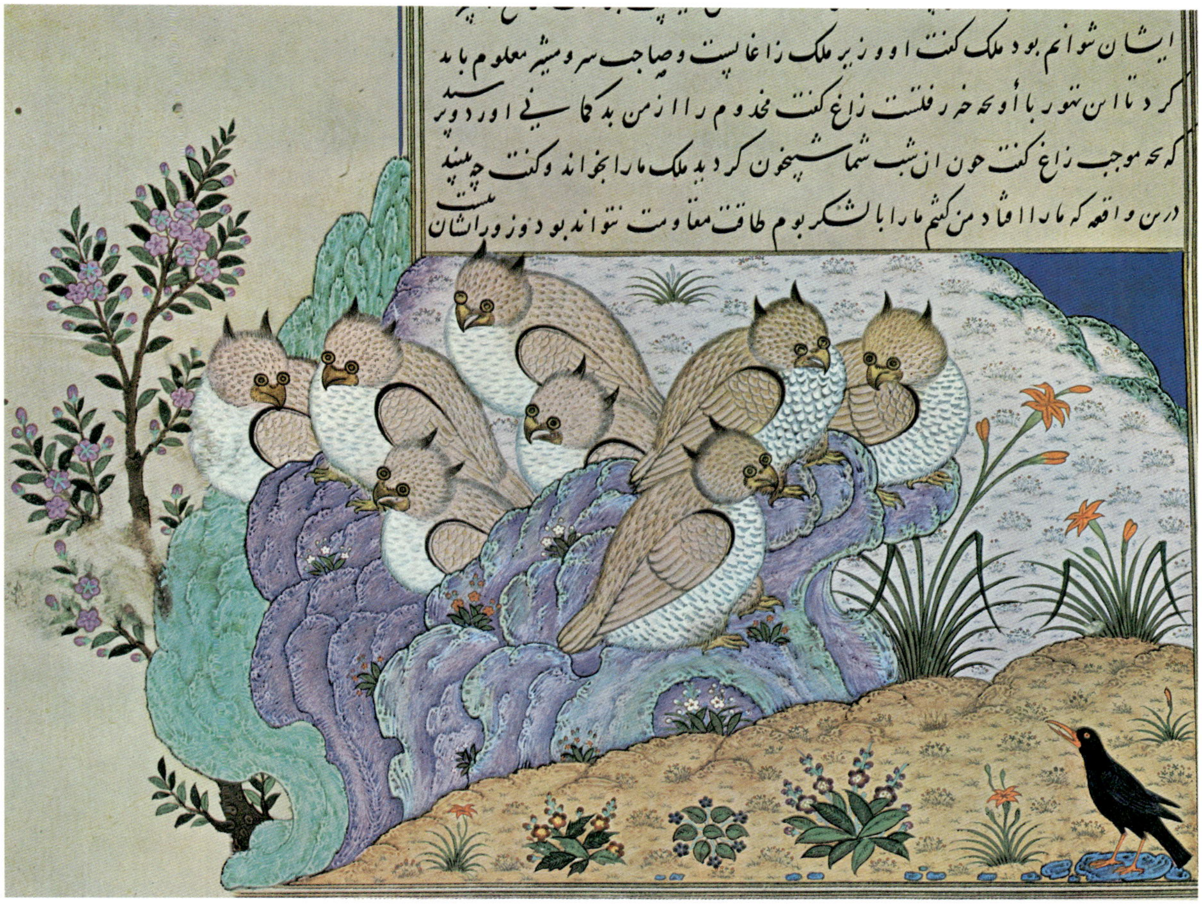

TEXTE DE BASIL GRAY

Conservateur des Antiquités orientales au British Museum

SKIRA

BOOKKing international

PHOTOGRAPHIES

Henry B. Beville, Washington (pages 20, 21, 28, 29, 32, 49, 54, 58, 59, 60, 61, 97, 102, 103, 107, 128, 135, 137, 143, 149, 153, 157, 158, 161, 164, 165, 169), Zoltán Wegner, Londres (pages 24, 25, 27, 46, 47, 66, 71, 73, 87, 89, 90, 91, 112, 116, 117, 120, 122, 123, 134, 140, 144, 150, 160), Maurice Babey, Olten (pages 3, 35, 38, 39, 41, 42, 43, 63, 68, 82, 83, 84, 105, 106, 132, 133), Hans Hinz, Bâle (pages 74, 75, 76, 77, 79 et liseuse), Claudio Emmer, Milan (page 86), et par les soins des services photographiques de la Bibliothèque Nationale à Paris (pages 45, 81, 131, 162) et de Oxford University Press, Oxford (pages 50, 98, 100, 119).

CE VOLUME EST SORTI DES PRESSES DES
IRL IMPRIMERIES RÉUNIES
LAUSANNE S.A.

Traduit de l'anglais par Yves Rivière

*

Planche de la page de titre:

Kalila wa Dimna de Baysonqur: Les hiboux et le corbeau (folio 66 recto).
Herat, 1430 - (H. 0,117; L. 0,177). Istamboul, Palais de Topkapi, Revan 1022.

*

ISBN 2-605-00065-6

IMPRIMÉ EN SUISSE

Ce livre n'aurait pu trouver son accomplissement s'il n'avait bénéficié de l'aide généreuse de tous ceux qui ont la charge de conserver les chefs-d'œuvre de la Peinture Persane, aujourd'hui dispersés à travers le monde. C'est pourquoi nous sommes particulièrement redevables au Dr Mehdi Bayani, directeur de la bibliothèque impériale du Palais du Goulistân à Téhéran, qui nous a donné accès aux manuscrits de cette collection et qui nous a aidés à obtenir la permission royale de reproduire les miniatures choisies. Nous tenons à exprimer ici toute notre reconnaissance à M. Haluk Bey, directeur de la bibliothèque du Palais de Topkapi, et à M. Kemal Çig, directeur du Musée d'Art turc et islamique à Istamboul pour nous avoir accordé la permission de reproduire quelques-uns des trésors de leurs collections. Nous avons aussi le grand privilège de pouvoir inclure dans l'illustration de cet ouvrage les œuvres encore inédites de la Fondation Gulbenkian à Lisbonne, de la bibliothèque du Palais de Topkapi et de la bibliothèque de l'Université à Istamboul, et de la collection Berenson à Settignano.

Je tiens à remercier pour leur aide mes collègues des différents pays, en particulier le Dr Richard Ettinghausen, de la Freer Gallery, à Washington, le Dr Maurice Dimand, au Metropolitan Museum à New York, le Dr Karl Kup, à la Public Library de New York, Miss Dorothy Shepherd, au Musée de Cleveland, Dr Dorothy Miner, de la Walters Art Gallery à Baltimore, MM. Eric Schroeder et Cary Welch au Fogg Art Museum à Cambridge, et mes amis au British Museum, Kenneth Gardner, conservateur des manuscrits orientaux, et son assistant Glyn Meredith-Owens, M. N.C. Sainsbury, conservateur des manuscrits orientaux à la Bodleian Library à Oxford, le Dr R. J. Hayes, de la Chester Beatty Library à Dublin, le professeur David Talbot Rice, à l'Université d'Edimbourg, et M. Jean Porcher, conservateur des manuscrits de la Bibliothèque Nationale à Paris. Je voue une reconnaissance particulière à M. Pinder-Wilson qui a relu mon texte et m'a souvent assisté dans mon travail. Enfin, je veux exprimer ici toute ma gratitude à ma femme Nicolete qui m'a encouragé pendant la longue préparation de cet ouvrage et aidé par sa parfaite compréhension du sujet.

Je dédie ce volume au peuple de la Perse et à tous ceux, morts ou vivants, qui ont aidé à révéler au monde les beautés de la Peinture Persane.

BASIL GRAY

Londres, janvier 1961.

LA PEINTURE PERSANE

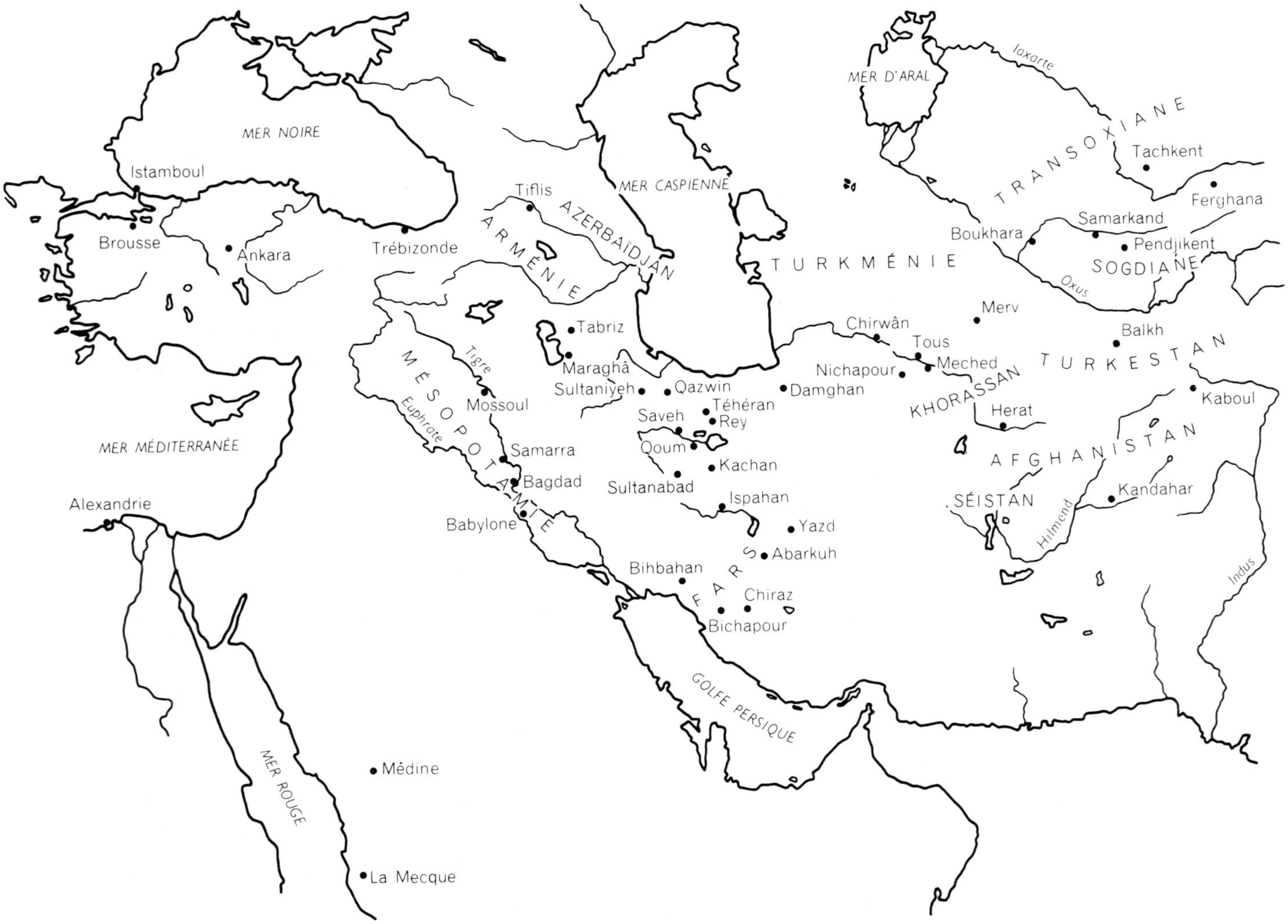
MER NOIRE
MER CASPIENNE
MER D'ARAL
MER MÉDITERRANÉE
MER ROUGE
GOLFE PERSIQUE
Iaxarte
Oxus
Tigre
Euphrate
Hilmend
Indus
Istamboul
Brousse
Ankara
Trébizonde
Tiflis
AZERBAÏDJAN
ARMÉNIE
TURKMÉNIE
TRANSOXIANE
Tachkent
Ferghana
Boukhara
Samarkand
Pendjikent
SOGDIANE
Merv
Chirwân
Tous
Meched
Nichapour
KHORASSAN
Balkh
TURKESTAN
Kaboul
Herat
AFGHANISTAN
SÉISTAN
Kandahar
Tabriz
Maraghâ
Sultaniyeh
Qazwin
Damghan
Téhéran
Rey
Saveh
Qoum
Kachan
Sultanabad
Ispahan
Yazd
Abarkuh
Bihbahan
FARS
Chiraz
Bichapour
MÉSOPOTAMIE
Mossoul
Samarra
Bagdad
Babylone
Alexandrie
Médine
La Mecque

Introduction

1

Tout au cours de son histoire, la Perse a possédé une tradition qui s'est tenacement maintenue en dépit des vicissitudes des temps et d'une situation géographique difficile. L'âpre plateau iranien, le cœur de la Perse, explique l'importance vitale de l'eau dans ce pays; les montagnes neigeuses qui le cernent la lui envoient. Zone de transit à d'innombrables vagues d'envahisseurs dès l'époque préhistorique, le plateau, chaque fois qu'il s'est trouvé sous un pouvoir fort, a constitué l'assise d'un empire englobant des plaines et des vallées bien arrosées, au sud-ouest la Mésopotamie et au nord-est les pays de l'Oxus et du Iaxarte. Les Achéménides, lignée de chefs capables et dynamiques, au VIe siècle avant notre ère, fondèrent le plus grand de ces empires; ils mirent sur pied une administration provinciale liée et reliée au pouvoir central par un célèbre réseau de communications que devaient conserver tel quel, ou presque, les siècles suivants. Alexandre défit cet empire; après lui, des puissances étrangères se succèdent à la tête du pays. Par moments, les provinces s'érigent en unités presque autonomes, des empires passagers se les partagent; mais le souvenir de la grandeur achéménide ne se perdra jamais. La permanence persane, la pérennité de sa langue l'incarne aussi. Si elles lui infligent des destructions sans nom, les invasions n'ouvrent pas moins la Perse à de fructifiantes influences. La conquête macédonienne est responsable d'échanges commerciaux intenses et poursuivis avec le monde méditerranéen, déjà conscient du reste de l'existence de la Perse; les monnaies persanes présentes dans tout le monde classique l'attestent. Le contrôle de la route terrestre vers la Chine enrichit les commerçants persans tout en valant au pays une connaissance réelle de la plus grande civilisation asiatique du premier millénaire. La Perse sous les Parthes et les Sassanides a souvent paru l'antagoniste majeur de Rome et de Byzance; en réalité, elle a plutôt été une sorte de « royaume du milieu », terrain de germination idéal pour beaucoup de traditions différentes. La grande route du nord qui, traversant le pays, reliait Rome et Byzance à la Chine, apportait la soie au monde gréco-latin. Du Ferghana, célèbre pour ses chevaux, elle franchissait, après Samarkand et Boukhara, l'Oxus pour toucher, au Khorassan, Merv et Nichapour, ou, plus à l'est, Balkh et Herat; de là, le désert, de Damghan à Rey, cité proche de la Téhéran moderne. Après quoi, elle prenait au nord-ouest, par Sultaniyeh, Tabriz, le col ouvrant sur l'Arménie, et enfin la Mer Noire.

Le long de la frange ouest du même désert courait vers le sud une autre route allant de Rey à Qoum, Ispahan et Chiraz, capitale du Fars, la province méridionale qui donna son nom à la Perse et à sa langue, le *farsi*.

Cette dernière, on l'a déjà dit, atteste la continuité persane à travers l'histoire; pourtant, à un certain moment, elle parut condamnée à disparaître devant l'arabe, en tant qu'idiome littéraire et administratif à tout le moins. Le changement le plus profond, le plus durable qui ait affecté la Perse lui vient de la conquête arabe; elle est vivement menée, de 635 à 652; la monarchie perse s'écroule et des gouverneurs arabes remplacent l'aristocratie locale; encore plus grave sans doute, la conversion générale de la population à la religion des conquérants, car cette dernière se fondait avant tout sur le livre sacré rédigé en arabe, qui devint par la suite la langue du gouvernement, celle de l'enseignement religieux, celle des controverses sacrées. Par conséquent, celle des gens cultivés; la science et l'histoire bénéficient certes de sa diffusion dans tout le monde musulman. Pourtant, en dépit de tout, le peuple persan a conservé sa langue originelle; lorsque le califat au IXe siècle commence à se dégrader, le pouvoir revient aux mains des autochtones qui recherchent et suscitent une renaissance sémantique d'autant plus remarquable que sous les Sassanides la littérature s'était en fait limitée aux textes officiels du zoroastrisme. La minorité restée fidèle à l'ancienne religion n'a pas joué néanmoins de rôle de premier plan dans ce renouveau; la graphie arabe reste en place; elle transcrit le persan comme l'arabe. Si la nouvelle langue persane est truffée de termes et de formules arabes, elle plonge ses racines dans l'ancienne tradition orale du peuple, dans le passé et les mythes de la Perse dont l'origine remonte aux temps où les Persans nomadisaient encore dans les steppes de l'Asie Centrale. De ces antiques traditions, le zoroastrisme avait réalisé la synthèse et le clergé officiel tiré une religion d'État fondée sur le dualisme, et qui s'exprimait dans les hymnes de l'*Avesta*. Maintenant, on va rédiger ce *corpus* dans la graphie nouvelle; on le réalise en vers qui se souviennent des chants des poètes ambulants d'autrefois. C'est grâce à eux que se transmettent pendant les trois cents ans qui séparent la chute de la monarchie sassanide de la rédaction du poème au Xe siècle, auprès du Samanide Nuh II b. Mansour (976-997) et du Ghaznévide Mahmoud (998-1030), les récits qui composent le *Châh-Nâmeh* ou Livre des Rois. Roudaki, le premier poète persan dont une œuvre écrite ait survécu — de façon très fragmentaire toutefois — n'était en réalité qu'un baladin aveugle au service d'un Samanide. Daqiqi, à qui Nuh II donna l'ordre de composer un *Châh-Nâmeh* en vers, semble avoir éprouvé des sympathies, si ce n'est plus, pour le zoroastrisme. Comme ces premiers poètes avaient charge de composer en série des œuvres panégyriques — des *qaçidas* — cette longue épopée nationale ne pouvait les dérouter. Firdousi, de Tous, la réalisa; en trente-cinq ans il rédigea donc un poème de quelque cinquante mille vers où il intégra les mille couplets composés par Daqiqi avant sa mort. Tel est le *Châh-Nâmeh* que nous connaissons aujourd'hui; il n'est aucun Persan à qui il ne soit familier.

Firdousi a suivi de près des comptes rendus de l'histoire nationale qui remontent au moins à la fin de la période sassanide; le fait est sûr. Mais n'existait-il pas en même temps, parallèle à celle-ci, une tradition tout aussi ancienne d'illustration peinte des mêmes sujets? Firdousi décrit de vieilles cérémonies sassanides de façon extrêmement vivante, comme picturale; pourtant, il ne peut les avoir vues; par exemple, le trône de Khosrow au-dessus duquel on suspendait par une chaîne d'or la couronne royale chaque fois que le souverain venait s'y asseoir. La Perse possédait depuis très longtemps, semble-t-il, l'habitude de décorer les murs de ses palais avec des représentations historiques. D'autre part, Firdousi a fait appel à des textes écrits; sa version suit en effet de très près certains documents antérieurs à lui que nous possédons. L'étape suivante est facile à franchir: pourquoi ne s'agirait-il pas d'ouvrages illustrés? En l'absence de tout manuscrit, rappelons-nous simplement que la Chine a donné le papier à la Perse en 753. De la peinture sassanide, seuls ont subsisté des fragments de peintures murales; mais presque tous en dehors des frontières propres de l'Iran. C'est à partir d'indices incertains, qu'appuyent parfois de rares données écrites, qu'il faut reconstituer l'histoire de la peinture persane antérieure à 1200.

Pour le Dr R. Ghirshman, le meilleur juge en la matière, la décoration des murs avec des peintures de personnages se serait répandue sous les Sassanides à partir du milieu du IVe siècle et dans un style hellénisé comme celui qu'on trouve chez les Parthes. En ces temps déjà, les sujets en apparence empruntés à l'Empire d'Orient, comme il en figure sur les mosaïques de pavement de Bichapour, sont gauchis; ils prennent une apparence orientale. Bichapour atteste une révolte contre le naturalisme et la montée de cette tendance conceptuelle qui se révélera étonnamment fertile dans l'avenir. S'il n'y a plus de peintures murales à Bichapour, un site afghan, dans la vallée de Khulm, Doukhtar-e-Noushirwân possède les restes d'une très importante peinture sassanide exécutée sur la face d'un rocher. Elle représenterait un gouverneur assis sur son trône officiel, sous une couronne d'ailes blanches, bordée de perles et surmontée d'une tête de lion. Les coloris sont riches: lapis-lazuli, ocre jaune et blanc, fond brun neutre. L'attitude du héros, son siège, rappellent la fameuse coupe de cristal de roche du Trésor de Saint-Denis (aujourd'hui au Cabinet des Médailles à Paris) où un souverain, qui serait le roi sassanide Kavadh Ier (488-532), est assis sur un trône du même genre, avec des pieds en forme de chevaux ailés. Ce fragment de peinture murale est sans doute contemporain de la coupe. Sa palette se compare à celle des peintures murales bouddhistes des Souei, à la fin du VIe siècle, à Touen-houang, sur la frange occidentale de la Chine, région où l'influence sassanide fut particulièrement marquée à cette période; ce site se trouvait en effet au débouché de la route reliant les deux pays.

Touen-houang pratique les fonds rouges dès la fin du Ve siècle, et la Perse proprement dite au IVe siècle, sinon plus tôt encore, si les restes d'une peinture murale découverte à Suse remontent, ainsi que l'estime son inventeur le Dr R. Ghirshman pour des raisons archéologiques, au temps de Châpour II (309-379). Cette œuvre s'est détachée de sa paroi peu après son exécution, mais, sur ce qui en reste, le fond rouge et bleu est net, qui porte des cavaliers colorés à l'aide de lavis plats à l'intérieur de contours d'un brun noir appuyé. Seul soupçon de paysage, de petits croissants qui pourraient symboliser des plantes.

A Pendjikent, dans le Khwarezm soviétique, à l'époque sassanide dans l'orbite culturelle de la Perse, une expédition russe a récemment découvert un important ensemble de peintures murales. Elle y a reconnu le cycle du héros persan Rostem. Le fragment le mieux préservé mesure quinze mètres de long; une troupe de cavaliers y part pour la guerre; le héros affronte un serpent monstrueux; le tout se découpe sur un fond bleu; un autre fragment décrit la lutte de Rostem contre des démons à demi anthropomorphes. Les monnaies et les débris de manuscrits trouvés sur ce site situent ces peintures au début du VIIe siècle. Pendjikent, en Transoxiane, à peu de distance de Samarkand, fut l'un des grands centres de la Sogdiane, où vivaient à cette époque, sous le pouvoir des Ikhshides, des peuplades d'origine aryenne et de religion surtout zoroastrienne. Avant que ce même siècle ne s'achève, les Arabes chassent les Ikhshides; ils ne disparaissent tout à fait pourtant qu'en 728 lorsque les Turcs essaiment dans tout le pays. La complexité des mélanges de races, de la succession des pouvoirs en ces contrées se voit clairement à ce détail de leur histoire. Mais aussi la permanence, la résistance de l'entité artistique et littéraire qu'est la Perse. Pendant tout le cours des siècles, ces données resteront vraies; les races d'où sortit la nation perse sont nombreuses; ses poèmes et leurs illustrations — miniatures ou peintures murales — durent plus d'une fois la vie à des chefs d'origine étrangère.

L'épopée de Rostem, thème capital du *Châh-Nâmeh*, ne faisait pas initialement partie de la légende nationale; le cycle de ses exploits s'est formé, semble-t-il, dans le Séistan, province au sud de l'Afghanistan, et qui n'appartenait pas à la Perse la plus authentique. L'épopée ne se serait incorporée qu'assez tard ce thème. Avant tout, le *Châh-Nâmeh* est presque areligieux; il ignore la morale musulmane et respecte seulement la monarchie royale et ses nobles, et il reflète sans doute l'état réel de la Perse sassanide. Cette relation légendaire des luttes héroïques qui opposèrent l'Iran et le Touran, c'est alors que le pays se trouvait sous la domination turque qu'on la composa. Sa popularité n'a nullement souffert des pouvoirs mongol et timouride. Truffée de détails vivaces, elle n'en est pas moins un cycle d'aventures romantiques, chevaleresques, batailles des bons héros contre les forces de la nuit, qui, tous les deux, obéissent du reste aux mêmes impératifs éthiques.

La position dominante du *Châh-Nâmeh* dans l'histoire de la peinture persane tient à ce que la morale musulmane n'admettait pas les représentations de personnages. Or, dès le début du califat, des peintures murales profanes décoraient les palais et les bains. En Syrie et en Mésopotamie, elles relevaient de l'esthétique méditerranéenne; en Perse, elles perpétuaient les traditions persanes. La conquête arabe n'a entraîné aucune coupure dans les autres arts. Quelques références littéraires: rien d'autre ne permet aujourd'hui de juger la peinture du VIIIe siècle. Le *Tanbih*, ou *Compendium*, de Mas'oudi, renferme un texte très important pour la peinture; dans son huitième livre en effet cet auteur rapporte qu'en 915, il vit dans la maison d'un noble du Fars un gros volume de légendes et traditions persanes où figuraient tous les rois perses de lignée sassanide, chacun d'eux représenté au jour de sa mort. Ces peintures étaient exécutées dans les coloris les plus riches, avec de l'or et de l'argent. Chaque monarque se livrait à quelque occupation quotidienne ou siégeait entouré de ses courtisans. Ce livre aurait été copié sur une version antérieure que Mas'oudi place en 781. Les IXe et Xe siècles ne nous ont transmis aucune illustration de livre, aucune peinture murale, en dehors de quelques dérisoires fragments. Le califat abbasside, dès sa fondation, en 750, se révéla très persianisé, dans la politique comme dans les arts. Le siège du califat, Bagdad, avait autrefois fait partie de l'empire sassanide; rien d'étonnant donc que, suivant l'expression du Dr Ettinghausen, « le caractère persan de la peinture abbasside de l'Irak ne fasse pas l'ombre d'un doute ».

Ce jugement s'appuie sur des restes mis à jour à Samarra, sur le Tigre; cette ancienne capitale, construite par le calife Motassim, ne fut occupée que de 833 à 838. Une expédition allemande l'a fouillée de 1910 à 1914 et a publié ses découvertes dans une série de volumes, dont l'un, dû à Ernst Herzfeld, est consacré aux peintures murales. Les peintures de personnages étaient nombreuses, ce qui est assez normal puisque Samarra perpétuait en quelque sorte l'art officiel sassanide. Danseurs et gardes, chasseurs et domestiques, sont représentés figés, de face, dans des attitudes symétriques, à l'intérieur de cadres précis, souvent composés de rangées de perles. De grandes têtes, des traits puissamment indiqués, mais des coloris somptueux et de l'or sans parcimonie. D'une façon générale, peu de mouvement, mais dès que le souci en existe, comme dans un couple de danseurs célèbre, les plis des vêtements prennent plus de complexité; draperies agitées, jupes plissées offrent comme un reflet du vieux style sassanide; plusieurs récipients d'argent de cette époque, décorés de chasses et de festins, l'illustrent aussi. Emmy Wellesz l'a bien montré, rapprochant ces peintures des constellations qui apparaissent dans certains ouvrages astronomiques tels que le livre sur les étoiles fixes d'as-Soufi. Ces œuvres ne pouvaient être que conservatrices. Ce sont en fait des diagrammes bien plus que des miniatures, mais elles n'en donnent pas moins une idée du répertoire, aussi solennel que décoratif, de la période abbasside.

Le caractère sassanide de la peinture de Samarra ne fait aujourd'hui aucun doute; cependant, comme cette ville n'a fourni aucun livre illustré, c'est vers Tourfan, sur la voie nord de la route d'Asie Centrale, qu'il faut se tourner. L'expédition Le Coq y a en effet découvert de précieux fragments des manuscrits illustrés des Manichéens qui vivaient là au début du IXe siècle. Des Turcs Ouighours régnaient sur cette région à cette époque; ils s'y maintinrent de 750 à 850 à peu près. Les Manichéens avaient été chassés de Perse par l'invasion arabe; ils étaient rompus depuis longtemps à l'illustration des livres. Le fondateur de la religion, ou de l'hérésie, manichéenne, Mani (mort en 274) a toujours possédé en Perse la réputation d'un peintre doué de moyens suprêmes, et jusque dans les milieux qui persécutèrent ses prosélytes et ses disciples. Un passage de saint Augustin fait allusion à la richesse des livres manichéens: ce sont de beaux manuscrits avec d'exquises reliures, dit-il, quoique leur contenu appelle le bûcher. Leur enseignement ésotérique et antisocial, combiné au bonheur de leurs entreprises de catéchisation dans de nombreuses régions, explique les persécutions dont les fidèles de la secte furent victimes. Un texte raconte qu'en 923, à Bagdad, le calife Mouktadir ayant ordonné qu'on brûlât en public tous les livres manichéens, des ruisseaux d'or et d'argent en fusion sortirent de la fournaise ainsi allumée. De tous ces trésors ne subsistent aujourd'hui que les quelques fragments découverts par Le Coq. Sans conteste, il s'agit d'un travail iranien. Les miniatures, qu'elles soient à côté du texte ou au-dessus de lui, lui sont étroitement liées; le fond est bleu uni, rectangulaire; on utilise un rouge, un pourpre, un blanc, un or et deux verts, l'un foncé et l'autre pâle. Des contours nets cernent les personnages;

des lavis de couleurs plates emplissent ensuite ce cloisonnement, et parfois se surimposent sur les vêtements des rosettes en thèmes simples. Le seul soupçon de paysage se réduit à des arbres stylisés; des arabesques florales comblent de temps en temps les vides. Chaque page est peinte sur ses deux faces. La dernière guerre a malheureusement valu à ces pauvres fragments de nouvelles vicissitudes. Leur importance n'en est que plus grande; ce sont en effet les premiers témoignages authentiques de la peinture de livre persane; à eux seuls, ils incarnent le style du premier millénaire tout entier.

Le style métropolitain de l'époque abbasside, dont Samarra est l'exemple, exerça une profonde et réelle influence dans tout l'empire; il toucha même des régions qui n'en faisaient pas partie, telles que la Sicile normande et, transmis par les Fatimides de goût plus conservateur que les Arabes de Mésopotamie (Irak), l'Espagne musulmane dans la première moitié du XIIe siècle. Les fascinants panneaux peints du plafond de la Chapelle Palatine à Palerme appartiennent plus à la peinture arabe qu'à la peinture persane. En Perse orientale, cette tradition de peinture murale dans les palais se maintient vivante aussi; le peu qui en subsiste, à Nichapour, dans le Khorassan, le montre: un cavalier grandeur nature sur un mur nu, plusieurs fragments prouvant que les têtes étaient autrefois cernées de halos de couleur comme le pratiquait la peinture bouddhique du même temps, le IXe siècle, dans les temples rupestres de Touen-houang. La peinture de Nichapour appartient à une dynastie authentiquement persane, celle des Samanides; pourtant, le cavalier porte le costume de la steppe, de grandes bottes décorées de thèmes floraux, une couverture de selle en peau de léopard; il se sert de rênes, invention de l'Asie Centrale. Trois courroies pendent à sa ceinture de cuir, mode turque. La même tradition se manifeste dans la plus grande composition murale du califat oriental: la frise de chevaliers dans la salle d'audience de Lashkari Bazaar, palais ghaznévide sur les rives de l'Hilmend, en Afghanistan. C'est un témoignage supplémentaire de la permanence de cette tradition de peinture murale, avec ses gardes impressionnants, alignés, tous dans la même attitude martiale, celle-là même du factionnaire pendant les audiences publiques du souverain. Daniel Schlumberger qui a découvert et publié ces peintures en attribue avec juste raison les costumes à une mode sassanide restée vivace dans le Turkestan; il a naturellement évoqué les décorations des palais achéménides que n'oublièrent pas les envahisseurs turcs déferlant de l'Asie Centrale, ceux qui créèrent l'éphémère empire qui, de 995 à 1038, engloba le Pendjab, l'Afghanistan, le Séistan, le Khorassan et la plus grande partie de la Perse centrale. Comme à Samarra, des fleurs ou des fruits occupent les espaces libres. A vrai dire, ce style semble plus monumental, moins neuf et moins libre que le cavalier de Nichapour qui pourtant le précède de plus d'un siècle.

Telles sont sans doute les compositions murales auxquelles songea Firdousi dans son *Châh-Nâmeh*. Il fait aussi allusion à des portraits mobiles, sans doute sur panneaux volants, mais jamais à des livres illustrés. D'après Istakhri et Hamza al-Ispahani, au Xe siècle, les grandes familles féodales conservaient précieusement des livres enluminés préislamiques. D'un autre côté, et ce serait une preuve de l'estime dont aurait joui alors en Perse l'art de la Chine, le souverain samanide Nasr II (913-942) aurait convié à sa cour des peintres chinois pour illustrer la nouvelle traduction en persan du *Kalila wa Dimna* qu'il avait commandée au poète Roudaki. Toute trace de cette traduction et de cette illustration a disparu. Pour nous, actuellement, avant les invasions mongoles du début du XIIIe siècle, l'art de la Perse ignore toute influence chinoise.

Avant que les Mongols n'arrivent, déferle sur le pays une autre marée turque d'Asie Centrale, celle des Seldjoukides: de leurs rangs sont issus de grands sultans qui gouvernent le nouvel empire, de 1038 à 1157, et ensuite les *atabegs* qui en héritent. Période d'intense création pour la poésie et la littérature persanes. Nizamî est le plus important auteur de ces années, dont le *Khamseh* — ou recueil de cinq poèmes — sera souvent illustré par les peintres des siècles suivants. Cette époque elle non plus n'a laissé aucun manuscrit illustré. Sa poterie seule nous donne quelques notions de son dessin de personnages; deux de ses genres surtout: la poterie *mina'i*, associée à Rey, et la poterie lustrée et dorée, associée à Kachan et Saveh. Elles datent toutes les deux du dernier quart du XIIe siècle; on y a identifié des thèmes du *Châh-Nâmeh*, et les poèmes qui courent le long de leurs bords les lient d'une autre façon à la littérature. Mais le dessin lui-même, pour les personnages, ne dépasse guère le niveau artisanal, malgré la maîtrise avec laquelle on plie un thème donné à des formes données. Dans quelques cas rares, néanmoins, la poterie sert vraiment de véhicule à l'illustration; le champ de la représentation se divise alors en plusieurs registres, comme sur une page. La coupe de la Freer Gallery à Washington en fournit le plus fameux exemple; l'épisode de Bijen et Menijeh, tiré du *Châh-Nâmeh*, est représenté sous forme d'une succession de tableaux qui sont disposés sur trois étages. Extrême économie de moyens; les détails sont réduits à l'essentiel; mais ce n'est rien d'autre qu'une illustration. La grandeur de l'art sassanide s'est évanouie; le lyrisme et le romantisme des meilleures miniatures, du XIVe au XVIe siècle, n'a pas encore émergé. La Perse a peint d'innombrables miniatures et nombre d'entre elles n'ont d'intérêt que documentaire, mais les qualités propres qui font de cet art de la miniature l'un des grands moments de l'histoire culturelle du monde, et une expression unique du génie de ce pays, transcendent de loin toutes les œuvres quotidiennes. La peinture seldjoukide, les raisons de le croire sont assez solides, était encore asservie au sujet; si nous possédions l'un des premiers *Châh-Nâmeh* illustrés, nous y rencontrerions sans doute de ces petites scènes assez terre à terre. Par contre, une fois associés à l'arabesque abstraite, à la science des inscriptions, que possèdent souvent la poterie et le métal incrusté de cette époque, ces sujets à personnages accèdent à une authentique beauté formelle qui dépasse l'incident, la simple anecdote, tout en prenant appui sur les limitations propres du support employé.

En Irak, sous les dynasties seldjoukides, l'influence persane s'assoupit quelque peu; l'esprit démocratique de l'Islam prévaut, jusqu'à favoriser la naissance et le développement d'un dessin plein d'humour; en même temps, l'héritage scientifique de l'hellénisme se conserve à travers des illustrations utilitaires, fort proches de leurs textes, des transcriptions arabes de Dioscoride et de Galien par exemple. Les frontispices de ces ouvrages, eux, montrent parfois que la tradition sassanide est encore puissante. Entre dans cette époque un texte médical attribué à Galien, copié en 1199, sans doute à Mossoul, siège d'une école sous les *atabegs* zenguides, dont l'un, Nur ed-Dîn Arslanchâh (1193-1210), en ces années précisément, faisait de sa capitale un grand centre du métal incrusté et gravé. En 1210, Badr ed-Dîn Lu'lu, esclave arménien capturé au combat, devient régent; en 1233, son pouvoir n'est contesté par personne; il le conservera jusqu'à sa mort, en 1259. A son intention, entre 1217 et 1219, on copie en vingt volumes la grande anthologie de poésie arabe, le *Kitab al-Aghânî*; la moitié en existe encore dans les bibliothèques d'Istamboul, du Caire et de Copenhague. Six de ces volumes ont des frontispices avec des cadres; dans chacun, le protecteur se livre aux plaisirs de la cour ou de la chasse. Style splendide et monumental, riche de coloris, hiératique de tempérament. Les frontispices d'un très beau manuscrit de Galien de la Staatsbibliothek à Vienne, auquel il faut assigner la même origine, l'illustrent aussi. Un ouvrage chrétien de la Bibliothèque vaticane, évangile syriaque copié en 1220 près de Mossoul au monastère de Mar Mattei, est également du même style, malgré une bien naturelle influence iconographique de Byzance. Ce sont les mêmes fonds rouges et les mêmes étoffes vestimentaires à thèmes floraux que sur les manuscrits seldjoukides de cette période. Il semble difficile de dissocier aujourd'hui ce style de la région de Mossoul.

Un manuscrit qui n'a pas d'équivalent relie l'école irakienne du début du XIIIe siècle à celle de la Perse seldjoukide; c'est un poème romantique en persan intitulé *Varka va Goulchâh* (Istamboul, Bibliothèque du Palais de Topkapi, Hazine 841). Une bonne partie de ses soixante-dix miniatures a des fonds colorés, rouge, vert, or ou bleu; tous les vides sont occupés par des arabesques florales, des arbres stylisés ou des oiseaux en vol. Le dessin des personnages rappelle celui de la poterie seldjoukide persane mais les plis des étoffes bien plus le naturalisme de l'Irak que les arabesques plates de la poterie. Presque toutes les têtes sont cernées de halos ronds comme, dans la Syrie contemporaine, les récipients de verre émaillé. Beaucoup de chevaux sont particulièrement puissants et bien dessinés. Cet ouvrage appartient manifestement à l'époque seldjoukide; il n'étonnerait pas de la part d'un cercle irakien, mais le poème est en langue persane, et son calligraphe était d'origine persane. Ces illustrations sont pour nous comme un reflet unique de l'art inconnu de la miniature en Perse seldjoukide.

Le paradoxe qui émerge de ce rapide survol de l'histoire de la peinture en Perse avant les invasions mongoles, c'est que cet art devra attendre, pour parvenir à la puissance expressive, à l'imagination qui feront plus tard sa saveur toute spéciale, d'avoir découvert le dessin chinois. Il faudra ce contact, semble-t-il, pour que le génie persan, par une mystérieuse catalyse, se libère et dépasse les autres arts du livre.

Le style mongol sous les Il-khans

2

De 1220 à 1258, les Mongols, à la suite de raids d'une violence inouïe, s'emparent de la Perse. La population urbaine est plus que décimée; la plupart des grands centres de civilisation sont réduits à l'état de ruines. Les conquérants entendent contraindre le pays tout entier à une servilité tremblante pour n'avoir à y laisser en garnison qu'une troupe d'occupation peu nombreuse. Mais les Mongols assenèrent de tels coups au pays qu'ils faillirent y perdre eux-mêmes. Avec la conquête, en effet, s'ouvre l'interminable série des révoltes que suivent en nombre égal les hécatombes. Dresser le compte exact des destructions, des pertes en vies humaines et en biens matériels serait impossible. Le pays ravagé ne se relèvera jamais complètement de ce désastre; les réseaux d'irrigation ne seront plus reconstruits; bien des villes ne retrouveront jamais leur prospérité ou simplement leurs dimensions antérieures. Le déferlement mongol réduisant tellement de bibliothèques en cendres explique la rareté des manuscrits qui lui sont antérieurs. Mais, pour administrer le pays, pour lever les impôts, il fallait aux Mongols le concours de fonctionnaires et de ministres persans. Sous Gengis Khan déjà, les marchands doivent à leur fonction économique un statut privilégié. De plus, certaines provinces, comme la Transoxiane, dont les pâturages n'étaient pas sans ressembler à ceux de l'Asie Centrale, patrie d'origine des envahisseurs, furent relativement épargnés; les coups les plus durs, ce fut sur le Khorassan et sur l'Irak qu'ils s'abattirent. A en croire le ministre et historien persan Ala ed-Dîn Djouwaynî, sous Djaghataï, « une femme portant un vase d'or sur sa tête pouvait se déplacer sans crainte » en Transoxiane. En compensation, la domination mongole a donné à la Perse légalité, ordre et sécurité.

En 1251, le Grand Khan Mangou accorde certaines réformes que promulgue dans les provinces de l'ouest Houlagou qui le représente à Samarkand en 1255. En ces années néanmoins, les Mongols, toujours attachés à leur vie nomadisante, ne dépassaient sans doute guère, dans l'horizon de leur mécénat, les limites de leurs tentes décorées de broderies imagées. La Perse doit attendre le règne de Il-khan Ahmed (1282-1284) pour voir à sa tête un musulman animé de sympathie réelle à l'égard de sa culture. Marie Paléologue, femme d'Abaga (1265-1282), son prédécesseur, était chrétienne et avait entretenu des relations épistolaires suivies avec plusieurs souverains occidentaux. Longtemps après sa mort, on retrouve dans l'art de la cour mongole une indéniable

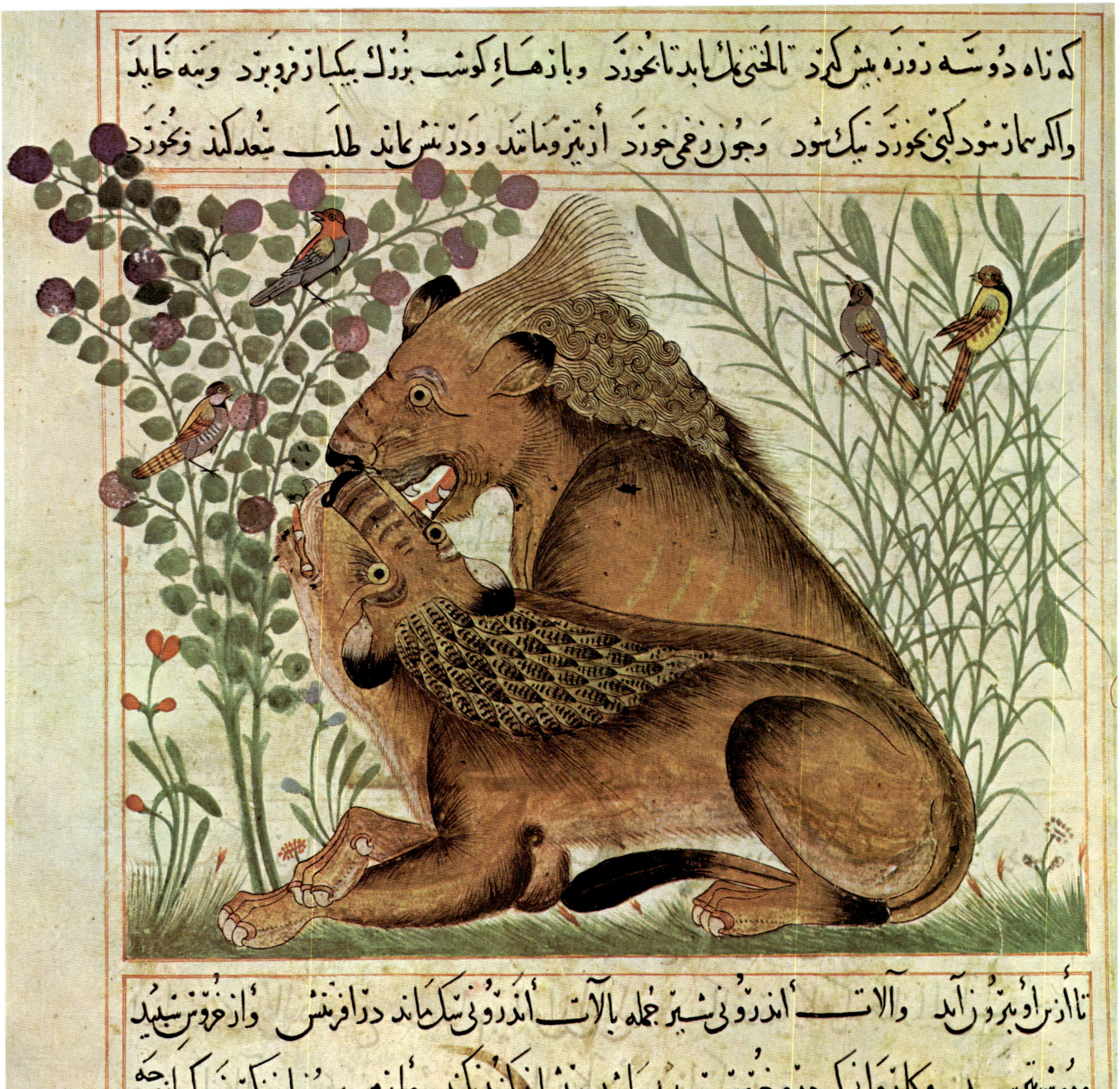

Bestiaire (Manafi' al-Hayawan) d'Ibn Bakhtishû: Lion et lionne (folio II recto).
Maraghâ, 1298 - (H. 0,34; L. 0,245). New York, Morgan Library, M. 500.

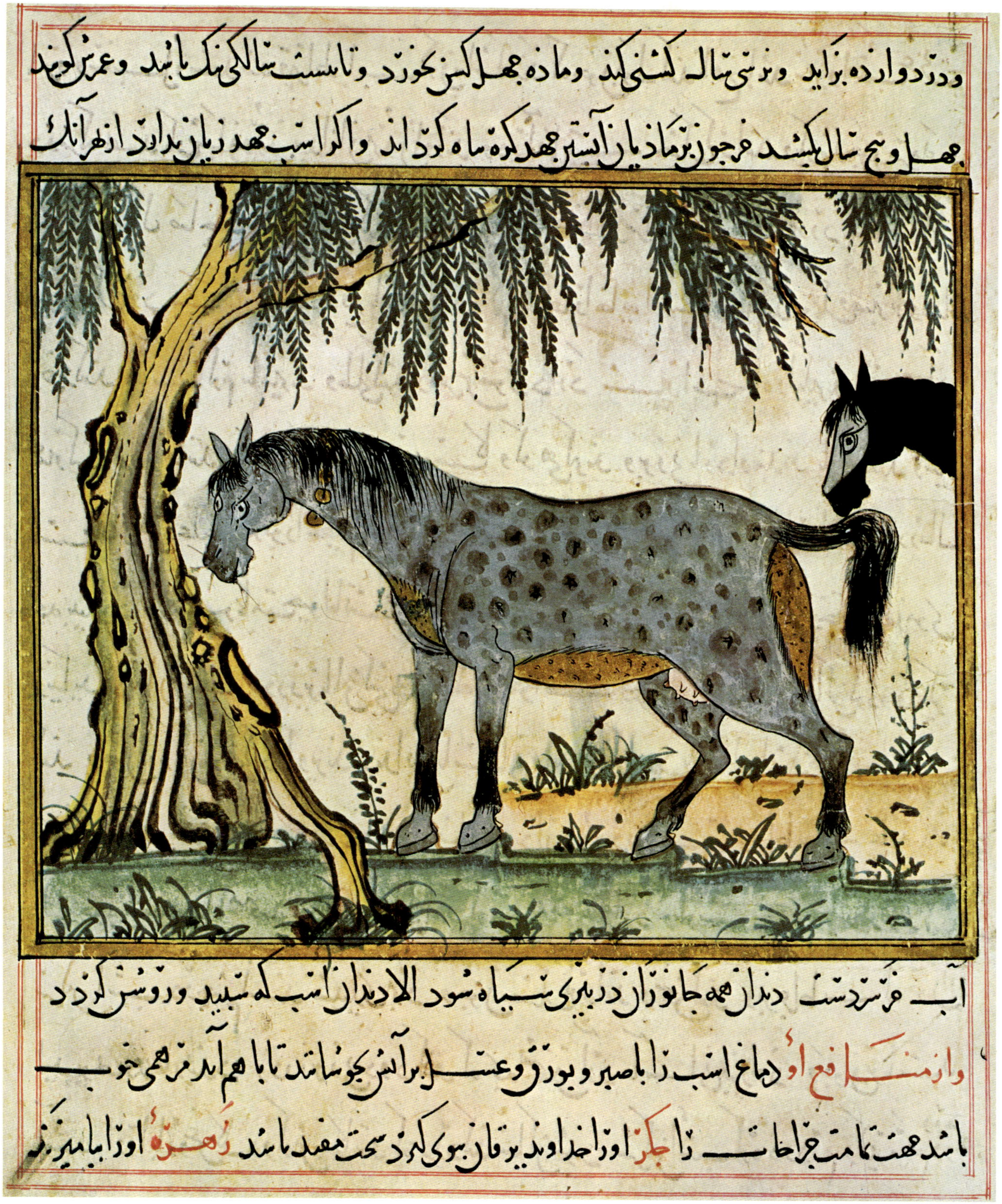

Bestiaire (Manafi' al-Hayawan) d'Ibn Bakhtishû : Chevaux (folio 28 recto).
Maraghâ, 1298 - (H. 0,34 ; L. 0,245). New York, Morgan Library, M. 500.

influence chrétienne. Mais Argon (1284-1291) est bouddhiste; raison, parmi d'autres, des influences artistiques chinoise et d'Asie Centrale qui se manifestent en Perse à côté de la précédente. Les Il-khans ont eu pour premières capitales des centres cosmopolites où la tolérance religieuse était de tradition. Même après qu'il eut proclamé l'Islam religion d'État dans son royaume, Ghazan (1295-1304) ne se détourne pas de l'intérêt qu'il a toujours éprouvé pour la connaissance érudite, motif de la présence à Tabriz de nombreux savants étrangers. Avec lui, les Mongols s'installent définitivement dans des villes où ils se font construire de vastes et somptueuses résidences.

Le plus ancien manuscrit persan illustré qui nous soit parvenu date du règne de Ghazan. C'est un ouvrage d'histoire naturelle écrit en arabe en 941 sur les ordres du calife al-Mouttaki par son médecin chrétien Ibn Bakhtishû. Ghazan fit traduire cette compilation célèbre en persan par Abd al-Hâdî et c'est très vraisemblablement l'original persan qui constitue aujourd'hui le M. 500 de la Pierpont Morgan Library de New York. Cette œuvre porte un colophon daté, mais dont le troisième chiffre n'est pas net. Il faut sans doute lire 1298; en tout état de cause, c'est à Maraghâ, l'une des premières capitales mongoles en Azerbaïdjan, à quelque 110 km. au sud de Tabriz, que cet ouvrage a vu le jour. En son état actuel, il renferme quatre-vingt-quatorze miniatures, mais dont un bon nombre n'ont guère que de 3 à 5 cm. Fait plus grave, l'illustration n'a jamais été terminée; elle contient quelques peintures plus récentes.

Comme le texte primitif avait été composé à Bagdad, l'exemplaire qu'utilisa le traducteur persan provenait certainement de cette ville, et il était sans doute proche des recueils de fables du XIIIe siècle ou de l'histoire naturelle du British Museum (Or. 2874). Les miniatures de Bagdad, qui ne sont pas naturalistes, constituent des diagrammes plats avec des animaux décoratifs dans des paysages stéréotypés. Les contours sont puissamment marqués; les expressions peuvent trahir un certain sens de l'humour. Les arbres et l'eau sont fort loin de la réalité; les feuilles, un simple motif uniforme que l'artiste dispose avec un souci plastique le long des branches; une mare, une mosaïque de vaguelettes; et l'herbe qui la cerne, la répétition d'un thème toujours le même. Le ciel, lorsqu'il apparaît, n'est qu'un arc inversé où s'inscrit le soleil, tel une pierre dans sa monture. Le tout est disposé sur la page comme des spécimens dans un herbier, sans frontière pour séparer l'illustration du texte. Les miniatures de la Morgan Library par contre possèdent pratiquement toutes un cadre; à l'arrière-plan, la végétation est presque toujours rendue avec un souci naturaliste. Malgré les éléments chinois de toutes ces miniatures, ou peu s'en faut, d'un bout à l'autre de l'ouvrage court une présence mésopotamienne. C'est-à-dire que l'archaïsme est maladroitement lié au naturalisme, dont la Chine vient de donner le souci à la Perse. Que comprendre? L'univers du manuscrit de la Morgan Library est conçu du point de vue de l'animal. Les bêtes sont chez elles dans ces paysages, entourages simples dans les vingt premiers folios, arbres impressionnistes du folio 60 verso avec ses pies. Ces deux styles correspondent à deux genres de peinture chinoise, le rouleau horizontal et la feuille d'album d'une part, où les supports des oiseaux et des animaux sont réduits au minimum, et de l'autre, le paysage à l'encre et en couleurs légères d'où ce bestiaire pourrait directement provenir. Le peintre musulman était contraint de donner à ces éléments allure plus héraldique. Pour les associer sur sa page vierge au trait de l'écriture arabe classique, il devait les rendre plus formels. De plus, sa ligne diffère sensiblement du contour solide de l'école de Bagdad. Il a assimilé le sens chinois de la fourrure et du pelage. Les *Deux ours* n'ont pas de contours linéaires stricts; leurs poils sont rendus par des coups de pinceau soulignés à l'or, cet or qui rend aussi les yeux des animaux dans les illustrations les plus anciennes du livre. La tête et le dos seuls du lion et de la lionne du folio 11 recto Illustration p. 20 sont dessinés au trait; leurs avant-trains sont rouges et leurs ventres hachurés. Ce souci de la réalité physique se retrouve jusque chez les animaux les plus imposants, l'éléphant et le zébu: contours sinueux et précis des fanons chez l'un, souplesse et douceur du cuir sous la trompe, chez l'autre, s'opposant au rendu schématique du reste du corps. Si dans les pages les plus anciennes les animaux sont généralisés ainsi qu'il convient à un bestiaire, les paysages d'arrière-plan des pages plus récentes, plus complexes, s'accordent mal des dimensions étroites des feuilles du livre. Pour la première fois en Perse, le peintre impose à sa composition les limites d'un cadre strict, comme la peinture d'oiseaux et de fleurs de la Chine le pratiquait depuis longtemps. D'autres ouvrages de l'école mongole de la Perse donneront à ce procédé une efficacité et une vivacité expressive sans précédent. Mais en ces premières années, l'ancienne tradition était encore bien trop puissante pour qu'on puisse se permettre d'en user très librement. Les nuages sont en général d'or, bordés de couleurs, d'un dessin aux antipodes du naturalisme. La splendeur de ces miniatures tient à l'équilibre entre le monumental et le réalisme de leur dessin animalier. Les vingt-quatre premiers folios sont les plus grandioses; les animaux y possèdent pourtant un monde où ils peuvent vivre. Aussi décoratifs qu'ils soient, leurs arbres et leurs fleurs sont plus que des symboles; s'ils empiètent sur les marges, c'est parce que c'est ainsi qu'ils croissent. Loin d'être un remplissage, c'est le cadre où vivent, où se déplacent des animaux, parfois artificiels et imaginaires sans doute. Dans les dernières pages du manuscrit, de petites vignettes dont le trait calligraphique rappelle de plus près la Chine. Elles s'appuient donc sur une tradition paysagiste infiniment ancienne. Comme la feuille de papier doit être pour le spectateur une fenêtre ouverte sur le monde, la vue peut très bien s'interrompre aux bords de l'espace pictural, sans souci de logique, même si, par exemple, le cheval, sujet Illustration p. 21 de la miniature que nous reproduisons, se trouve coupé en deux. Cette démarche osée sera lourde de conséquences pour l'avenir; le concept de la fenêtre qui situe la miniature en arrière du texte écrit ouvre la voie aux développements ultérieurs de la composition. L'habitude, fréquente, de laisser un détail se poursuivre de l'autre côté du texte, séparé du reste par une demi-page, en est une conséquence logique: les pointes de lance, les sommets d'arbres qui apparaissent de l'autre côté des lignes incitent à prolonger le monde imaginaire au-delà des dimensions étroites de la miniature elle-même. Ce principe devait engendrer plus d'un effet brillant, mais un certain temps devra néanmoins s'écouler avant que le fond coloré hérité de l'antique tradition de la peinture murale cesse d'être ce rideau fermé devant lequel se déroule l'action, et ne devienne l'infini, or brun ou bleu profond, des ciels du XVe siècle et des temps ultérieurs.

Pendant la plus grande partie du XIVe siècle, l'illustrateur se sert encore maladroitement d'un paysage hérité de la Chine. L'apparition et la diffusion de cette influence attestent, semble-t-il, une connaissance fragmentaire de la peinture chinoise; au début, la Perse ne l'a peut-être connue que par l'intermédiaire des arts décoratifs ou appliqués, céramique ou textile par exemple. Les types de nuages qu'elle emploie, la Chine les utilisait dans sa tapisserie, sa broderie et, avant tout, son costume. On trouve sur des manuscrits persans du début du XIVe siècle, le Rachîd ed-Dîn de 1306, à la Bibliothèque de l'Université d'Edimbourg, décrit plus loin, par exemple, des carrés brodés d'or. A vrai dire, ce n'est peut-être pas encore le véritable médaillon de la robe du mandarin chinois. Toujours est-il que la Perse lui a emprunté ses nuages; les soies tissées et brodées de la Chine représentaient aussi des dragons, des phénix et des grues. Pour rendre l'eau, l'artiste persan fait revivre une autre vieille convention de la Chine; pendant toute la première moitié du XIVe siècle il la représente sous forme d'un thème d'écailles, de tourbillons refermés sur eux-mêmes ou de vagues frangées d'écume, presque toujours à une échelle plus grande que celle du reste de la composition. Toutes ces solutions, la Chine les avait déjà utilisées, comme elle les utilisait encore, mais dans un esprit moins conventionnel que ne le fit la Perse, sauf dans sa première porcelaine bleue et blanche à motifs picturaux. Cette dernière néanmoins ne peut, semble-t-il, être antérieure au milieu du XIVe siècle; la Perse doit donc avoir reçu ces conventions grâce à un autre véhicule: vraisemblablement à travers les soies tissées ou les laques en relief. Mais en réalité, nous connaissons moins bien l'histoire de ces arts avant la période Ming (1368-1644) que le développement de la porcelaine.

Djami' et-Tawârikh (Histoire universelle) de Rachîd ed-Dîn: L'arbre sacré de Bouddha (folio 36 verso).
Rab-i-Rashîdî, 1314 - (H. 0,10; L. 0,25). Londres, Royal Asiatic Society, Arabic MS. 26.

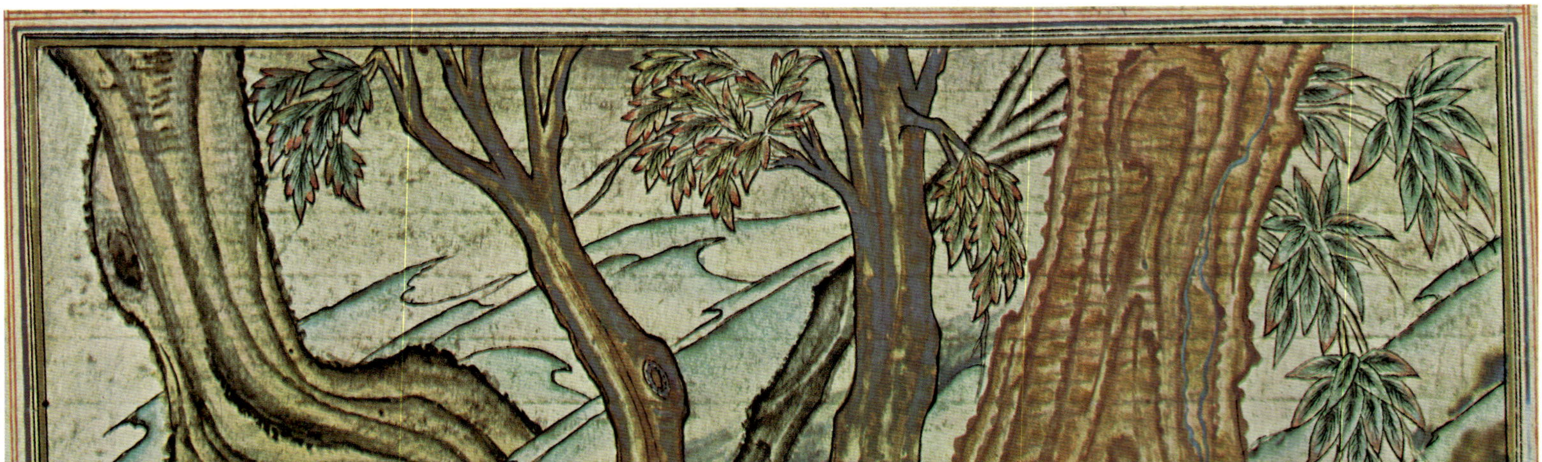

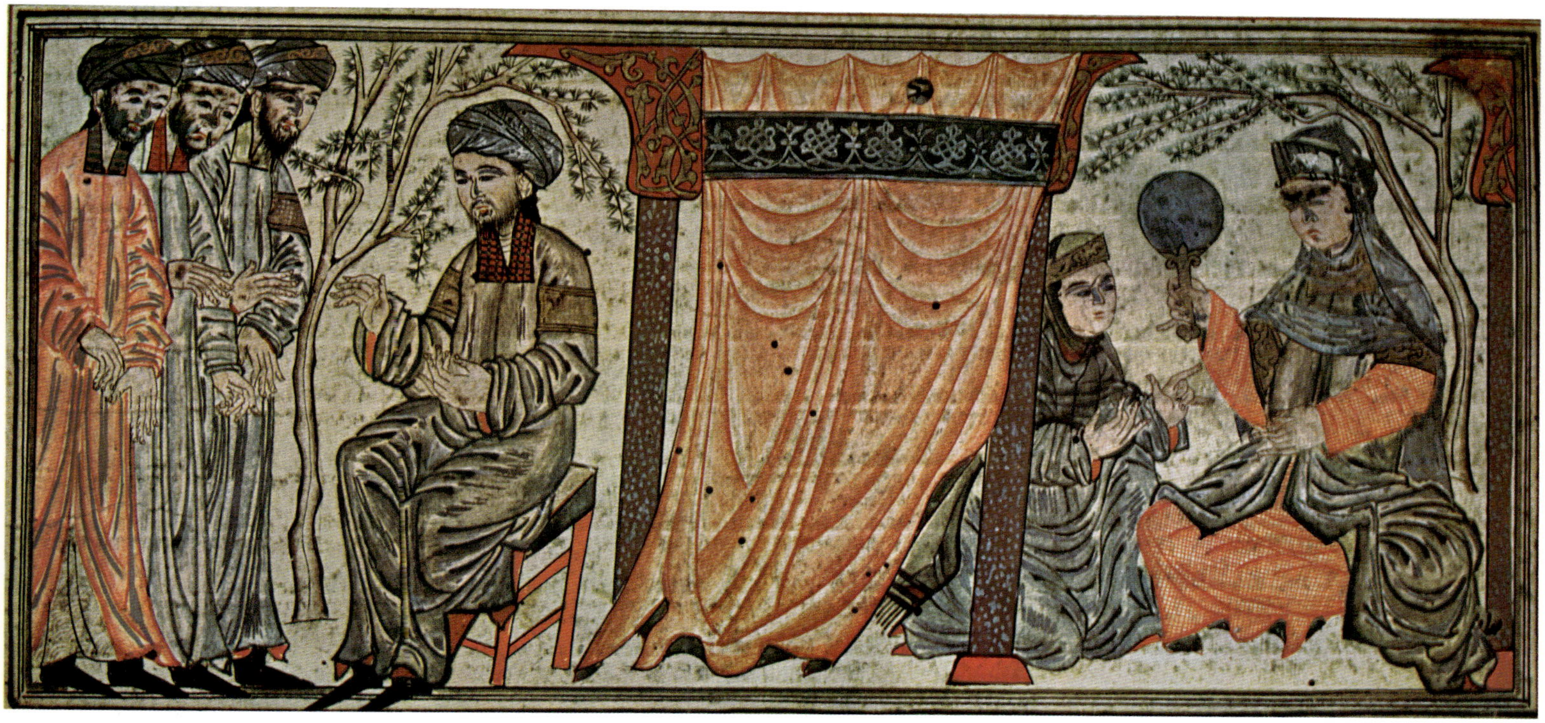

Djami' et-Tawârikh (Histoire universelle) de Rachîd ed-Dîn: Abraham et les trois étrangers (folio 47 verso).
Rab-i-Rashîdî, 1314 - (H. 0,11; L. 0,245). Londres, Royal Asiatic Society, Arabic MS. 26.

En ces années, les emprunts les plus manifestes de la Perse à la Chine, ce sont les arbres et les montagnes; comme ils provenaient nécessairement des peintures elles-mêmes, seules pouvaient les connaître sans doute les personnes qui vivaient à la cour. On rencontrait, nous le savons, des lettrés chinois à Tabriz, la capitale; des spécialistes chinois travaillèrent à la rédaction de l'histoire universelle du ministre Rachîd ed-Dîn. C'est dans les manuscrits de Tabriz que le paysage chinois conserve sa forme la plus pure, plus précisément dans le *Bestiaire* de la Morgan Library (M. 500) et dans les deux seuls fragments du *Djami' et-Tawârikh* réalisé du vivant de l'auteur, Rachîd ed-Dîn, qui se trouvent aujourd'hui, l'un à la bibliothèque de la Royal Asiatic Society et l'autre dans celle de l'Université d'Edimbourg. Ces deux fragments datent l'un de 1314 et l'autre de 1306. Les arbres du *Bestiaire* attestent des intentions naturalistes aussi bien que calligraphiques; le milieu naturel se réduit à des rochers et à des tertres dont le cerne redoublé provient soit du trait épais que traçaient les Chinois avec le côté du pinceau, soit, plus simplement, du cloisonnement des broderies ou des tapisseries. A l'intérieur de ces contours, l'ombre est bien plus abondante dans les autres manuscrits de ce groupe, surtout le *Djami' et-Tawârikh* et l'*Histoire des peuples anciens* d'al-Birôunî (Bibliothèque de l'Université d'Edimbourg, Arab 161). Le contour haché y est soutenu de couleurs puissantes, dans des tons terreux, brun chocolat, bleu ardoise, ocre brune, souvent plus marqués près des sommets et assez souvent semés de curieuses réserves qui font penser à des bulles et représentent peut-être des pierres; les versants des collines sont parfois sillonnés de contours internes qui pourraient correspondre à nos courbes de niveau; dans ce cas, elles constitueraient un indice précieux du caractère essentiellement symbolique de cette peinture, pourtant la plus naturaliste qu'ait connue la Perse. Bien que les coloris du *Djami' et-Tawârikh* soient très atténués et doux, la conception fondamentale de l'image est très proche de la peinture conceptuelle persane. Pas le moindre souci d'échelle; le paysage comble les espaces vides. Le cadre coupe toujours la composition, sans compromis, et pour des besoins d'équilibre ou d'action, les miniatures sont liées au texte par des pointes de lances qui apparaissent dans la marge, de l'autre côté des lignes écrites, comme si elles passaient derrière elles.

Un détail curieux assure à ce manuscrit une place à part; il utilise l'argent de façon presque systématique, non seulement pour mettre en relief le bleu de l'eau, ce qui est assez naturel, mais aussi les plis des vêtements, et même les têtes des personnages barbus. Cette étrange manie pourrait provenir des manuscrits enluminés des églises orientales de la chrétienté, et plus précisément des Jacobites. Des lettrés chrétiens travaillaient, on le sait, à Rab-i-Rashîdî, le centre littéraire fondé par Rachîd ed-Dîn, à l'histoire universelle, et l'influence des écoles de Syrie et de Mésopotamie ne se manifeste pas seulement à ce détail, mais aussi aux plis des draperies, ceci surtout dans l'al-Birôunî, l'ouvrage le moins touché par la Chine. Mais il faut voir plus loin que les influences les plus directes; elles ne concernent que les apparences extérieures. Le plus remarquable dans ces ouvrages, c'est leur étonnant pouvoir dramatique; il ne tient qu'à des moyens très réduits. Au lieu d'être alignés sur toute la page, sans empiéter les uns sur les autres comme dans l'école de Bagdad, les personnages sont ici disposés en groupes compacts, sur deux ou trois plans, avec une recherche de l'asymétrie et pour que les gestes et les attitudes concourent à
Illustration p. 25
l'action. En dehors de quelques scènes d'histoire biblique et d'une série de portraits d'empereurs chinois, ces compositions ont sans doute été conçues uniquement en fonction de ce livre et des nombreux exemplaires qu'on en réalisa chaque année — mais qui ont hélas tous disparu — sous la direction de Rachîd ed-Dîn à l'intention des grandes bibliothèques du monde islamique. Le choix du sujet est plus que significatif, il est souvent
Illustration p. 24
audacieux. Un authentique paysage, parfaitement désert, représente l'*Arbre sacré de Bouddha* (fort différent, soit dit en passant, de toutes les représentations indiennes du même sujet); un autre, les *Montagnes de l'Inde*; empreints tous les deux d'une imagination romantique, malgré leur maniement parfois assez puéril des signes sophistiqués qui, en Chine, traduisent les montagnes, les arbres ou l'eau.

Illustration p. 27
L'exemplaire de l'al-Birôunî (Université d'Edimbourg, Arab 161) a beau être l'œuvre d'une école il-khanide, sans doute celle de Tabriz, il a beau s'insérer, par l'année de sa réalisation, entre les deux fragments du Rachîd ed-Dîn, c'est-à-dire 1307-1308, il se situe à quelque distance d'eux par sa parenté fort nette avec l'école mésopotamienne. Au lieu d'horizons sans limites, la vue s'arrête au plan pictural proprement dit, ce qui rappelle le *Bestiaire* de la Morgan Library, ainsi que le fait sa palette bien plus riche. La différence la plus importante touche les plis des étoffes: au lieu des mouvements libres et ouverts du centre de Rab-i-Rashîdî, les spirales closes et les boucles des manuscrits mésopotamiens. Comme chez eux, un halo d'or, au contour double pour plus de présence, entoure la

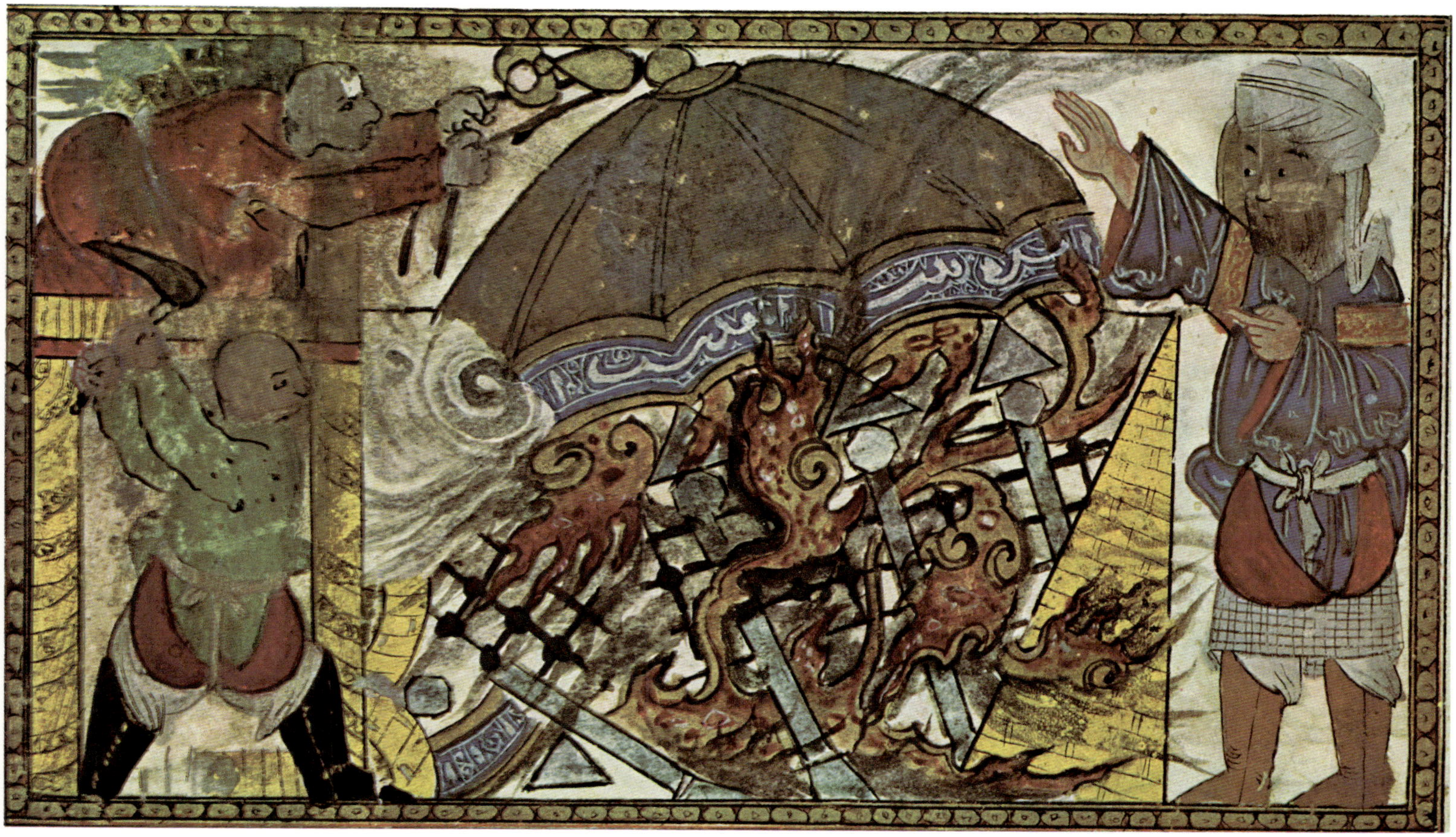

Histoire des Peuples anciens (al-Athar al-Baqiyah) d'al-Birôunî: Destruction du temple de Jérusalem (folio 158 verso). Tabriz, 1307-1308 - (H. 0,077; L. 0,136). Edimbourg, Bibliothèque de l'Université, Arab 161.

plupart du temps les têtes des personnages, qui se pressent souvent au premier plan, à s'en croire reporté à une époque antérieure. Rien dans ce manuscrit qui puisse se comparer aux miniatures aérées de l'autre manuscrit d'Edimbourg, *La mort des Egyptiens dans la Mer Rouge* ou *L'engloutissement de Qaroun*, par exemple. Pourtant un détail de l'al-Birôunî est d'importance pour l'avenir: les cieux dégradés, du bleu le plus profond, en haut, au papier nu, en bas, et les nuages bleus doublés de blanc avec leurs circonvolutions complexes. Dès lors, la peinture persane reprendra sans cesse cette convention, mais sans lui donner toujours une place aussi importante. Comme pour mettre en relief leur rôle de « fenêtre », sur plusieurs pages les cadres ne sont pas seulement des traits dessinés à l'or, mais de larges bordures de motifs répétés. Ces dernières sont islamiques alors que les nuages, le feu et la fumée sont chinois; on les rencontre souvent dans les peintures bouddhiques. Avec leurs coloris plus riches, ces miniatures sont plus décoratives que celles du *Djami' et-Tawârikh*, mais bien moins efficaces en tant qu'illustrations. Les gestes y paraissent timides en face des mouvements puissants du *Djami' et-Tawârikh*. Une seule miniature de l'al-Birôunî possède de la force dramatique; elle représente la destruction d'un bâtiment surmonté d'une coupole; sa force se compare à celle de la mort de Samson

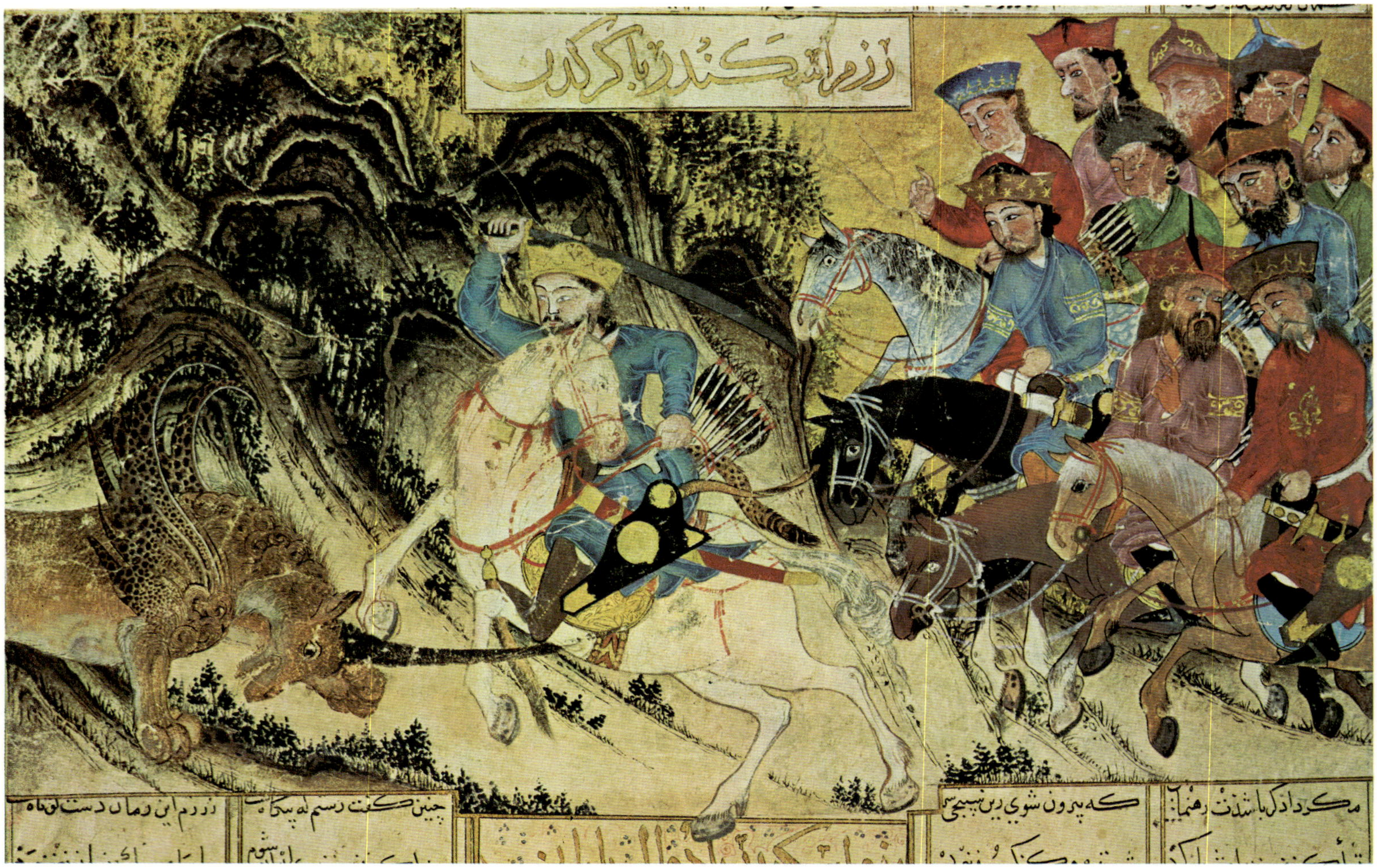

Châh-Nâmeh (Demotte) de Firdousi: Combat d'Iskandar avec le dragon - Tabriz, 1330-1336 - (H. 0,178; L. 0,292).
Boston, Museum of Fine Arts, Nº 30.105.

sous les ruines du temple phislistin du *Djami' et-Tawârikh.* Dans les deux cas, toute l'action se situe au premier plan de la surface picturale, mais c'est la miniature reproduite Illustration p. 27 ici qui est de loin la plus riche.

Ces *Djami' et-Tawârikh* se distinguent par les dimensions de leurs pages (43×30 cm.). Rab-i-Rashîdî se fit une spécialité des grands formats, nous le savons; les œuvres théologiques du maître furent, elles aussi, calligraphiées sur des feuilles de cette taille. Il faudra attendre la première moitié du xve siècle pour en retrouver dans un manuscrit enluminé — les recensions historiques de Châh Roukh dont il sera question plus loin — à deux exceptions près: un *Châh-Nâmeh,* aujourd'hui désigné du nom de son ancien propriétaire, Demotte; il n'en subsiste qu'une soixantaine de feuilles avec des miniatures et quelques très rares pages de texte; l'une d'elles mesure 40×29 cm. En second lieu, un *Kalila wa Dimna* dont la bibliothèque de l'Université d'Istamboul possède des fragments montés en album et dont les dimensions devaient être de 33×23,5 cm. au moins. Comme les miniatures de ces manuscrits incomplets couvrent une partie bien plus grande de leurs pages que celles des *Djami' et-Tawârikh*, leur taille réelle est, par suite, bien supérieure aux leurs. Ce sont les peintures les plus remarquables et les plus fortes de tout le XIVe siècle; il n'est pratiquement personne pour le contester. Les illustrations du *Châh-Nâmeh* Demotte, en particulier, résument et dépassent, par leur richesse décorative aussi bien

Châh-Nâmeh (Demotte) de Firdousi: L'armée indienne fuyant devant les guerriers de fer d'Iskandar.
Tabriz, 1330-1336 - (H. 0,271; L. 0,288). Cambridge, Fogg Art Museum, 1955.167.

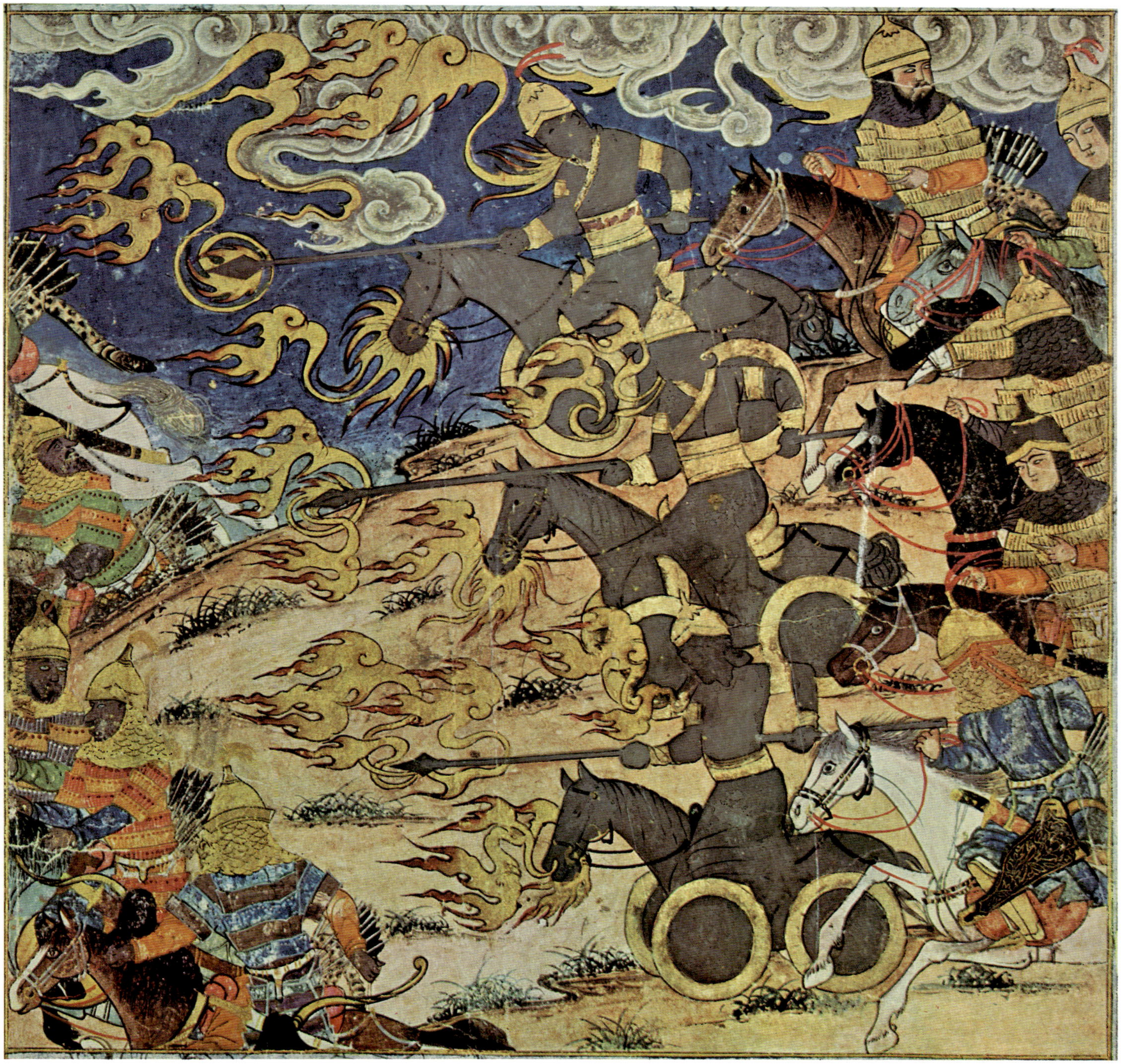

que par leur pouvoir expressif, tous les ouvrages antérieurs de l'école de Tabriz. Elles associent les coloris de l'al-Birôunî aux mouvements du *Djami' et-Tawârikh*; le paysage est investi d'un rôle plus important, lié bien plus étroitement qu'autrefois aux personnages. Sur la feuille de Cleveland (Museum of Art), le dragon que tue Behram Gour love autour d'un grand tronc d'arbre sa queue monstrueuse; sur une page de la Freer Gallery à Washington l'arbre qui s'adresse à Alexandre (Iskandar) par ses têtes est ancré dans le sol juste devant les sabots du cheval; sur une miniature du Fogg Art Museum, à Cambridge, où Behram Gour tire la gazelle et écrase la changeante Azadeh, les animaux courent réellement sur la pente de la colline, vers le haut et vers le bas, mais le carré de maïs qui, suivant la convention, remplit le coin, et les formes des nuages, sont toujours ce qu'ils étaient dans les ouvrages précédents. Précédents, certes; mais de combien? La question reste posée. L'histoire interdit de croire que des ouvrages aussi importants que celui-ci aient pu être composés pendant les années de troubles et de luttes qui suivirent l'effondrement des Il-khans, en 1336. De cette année jusqu'à 1360, aucun pouvoir ne se révèle et ne s'impose capable d'entretenir l'équipe de techniciens exigés par une tâche de cette envergure. Par leur style, ces miniatures sont plus proches de ce qui précède que de ce qui suit cet intervalle de temps; mais il serait téméraire de traduire le développement de ce style en termes de durée.

L'évolution est certaine, et assez claire pourtant. Les têtes, de taille souvent excessive, évoquant des masques, conservent l'essentiel de cette dignité héroïque qu'il faut tenir pour originelle de l'école persane, mais les artistes savent désormais placer leurs scènes dans un espace libre. Par l'échelle, les fonds ne correspondent peut-être pas toujours à l'action qu'ils accompagnent; ils n'en font pas moins des personnages les héros parfaits de la grande épopée nationale. Ils se trouvent toujours au premier plan, ou presque, mais aucune direction ne leur est interdite; ils regardent souvent le fond de la peinture, tournant le dos au spectateur. La vue n'est jamais bouchée; ce sont des cieux d'or ou bleu foncé qui deviennent maintenant la règle et, on l'a déjà vu, l'artiste sait utiliser à plein l'arrêt systématique de l'action au bord du cadre. L'union d'une action toujours puissante à une nature toujours grandiose convient parfaitement au merveilleux chevaleresque. Le monde participe avec émotion aux scènes auxquelles il sert de cadre, bien plus qu'il ne les domine, comme il le fera plus tard lorsque la beauté de la nature constituera l'un des thèmes fondamentaux de la peinture persane. Il est curieux que l'influence de la Chine se soit soldée par l'apparition de ce sens de l'action, par l'expression de cet héroïsme, de ce pathétique particulier à la poésie épique persane, alors qu'en Chine, au contraire, la grande peinture n'a jamais voulu traiter ces thèmes. C'est, semble-t-il, la tension même entre la tradition foncière de la Perse et l'élaboration picturale que lui enseigna la Chine qui a fait surgir ce style vigoureux de l'illustration inspirée.

En raison de ses liens avec l'école de Tabriz, la plupart des critiques, ces dernières années, ont eu tendance à situer le *Châh-Nâmeh* Demotte vers 1330, sans oublier du reste de noter que sa réalisation a dû prendre un temps considérable. Les datations les plus récentes sont celles du Dr Ettinghausen (1330-1350), du Dr E. Kuehnel (1330-1340) et de M. I. Stchoukine (1330-1375 environ).

Avec Rachîd ed-Dîn et sa maison n'a pas forcément disparu tout de suite le style qu'il patronna, mais l'état politique de la Perse, de 1336, année de sa chute, à 1360, date de l'avènement des Djalaïrides, fut tel qu'il n'y eut certainement pas dans tout le pays une seule personne privée assez riche pour financer un ouvrage aussi ambitieux que celui-ci. D'après ce qui en a survécu, il devait comprendre à l'origine quelque cent vingt miniatures. On a essayé de répartir celles qui subsistent entre différents artistes, de les attribuer même à plusieurs décennies du XIVe siècle. Plus d'un peintre a travaillé à ce livre, cela saute aux yeux; mais les dissonances stylistiques, la présence irrégulière de la Chine, n'exigent pas qu'il ait été exécuté sur une période de plusieurs décennies; au contraire, à penser qu'il s'agissait là d'un ouvrage révolutionnaire, ces différences n'étaient-elles pas inévitables? Un peintre pouvait probablement venir à bout d'une douzaine de miniatures en un an; à six peintres, il n'aurait fallu que vingt mois pour achever l'œuvre entière. Même en tenant compte d'interruptions, de priorités subites, trois ans auraient sans aucun doute suffi pour tout terminer. Et même en imaginant une équipe de trois peintres, six ans auraient été assez. C'est la période de 1330 à 1336 qui me paraît en fin de compte la plus plausible.

Les apports essentiels au début du XIVe siècle à l'enluminure sont au nombre de deux: une palette bien plus riche; l'utilisation de moyens très divers pour donner à la composition une structure ouverte. Dans ce but, on fait souvent appel à un repoussoir et on assigne cette fonction à un personnage situé au tout premier plan, parfois le dos tourné au spectateur, ce qui donne le sentiment qu'il sort de la composition; c'est le cas dans le *Combat de Behram Gour avec le dragon.* Le ciel tout entier est maintenant empli d'un fond uni et dense, or ou bleu, souvent sans nuage; beaucoup d'arbres en fleurs; les épines des pins ont parfois les pointes rouges. Le paysage du combat de Behram Gour est parfaitement élaboré. Sur d'autres feuilles du même ensemble par contre, telle *Behram Gour piétinant Azadeh,* des tiges de maïs et des festons tourbillonnants symbolisent toujours les champs et les nuages.

On l'a déjà fait remarquer, deux thèmes dans ce *Châh-Nâmeh* Demotte sont traités avec un parfait bonheur: l'héroïque et le pathétique. Jamais plus on ne retrouvera dans la peinture persane le sens de la destinée qui empreint et inspire ces pages trop rares. Pour l'héroïsme, la lutte contre les forces du mal l'emporte sur les hauts faits individuels. Une feuille qui a malheureusement disparu après une exposition en 1937 représente le roi iranien Keï Kaous au début de sa désastreuse campagne contre les magiciens du Mazanderan et leurs démoniaques suppôts. Les troncs noueux des deux arbres n'ont de feuilles que sur leurs faces opposées aux sinistres démons cornus; le roi écrase quelques-uns de ces derniers. L'artiste a parfaitement rendu l'atmosphère d'un combat à mort au sein d'une nature sauvage. Il n'est de pages aussi frappantes que celles où figurent les exploits des héros Behram Gour et Iskandar, et surtout leur combat avec les dragons. Illustration p. 28 Combien sont loin les créatures décoratives que nous rencontrerons dans les ouvrages des XVe et XVIe siècles. Le dragon de Behram dérive en ligne directe d'un prototype chinois et n'en est que plus redoutable. Le sujet lui-même, par contre, un Chinois n'aurait pu le concevoir pour qui le dragon incarne la force cosmique; le peintre persan altère totalement le caractère du monstre: il le montre tapi sur le sol, son immense queue écailleuse lovée autour du tronc nu d'un arbre solitaire, au flanc d'une colline, ses hideuses mâchoires béantes, sur le point d'émettre non pas du feu ou de la fumée, mais le dernier soupir. Behram Gour, l'épée tirée, s'apprête à porter le coup décisif; il prend son élan,

Châh-Nâmeh (Demotte) de Firdousi: La civière du Grand Iskandar - Tabriz, 1330-1336 - (H. 0,25; L. 0,28). Washington, Freer Gallery of Art, N° 38.3.

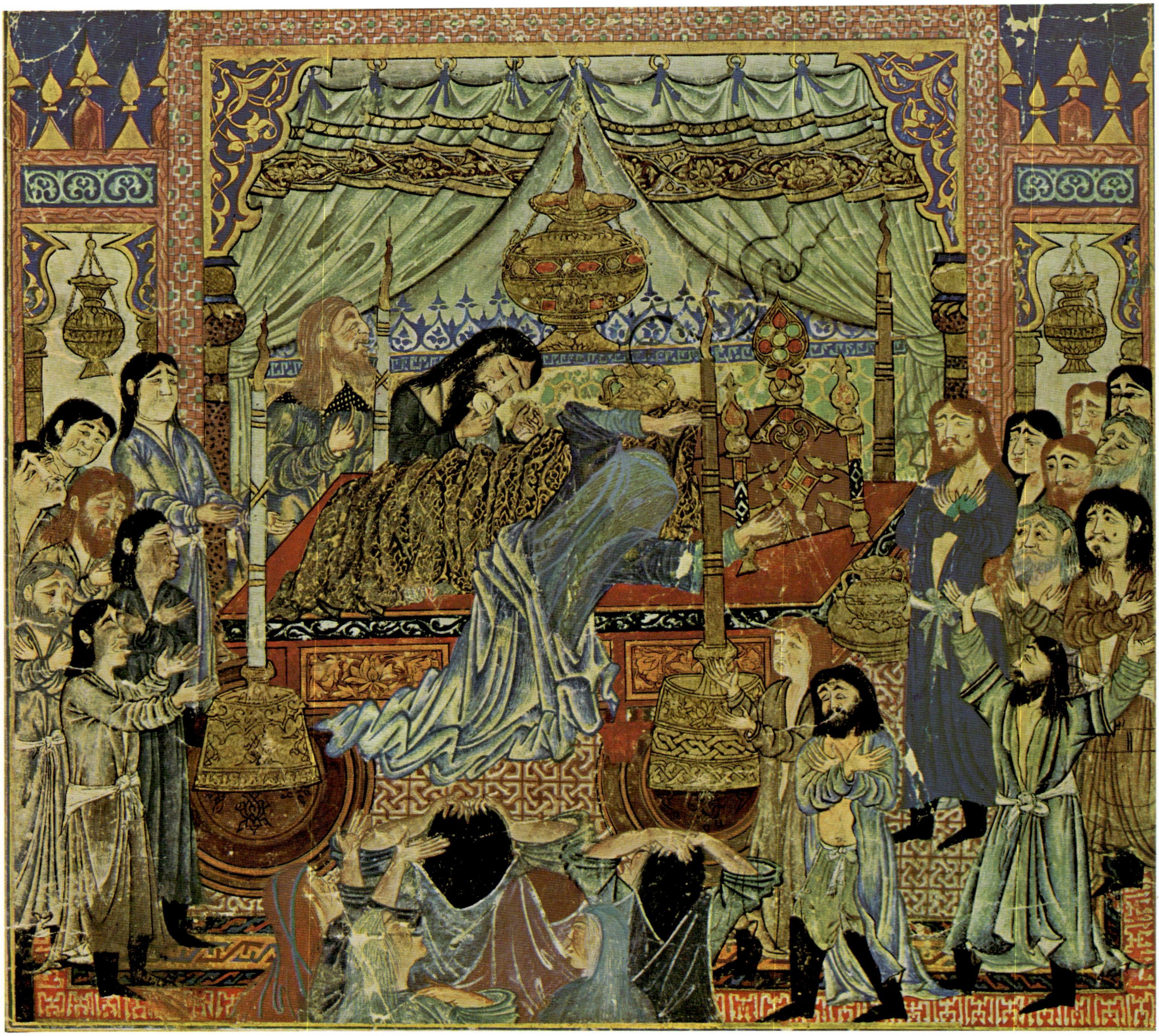

se tournant vers le paysage qui de la sorte participe au climat héroïque. La créature qu'attaque Iskandar est moins redoutable, mais avec ses crocs de loup, sa corne de rhinocéros, ses ailes d'aigle, ses griffes de lion, elle incarne l'essence même de la force animale; devant elle, dans une attitude réaliste, le cheval du roi ne peut s'empêcher de détourner la tête. Le monstre est proportionnellement moins grand; le paysage n'en est que plus proche et plus impressionnant. Il est toujours composé d'éléments chinois, mais mieux compris maintenant, et lié plus étroitement aux personnages, Iskandar et son escorte. C'est encore la personne humaine qui domine dans cette scène, comme elle le fait du reste dans tout le manuscrit.

Illustration p. 28

Encore plus frappantes les scènes « pathétiques », comme les appela le critique français disparu Eustache de Lorey. Les scènes de deuil sont parmi les meilleures; il n'en est aucune où les personnages ne couvrent toute la surface picturale. La plus poignante, la plus élaborée est la *Civière du Grand Iskandar*. Selon la légende que suivit Firdousi, Iskandar, mort à Babylone, après que l'écho divinateur de Khulm eut été consulté, aurait été transporté à Alexandrie. Là, dans la plaine, entouré de dix mille hommes en deuil, Grecs de son armée, ou Perses, au crépuscule il fut enterré. Encore une fois, l'artiste a modifié le cadre; il propose un palais; le cercueil du héros mort est placé sur une plateforme, ainsi qu'on le faisait pour les empereurs chinois; sur ses côtés, des sujets floraux d'origine chinoise; quatre cierges dressés dans quatre candélabres islamiques l'encadrent; la civière repose sur un tapis orné d'entrelacs et d'une bordure en coufique stylisé. Au-dessus de la civière et de chaque côté d'elle, des lampadaires de verre, comme ceux des mosquées; derrière, dans une niche, semble-t-il, des rideaux à broderies somptueuses. Les hommes sont debout, de chaque côté de la civière, la tête nue; ils ont laissé pousser leurs barbes et leurs cheveux; ils croisent les bras ou les dressent en gestes de supplication. Juste derrière le cercueil, un personnage barbu, Aristote, le précepteur du roi défunt. Mais l'action se concentre sur les femmes; elles sont groupées au centre du premier plan, toutes de dos ou de trois quarts, les mains jointes sur la tête, expression vivante de leur douleur. Au-devant, prostrée sur le cercueil, la mère d'Iskandar est éperdue de souffrance, sa robe agitée de plis qui composent le point crucial de toute la composition — les seules lignes puissamment accentuées. Sa structure architecturale donne à cette œuvre cohésion et stabilité, avec ses verticales volontaires et sa disposition symétrique. Au siècle précédent, l'Iran avait fait don de cette symétrie à l'école de la Mésopotamie; sa présence ici, et dans d'autres pages du manuscrit, montre que les innovations chinoises n'étaient utilisées que dans des œuvres de conception purement iranienne. La riche veine pathétique de ce manuscrit se retrouve ailleurs. On ne peut en mentionner qu'un seul autre exemple, mais il est grand: le dernier roi des Parthes, Ardawan, prisonnier, comparaît, juste avant son exécution, devant son vainqueur Ardeshir. Spectacle pitoyable que cet homme, mains liées derrière le dos, carcan autour du cou, teint pâle comme la mort, contrastant avec les têtes rubicondes des gardes qui l'entourent.

Illustration p. 32

Le pouvoir d'invention des peintres qui ont collaboré à cet ouvrage va bien plus loin. Ils ont d'autres manières pour leurs scènes de cour et leurs scènes de bataille. Dans l'une d'elles, par exemple, le titre prend place dans le champ pictural et les lances des

Illustration p. 29 cavaliers se glissent entre les colonnes du poème. Aucune de ces scènes de bataille n'est plus riche en effets colorés que la charge des cavaliers d'Iskandar combattant l'armée du roi Fur près de l'Hydaspe. L'or et l'argent servent à rendre l'acier poli des engins de guerre remplis de naphte et les flammes sortant des narines et des pointes de lances colorent le bord des nuages de lumières rouges et dorées. Le paysage est aussi simple que dans les pages du *Bestiaire* de la Morgan Library: le sujet ne demande pas un plus ample décor; nous avons là le meilleur exemple de ce qu'on aurait pu tirer par un habile découpage d'un rouleau à épisodes d'Extrême-Orient. Les Indiens terrifiés qui regardent en arrière ont presque déjà fui hors du cadre. Cette composition était certainement connue de l'illustrateur du *Garchasp-Nâmeh* de la Bibliothèque Sarayi (Hazine 524) à Istamboul, Palais de Topkapi, manuscrit de 1354; le Dr Ettinghausen s'est basé là-dessus pour situer cette page du Demotte avant cette date. La manière dont sont réalisées les doubles marges permet de se rendre compte des techniques d'atelier de cette époque. Entre les deux lignes du cadre, on voit encore la continuation du dessin préparatoire de la miniature, avec quelques adjonctions de couleurs. On en déduit que les couleurs vives ont été insérées postérieurement et probablement par une autre main, bien que ce travail soit certainement de la même période. Un sujet aussi simple que *Darâb dormant sous l'arche en ruines où il est allé s'abriter de l'orage*, et où une voix mystérieuse le proclame roi et fils de roi, la hauteur de l'arche à la symétrie parfaite, ménagée dans une construction qui emplit tout l'espace pictural, le rend inoubliable. Le roi qui dort porte déjà la couronne qui dans la réalité ne lui reviendra qu'un peu plus tard; sa solitude et son isolement n'en ressortent que mieux. Cette miniature est prophétique à un autre degré: elle préfigure le style du XVe siècle où l'unité de la composition saura résister aux horizons clos par des bâtiments ou des flancs de colline, avec des personnages à demi masqués, en coulisse. Le *Châh-Nâmeh* Demotte est le premier des livres modernes de la Perse en même temps que le chef-d'œuvre de l'école mongole des Il-khans. Le critique persan du XVIe siècle, Dost Mohammed, écrivit avec raison que le style moderne de la peinture tel qu'on le concevait de son temps avait pris son départ sous le règne d'Abou Sa'îd (1317-1335).

Dost Mohammed fut aussi un calligraphe et un peintre. Le prince séfévide Abou'l Fath Behram Mirza lui ordonna en 1544 de composer un album de sa collection de peintures et d'œuvres calligraphiques en y joignant une préface où serait exposée l'histoire des maîtres anciens de ces arts. Cet album se trouve aujourd'hui dans la bibliothèque du Palais de Topkapi à Istamboul. Dans le compte rendu liminaire de Dost Mohammed, l'histoire des temps antérieurs à Abou Sa'îd est fictive, mais à partir de ce souverain, elle devient cohérente et dans ses grandes lignes est tout à fait acceptable. D'après ce texte, après l'écroulement des Il-khanides, ce sont les Djalaïrides qui ont protégé les grandes écoles où virent le jour les ouvrages les plus importants que nous ait transmis la dernière partie du XIVe siècle. Ensuite, Timour, après la chute de Bagdad en 1393, aurait transféré l'école à Samarkand; là, plusieurs de ses descendants en auraient assumé la responsabilité, avant tout Baysonqur, Oulough-beg et Sultan Hoseîn Mirza. On reparlera de cet important texte historique avec l'art suscité par ces princes; il suffit de relever dès

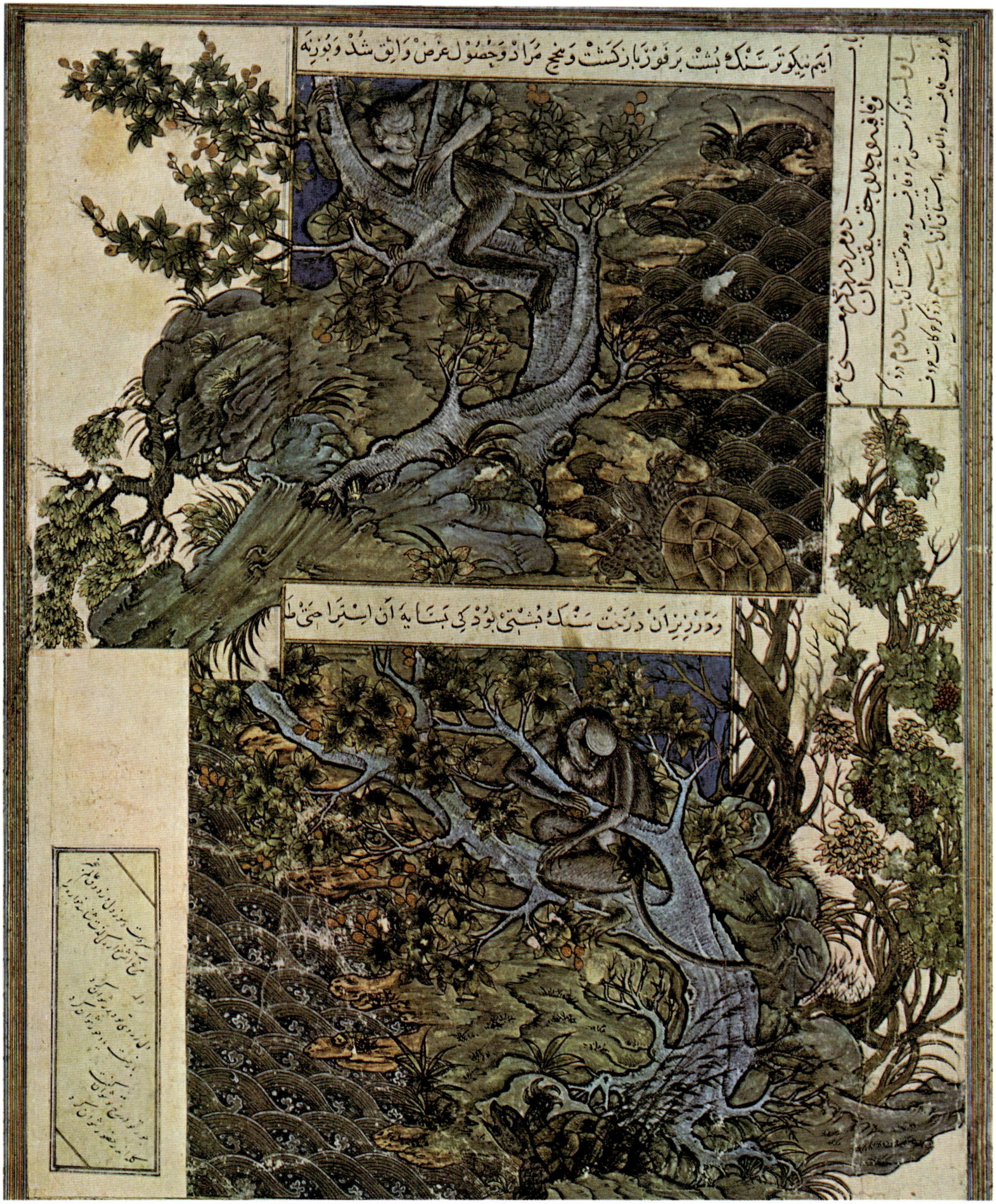

Kalila wa Dimna : Le roi des singes jette des figues à la tortue (folio 19 verso) - Tabriz, 1360-1374.
(H. 0,335 ; L. 0,259). Istamboul, Bibliothèque de l'Université, album du Palais de Yildiz, F. 1422.

maintenant la déclaration suivante: Ustad Ahmed Moussa « enleva le voile de la face de la peinture et inventa le genre de peinture courant de notre temps. Ce peintre illustra un *Abou Sa'îd-Nâmeh*, un *Kalila wa Dimna* et un *Mirâj-Nâmeh*, copié par le calligraphe Maulana 'Abdullah, ainsi qu'une histoire de Gengis Khan que conserva par la suite la bibliothèque de Sultan Hoseîn Mirza ».

On voudrait voir ce *Kalila wa Dimna* dans un groupe de miniatures provenant d'un grand manuscrit qui sont incorporées dans un très important album de la bibliothèque de l'Université d'Istamboul, autrefois au palais impérial de Yildiz. L'un des travaux les plus remarquables de son temps, cet ensemble conserve, on l'a déjà vu, le format des ouvrages de Tabriz du premier quart de ce même siècle, mais il est beaucoup plus avancé qu'eux, surtout dans les paysages. Les arbres sont plus variés, la composition plus libre, la perspective bien plus novatrice. Innovation frappante autant qu'heureuse, l'empiètement sur les marges; à première vue, ce détail ne saute pas toujours aux yeux aujourd'hui: ces miniatures sont en effet groupées à plusieurs sur une page, collées bord à bord, parfois même se chevauchant. Presque tout le texte a été rogné. Mais à les étudier de près, on voit qu'elles obéissent presque toutes à la même règle: projection systématique en dehors du cadre d'arbres et de plantes qui souvent donnent l'impression d'avoir autrefois atteint le sommet de la page; dans un cas au moins, c'est une construction architecturale qui tient ce rôle, une galerie couverte où poussent des plantes. La ligne de démarcation existe toujours. Le papier nu du fond représente l'espace libre, mais, par une curieuse convention, cette zone reste vide dans la composition comme dans une peinture chinoise, alors qu'au contraire, dans la marge, le fond est occupé par un ciel bleu ou or, comme dans le *Châh-Nâmeh* Demotte.

La marge supérieure d'une page, aujourd'hui le recto du folio 18 de l'album, portait d'épais nuages blancs; plus tard, quelqu'un, troublé par cet effet bizarre, les a entourés
Illustration p. 35
de bleu. Dans le singe regardant la tortue, reproduit ici, par exemple, le paysage empiète sur les marges des deux miniatures qui se chevauchent. Ces excroissances se développaient dans l'air libre. Dans les scènes de cour qui sont assez nombreuses, la marge représente l'« extérieur ». Par la suite, cette conception ne sera mise en œuvre que dans un seul ouvrage, un volume de poèmes réalisé à l'intention du dernier des Djalaïrides, Sultan Ahmed, vers 1405. Mais l'effet obtenu y sera assez différent. La mise en couleurs se limitera à un bleu pâle et à de l'or, à la place des tons riches et forts du *Kalila wa Dimna* plus proche du Demotte. Il paraît bien invraisemblable que le *Kalila wa Dimna* soit antérieur au Demotte, comme on l'a avancé, ou plutôt qu'il ne lui soit pas nettement postérieur. Néanmoins, ces deux œuvres ont trop de points communs pour ne pas appartenir à la même famille. Par exemple, la curieuse draperie qui dans une scène de trône du *Kalila wa Dimna* coupe le haut de la composition se retrouve dans plusieurs pages similaires du Demotte. L'architecture, c'est toujours un mur plein en arrière-plan que prolonge vers le bas un tapis ou une étoffe qui semble dans le même plan que lui. Dans le recueil de fables, les animaux ont bien plus de vie et de réalisme que dans le poème: ce n'est du reste pas très étonnant. L'école persane n'ira jamais plus loin sur cette voie. Mais pour bien observés qu'ils soient, ces animaux ne trahissent pas en filigrane la sympathie

humaine qui sera toujours présente dans la miniature du XVe siècle; le lyrisme n'a pas encore émergé qui fera la gloire toute particulière de l'école. Néanmoins, les compositions du XIVe siècle sont plus complexes et possèdent plus de profondeur que les autres. Par exemple, si le vieux roi des singes qui s'est retiré de la société pour mener une existence de contemplation — et qui, assis sur un figuier, vient d'en laisser tomber, paresseusement, un fruit parce qu'il aimait le bruit de sa chute dans l'eau — est représenté de façon naturaliste, l'arbre lui aussi croît dans un espace ouvert et tord de la façon la plus réelle ses branches au-dessus de l'eau. Dans ces pages figurent plusieurs sortes d'arbres. Comment prétendre qu'il s'agit de copies mal digérées des conventions chinoises? La stylisation du reste n'est pas plus importante ici qu'elle ne l'est dans bien des peintures chinoises. L'eau, certes, est systématiquement représentée sous forme d'un réseau de festons, les creux peuplés de petits bouillons d'écume, deux symboles courants dans la porcelaine bleue et blanche de la Chine du XIVe siècle. Le *Djami'et-Tawârikh* de Rab-i-Rashîdî possédait quelque chose d'approchant, mais ici la régularité plus marquée suppose un emprunt plus direct à la porcelaine chinoise; dans ce cas, l'ouvrage ne pourrait être antérieur à 1350, précieuse confirmation de la date que lui assigne l'histoire, entre 1360 et 1374.

Illustration p. 35

Aucune porcelaine bleue et blanche n'apparaît en tant que telle dans ce manuscrit; toutes les pièces sont or ou argent, ou recouvertes d'un vernis bleu vert qui pourrait représenter le céladon ou, mais c'est moins probable, le pâle vernis bleuâtre de la porcelaine chinoise connue sous le nom de *ts'ing-pai* ou *ying-ts'ing;* les formes en tous cas sont proches de la céramique céladon. Les tapis et les revêtements sont naturellement persans; d'un type proche, semble-t-il, de la fin du XIVe siècle. Mais ces miniatures sont des œuvres de transition et là réside leur intérêt primordial. Les deux scènes se passant dans des chambres à coucher, reproduites ici, en sont l'exemple. Elles ont toutes les deux le même mur de fond, plat, mais dans l'une, la porte entrouverte présage le second plan par où se caractérisera le style timouride du siècle suivant. Par son traitement des rapports dans l'espace, cette page est bien plus avancée que l'autre. Nous l'avons vu, les meilleurs peintres il-khanides utilisaient comme repoussoir un personnage au premier plan qui tournait le dos au spectateur; dès le troisième quart du XIVe siècle, la maîtrise de la perspective et de l'ellipse permet aux grands artistes de se passer de ce procédé. Ce qu'ils n'ont pas encore résolu néanmoins, c'est l'opposition entre l'espace ouvert du monde à l'arrière-plan, relégué maintenant dans la marge, et les perspectives savantes des intérieurs. L'héritage chinois insuffle à ces pages un sentiment cosmique absent de toutes les autres illustrations persanes de ces fables qui, d'une antiquité reculée et d'une portée universelle, n'ont pour but que de fustiger la bêtise, la duplicité et l'inconséquence humaines en les transposant dans le monde animal. Les décors sauvages et rocheux, que des îlots de végétation exotique rendent plus frappants, servent idéalement ces intentions. Les aventures humaines, au contraire, se passent généralement à la cour ou chez le riche dont la demeure attire inévitablement le voleur et l'assassin. La page du voleur sous le lit est en même temps la seule encore intacte. Elle montre quels étaient les rapports entre texte et illustration, entre surface picturale et marge. Les dimensions de la surface limitée par les marges, qui sur les pages sans miniature était remplie par le texte, sont de 28,5×15 cm.

Illustrations pp. 38/39

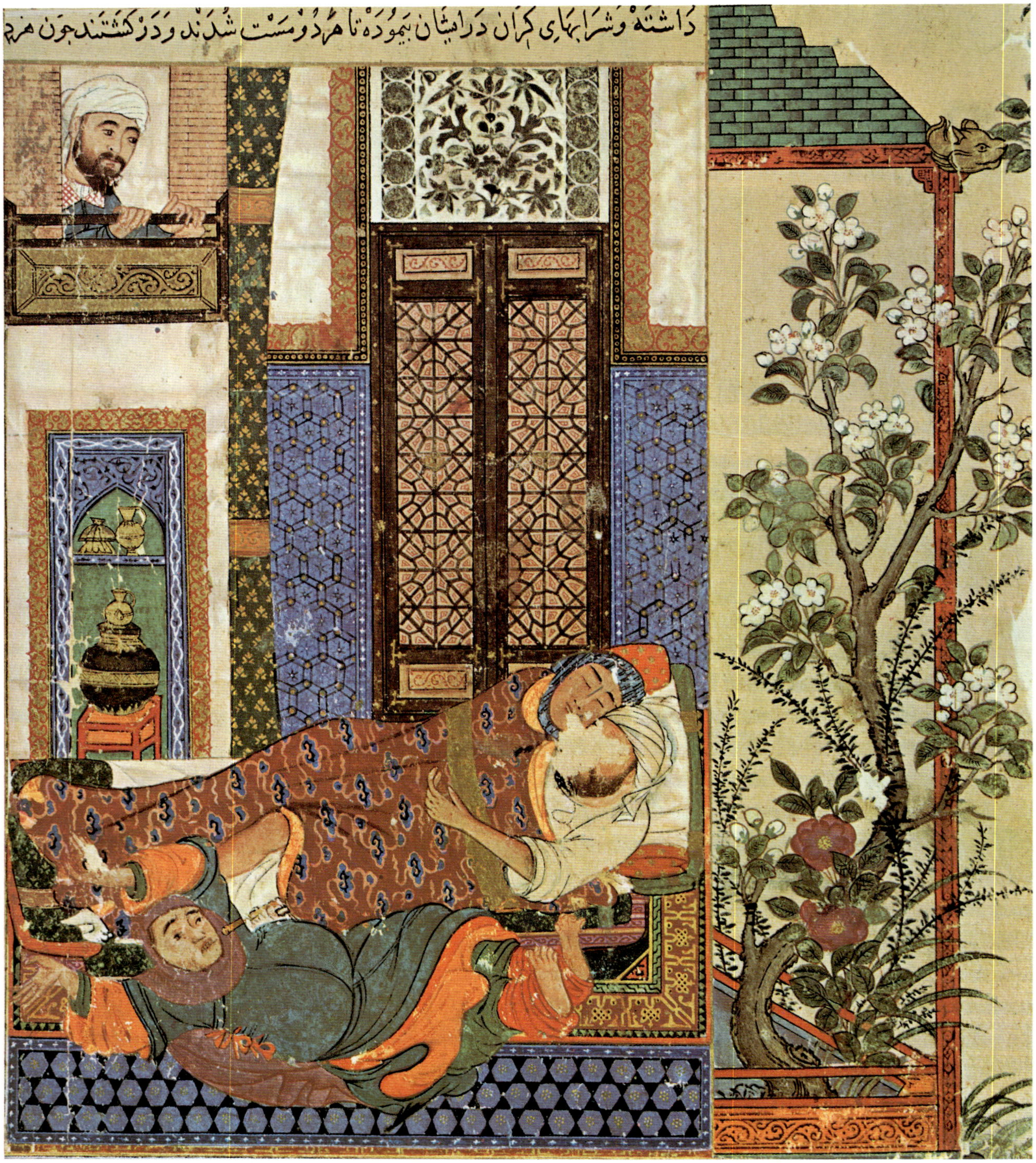

Kalila wa Dimna: Echec d'une tentative de meurtre (folio 11 verso) - Tabriz, 1360-1374 - (H. 0,23; L. 0,205).
Istamboul, Bibliothèque de l'Université, album du Palais de Yildiz, F. 1422.

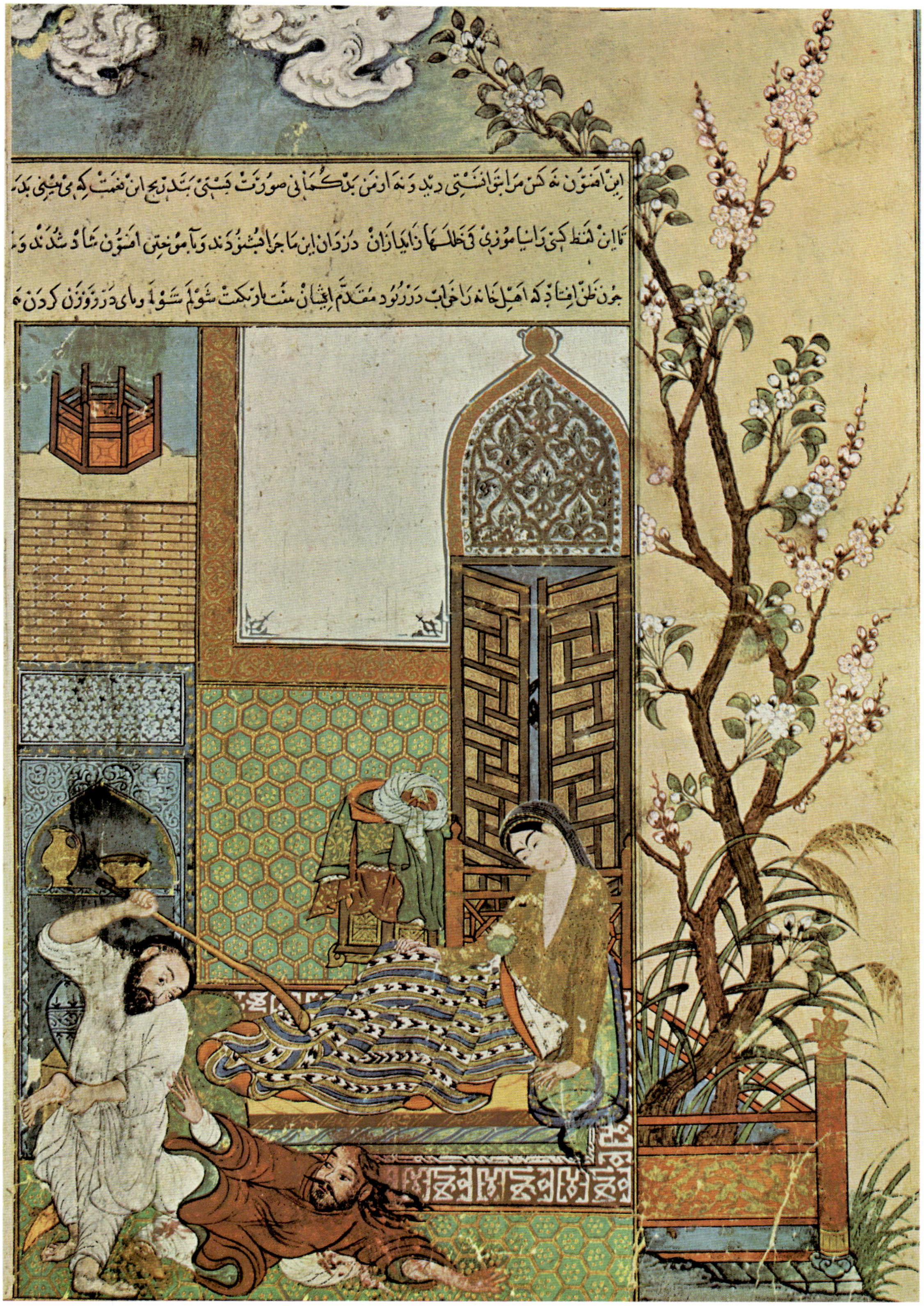

Kalila wa Dimna : Le voleur découvert dans la chambre à coucher (folio 24 recto) - Tabriz, 1360-1374. (H. 0,327 ; L. 0,223). Istamboul, Bibliothèque de l'Université, album du Palais de Yildiz, F. 1422.

La largeur de la marge est au sommet de 7 cm. et sur les côtés de 7,6 cm. Il est clair que la miniature ne débordait jamais au-delà de la marge inférieure, qui servait au contraire toujours de base à la composition.

L'album de Topkapi qui renferme le texte de Dost Mohammed abrite aussi une série de grandes miniatures tirées d'un manuscrit dont les feuillets devaient mesurer au moins 35×25 cm., c'est-à-dire presque autant que ceux du *Kalila wa Dimna*. Ce manuscrit illustre le *Mirâj*, la chevauchée nocturne du Prophète, sous la conduite de l'archange Gabriel, à travers les cieux et les enfers. Ces pages doivent être postérieures au Demotte, mais tout en étant différentes, elles les valent presque en qualité. Attestent-elles la présence à Tabriz d'un nouveau protecteur, en l'espèce Sultan Oweïs? Elles appartiendraient alors aux années 1360-1370, jusqu'ici complètement vides pour nous. Quelle était alors la situation de l'école? Quelques pages d'un grand *Châh-Nâmeh* conservé dans un autre album d'Istamboul (Palais de Topkapi, Hazine 2153) en donnent une idée. Le paysage y tient une place bien plus grande que dans toutes les miniatures rencontrées jusqu'à présent. L'action se situe dans le paysage et non pas sur une simple toile de fond. Les éléments sont toujours d'origine nettement chinoise, mais construisent un univers aux résonances romantiques, celui-là même qui caractérisera à un tel point l'époque timouride. L'artiste dispose ses personnages avec une certaine raideur et une certaine maladresse, mais guère plus que l'auteur d'un *Mirâj-Nâmeh* célèbre de 1436 (Paris, Bibl. Nationale), datant de l'époque de Châh Roukh à Herat. Nombre des miniatures persanes de l'album Hazine 2153 et des trois autres qui l'accompagnent — Hazine 2154, 2150 et 2160 — ont été avec beaucoup de vraisemblance rattachées par le Dr Ettinghausen au début du XVe siècle et à cette école, mais dans son compte rendu du contenu de ces albums, ce savant ne mentionne nulle part le groupe de peintures du *Châh-Nâmeh*. D'autres œuvres d'après lui appartiendraient à une école qui aurait mal réalisé la fusion des éléments persans et extrême-orientaux. Bon nombre des attributions à l'école des Timourides de Herat, au début du XVe siècle, semblent définitives, mais, par contre, d'autres miniatures, pour l'auteur de ces lignes, doivent appartenir à une époque où le style de Herat n'avait pas encore atteint sa pleine maturité. Les importantes dimensions des feuilles, pas plus que les détails mongols que l'on relève ici ou là, ne suffisent évidemment à le prouver, auxquels s'attacha l'atelier de Châh Roukh qui voulut faire revivre le style de Rab-i-Rashîdî. Mais ici, il ne s'agit pas plus de réveil que de survie; au contraire, d'une étape de plus dans l'évolution du style défini par le *Kalila wa Dimna* d'Istamboul. Même coloration puissante; mêmes cieux bleu profond, piquetés de petits nuages blancs; mêmes conventions pour l'eau; mais par-dessus tout, cette tension dramatique que les périodes suivantes ne retrouveront jamais. Au début du XVe siècle, les contacts sont plus fréquents que jamais entre la Chine et la Perse; Ming et Timourides de Samarkand ou d'Herat procèdent à de nombreux échanges d'ambassadeurs. Les vêtements somptueux, les longues écharpes de bien des feuillets qui font aujourd'hui partie des albums d'Istamboul, l'attestent fort bien. Mais les trois pages reproduites ici du *Châh-Nâmeh* (Hazine 2153) sont tout à fait autres, dominées par le paysage comme on ne le verra plus ensuite.

Illustrations pp. 41/42/43

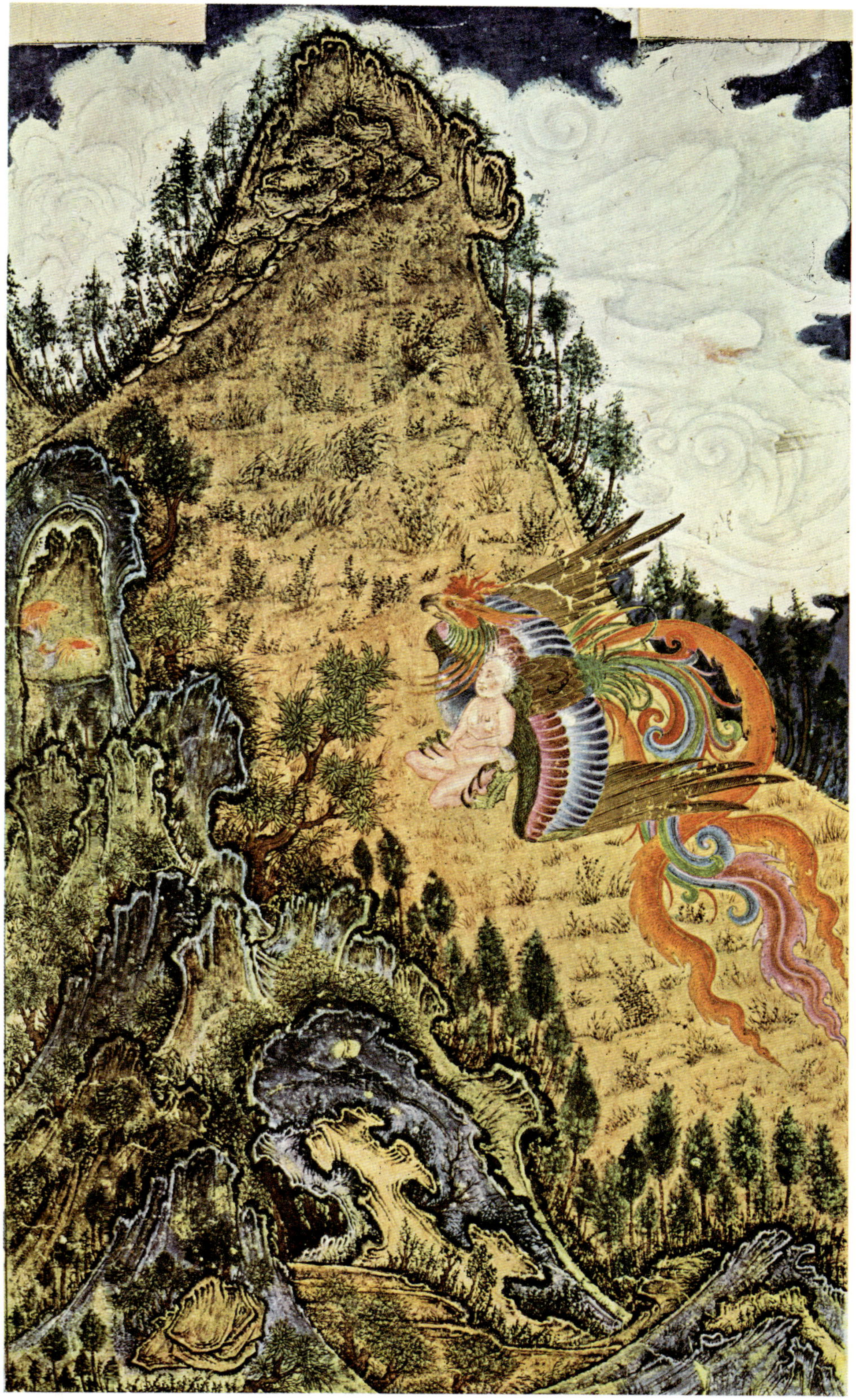

Châh-Nâmeh (fragment d'un album) : Le simurgh emportant Zâl dans les montagnes de l'Elbourz (folio 23a). Tabriz, vers 1370 - (H. 0,317 ; L. 0,195). Istamboul, Palais de Topkapi, Hazine 2153.

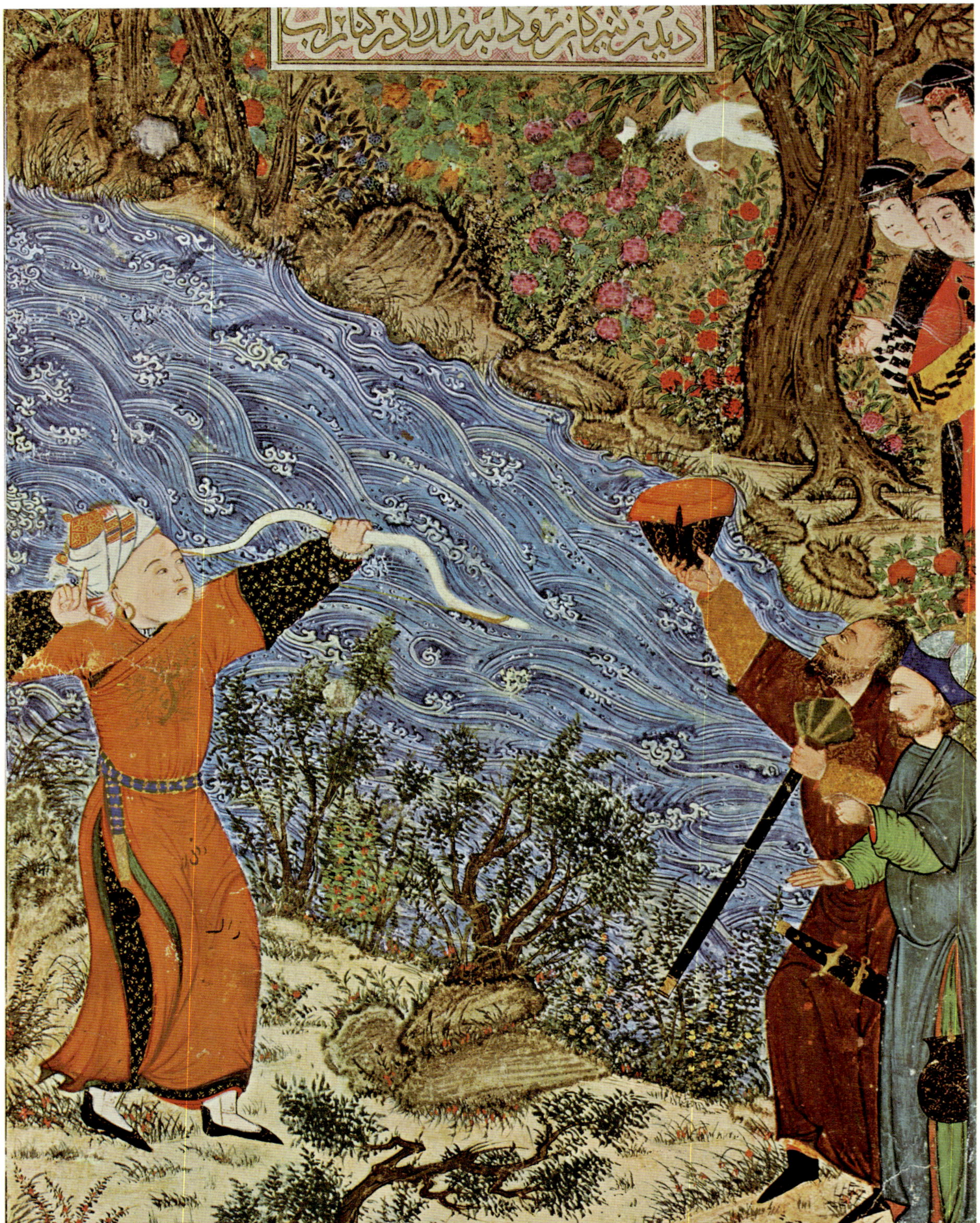

Châh-Nâmeh (fragment d'un album) : Zâl tire un oiseau aquatique devant les servantes de la princesse Roudabeh (folio 65b). Tabriz, vers 1370 - (H. 0,26 ; L. 0,196). Istamboul, Palais de Topkapi, Hazine 2153.

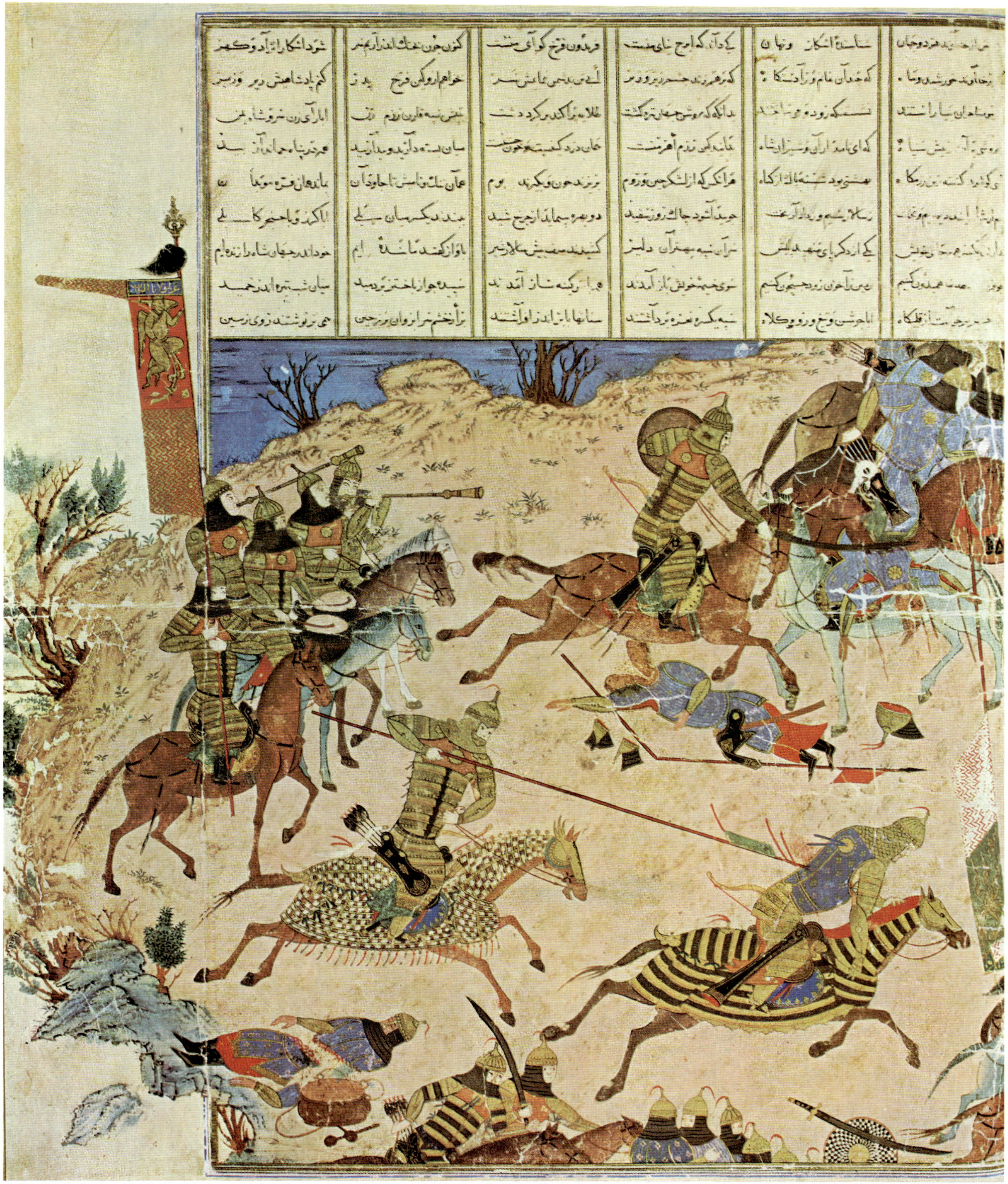

Châh-Nâmeh (fragment d'un album): Tour vaincu par Manouchihr, roi d'Iran (folio 102a) - Tabriz, vers 1370.
(H. 0,385; L. 0,34). Istamboul, Palais de Topkapi, Hazine 2153.

La composition du *Châh-Nâmeh* se construit librement dans l'espace: paysages et figures s'intègrent de manière cohérente. Parmi les trois exemples que nous reproduisons, Illustration p. 41 la scène représentant *Le simurgh emportant Zâl* garde encore les anciens escarpements frangés d'arbres que l'on trouvait dans le Demotte; mais des nuages blancs ondoyants Illustration p. 42 dans un grand ciel bleu forment la voûte céleste tandis que l'épisode où Zâl tire un oiseau aquatique, prétexte à envoyer un message à travers la rivière aux servantes de la princesse Roudabeh, se situe dans un paysage dont le réalisme ne sera jamais dépassé dans la peinture persane. Cette nouvelle technique convient pourtant très bien à l'illustration imaginative de ces deux scènes dramatiques de l'épopée retraçant le moment où l'action va avoir les plus grandes conséquences dans l'histoire nationale. Les deux miniatures sont axées sur une diagonale allant de gauche à droite et, dans les deux cas, l'oiseau est au centre. Pris par l'enthousiasme, un des serviteurs ôte son chapeau en hommage à la prouesse de son maître, et son bras tendu ainsi que celui de Zâl pointe vers l'oiseau. L'ancienne convention d'origine chinoise de traiter l'eau s'enrichit ici d'une telle variation de lignes qu'elle recrée véritablement l'effet d'un torrent impétueux.

Illustration p. 43 Au premier abord, la scène de bataille semble moins étonnante; mais à l'analyse sa composition paraît plus soignée. Elle garde l'usage djalaïride d'empiéter sur la marge de telle manière que l'attaque se poursuit en double file vers la marge droite de la miniature. La ligne de force de ce mouvement est formée par la lance que Manouchihr enfonce dans le dos de Tour en fuite. Cette partie de la composition a été reprise par une autre main dans une miniature montée dans l'album 2152 de cette série Hazine. Elle figurait à l'Exposition d'Art islamique qui eut lieu à Munich en 1910 et elle a été depuis souvent reproduite. Le Dr Kuehnel assigne avec raison à cette dernière miniature la date de 1400 environ, parce qu'elle est nettement plus tardive que la nôtre et parce que plusieurs détails significatifs sont omis, tels l'épée tombant de la main de Tour et le fanion de la lance. Le dessin y est aussi moins vigoureux et trahit la copie. L'échelle de cette grande page et la place qu'elle occupe dans l'album 2153 nous amènent nettement de l'école djalaïride à l'école timouride, dont elle donne une véritable préfiguration trente ans avant le premier manuscrit timouride. Enfin, dans l'album 2153 il y a encore sept autres grandes miniatures dont une seule a été reproduite. Il s'agit dans la plupart des cas de scènes de trône, proches par leur style des scènes du *Kalila wa Dimna*; le laps de temps qui les en sépare ne doit pas être très grand.

Les Djalaïrides ont assumé la succession des Il-khans protecteurs des arts du livre; on ne saurait en douter. Le témoignage de Dost Mohammed, qui écrivit en 1544, le prouve, mais aussi, et c'est un facteur de beaucoup plus de poids, les documents que nous possédons. Les premiers manuscrits datés ne remontent qu'à Sultan Ahmed (1382-1410); on sait néanmoins par le critique et historien des lettres de la fin du XVe siècle Daulatchâh que Sultan Oweïs fut un excellent dessinateur de personnages; il aurait même été l'éducateur artistique de 'Abd al-Hayy, le plus grand peintre de cette époque. De toute façon, d'après Dost Mohammed, se trouvait à la cour de Sultan Oweïs le maître Chems ed-Dîn, élève de Ahmed Moussa, déjà mentionné comme le meilleur peintre de miniatures d'Abou Sa'îd. Les miniatures tirées du *Kalila wa Dimna* et du *Châh-Nâmeh* des deux albums d'Istamboul décrits plus haut pourraient être l'œuvre de l'école de Chems ed-Dîn exécutées pour Sultan Oweïs; elles dateraient alors d'entre 1360 et 1374, année de la mort de ce monarque.

Le plus ancien manuscrit illustré de la bibliothèque de Sultan Ahmed qui nous soit parvenu est le *Livre des Merveilles du Monde* (Paris, Bibliothèque Nationale, Suppl. persan 332); rédigé dans la nouvelle graphie *nastalik*, il a été copié à Bagdad en 1388. Ses miniatures sont de style bien plus simple que celles dont nous venons de parler.

Livre des Merveilles du Monde (Aja'ib al-Makhluqat): La cueillette des fruits de l'arbre loubya (folio 158 verso). Bagdad, 1388 - (H. 0,232; L. 0,22). Paris, Bibliothèque Nationale, Sup. pers. 332.

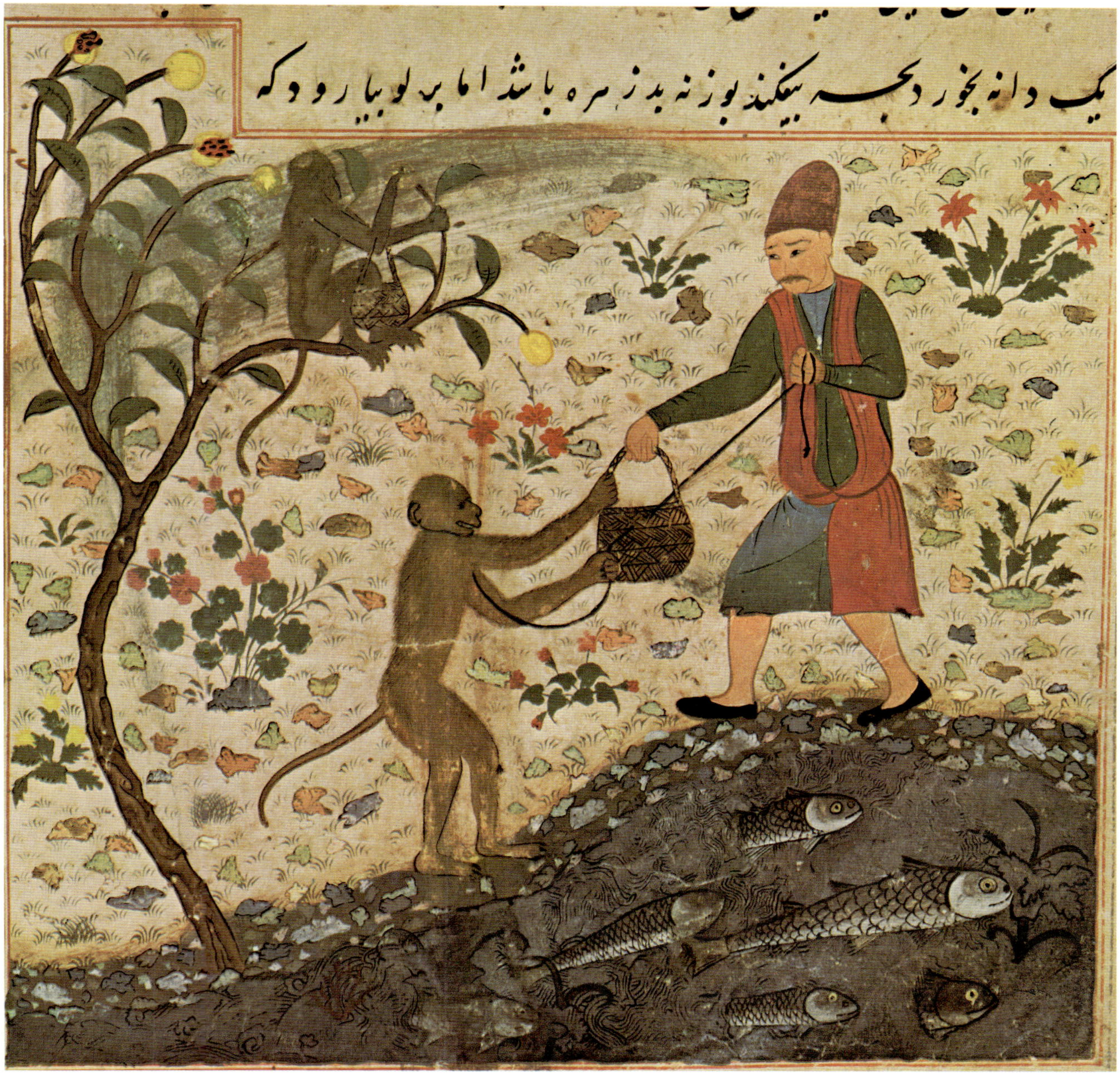

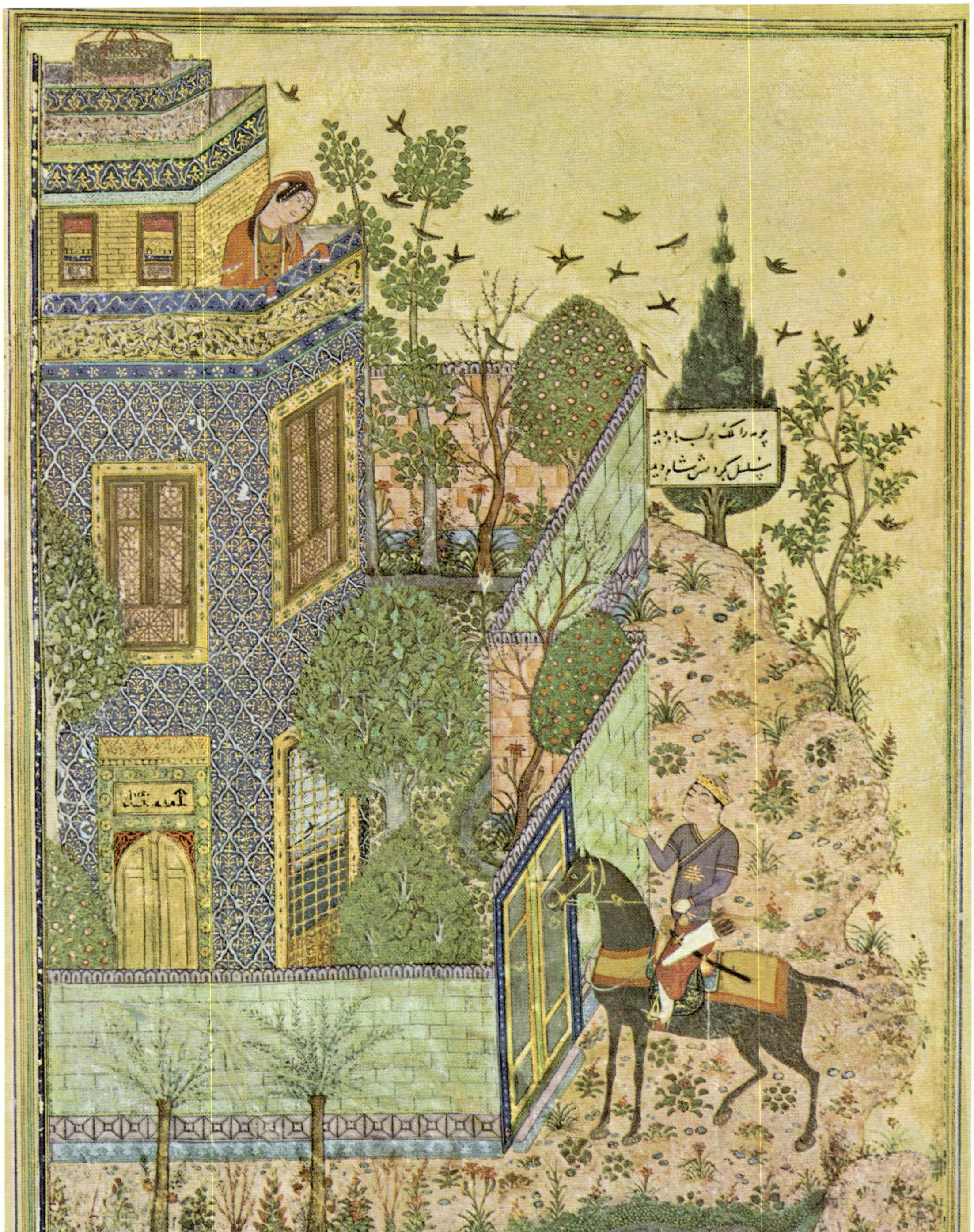

Diwan de Khwajou Kirmanî: Arrivée du prince Houmay au château de Houmâyoun (folio 26 verso).
Peint par Djounayd, Bagdad, 1396 - (H. 0,325; L. 0,243). Londres, British Museum, Add. 18 113.

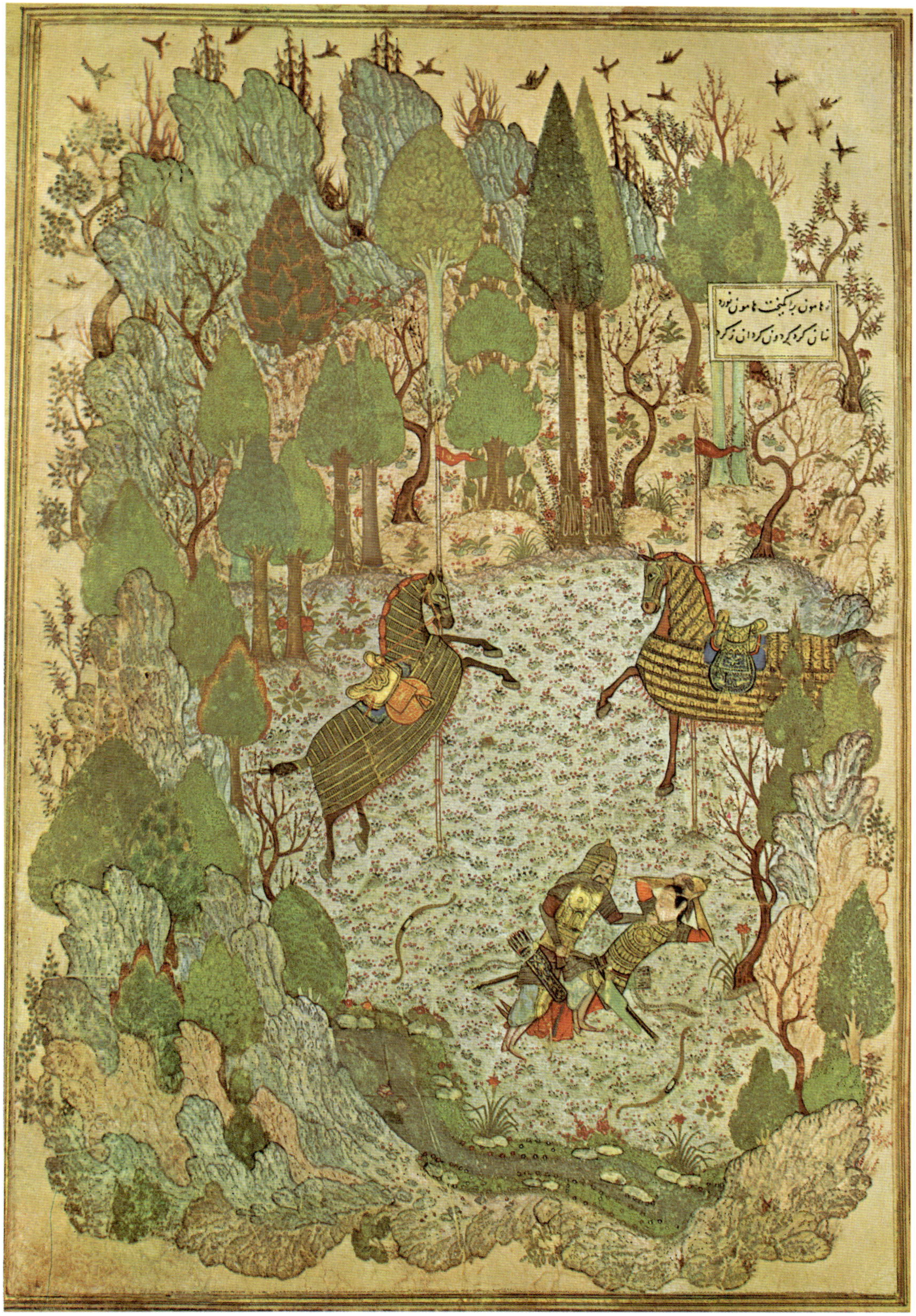

Diwan de Khwajou Kirmanî: Combat de Houmay et Houmâyoun (folio 31 recto).
Peint par Djounayd, Bagdad, 1396 - (H. 0,325; L. 0,243). Londres, British Museum, Add. 18 113.

Elles donnent peut-être une image quelque peu décevante du niveau artistique de cet atelier royal, mais Sultan Ahmed, au sein d'années troublées par les invasions successives de Timour et par les incursions répétées des Turcomans, ne disposa que d'un pouvoir assez précaire. Les peintures sont d'un type nouveau: des dessins colorés avec des arrière-plans nus. La tendance thématique est bien plus nette que dans les ouvrages plus anciens du XIVe siècle, surtout pour les arbres et les plantes. Les personnages humains et les animaux sont fort vivants, dans des scènes telles que la *Cueillette des fruits de l'arbre loubya* par exemple; les sujets astronomiques par contre, décoratifs et plats, sont présentés de façon plus conventionnelle. L'eau couleur d'argent va se répandre sous les Timourides, en même temps que les grandes plantes qui occupent souvent les arrière-plans. Les miniatures, dans leur majorité au moins, seraient postérieures au texte; on l'a soutenu. Mais un livre de ce genre sans illustration aurait-il un sens? Sa palette ne s'accorde-t-elle pas aux colorations vives des décennies précédentes de Tabriz, capitale de presque tous les Djalaïrides? Les épigones de Timour ont certainement sollicité les grands illustrateurs il-khanides encore en vie. On l'a dit, l'aspect le plus intéressant de ce manuscrit, c'est qu'il préfigure les premiers ouvrages timourides, tel le *Kalila wa Dimna* de la Bibliothèque du Goulistân à Téhéran. Certaines de ses miniatures expriment le même goût de la nature que le leur, mais plus naïf peut-être et moins chargé de tendresse lyrique. Leur composition, simple, possède un réel pouvoir d'illusion. Elle a résolu le problème des rapports entre personnages et paysage au sein d'une page de dimensions réduites. Les horizons sont au niveau de la marge supérieure; le rideau d'arrière-plan est ainsi réconcilié avec le sentiment de l'espace.

Illustration p. 45

Illustrations pp. 82/83

Mais ces *Merveilles du Monde* ne laissent en rien présager le *Diwan* de Khwajou Kirmanî qui, postérieur de huit ans seulement, est l'un des très grands monuments de la peinture persane. Ce manuscrit du British Museum (Add. 18 113) a été achevé à Bagdad en 1396 par le célèbre calligraphe Mir Ali Tabrizi, selon la tradition l'inventeur du *nastalik*. Chacune de ses neuf miniatures, sauf une, enserre la réserve où se trouve le texte illustré — dans un cas, un simple couplet; ces huit peintures qui semblent contemporaines au colophon, si elles ne sont pas toutes de la même main, attestent en tous cas une direction unique des travaux. Le maître d'œuvre ne peut être que Ustad Djounayd; la sixième miniature, au folio 45 verso, porte sa signature. Elle représente le mariage de Houmay et Houmâyoun; la signature est insérée dans le cadre de la fenêtre qui domine le trône de la princesse. Djounayd — le plus ancien peintre de miniatures à avoir signé une œuvre — l'étude jointe à l'album de Behram Mirza de 1544 nous mentionne déjà son nom. Elève de Chems ed-Dîn, il aurait travaillé à Bagdad; sur notre miniature son nom est suivi du suffixe *al-Sultani*, qui conviendrait à un peintre de la cour de Sultan Ahmed. D'autre part, ce manuscrit faisait partie des collections du prince Behram; Dost Mohammed, par conséquent, pourrait très bien l'avoir connu.

Illustrations pp. 46/47

Ses plus riches miniatures sont les trois scènes de cour où la page est occupée tout entière par une construction architecturale simple que couronne un bandeau coufique dessiné en blanc sur un fond décoratif à thème floral. Dans deux cas, les personnages, nombreux, sont divisés en groupes par de puissantes verticales qui déterminent sur la

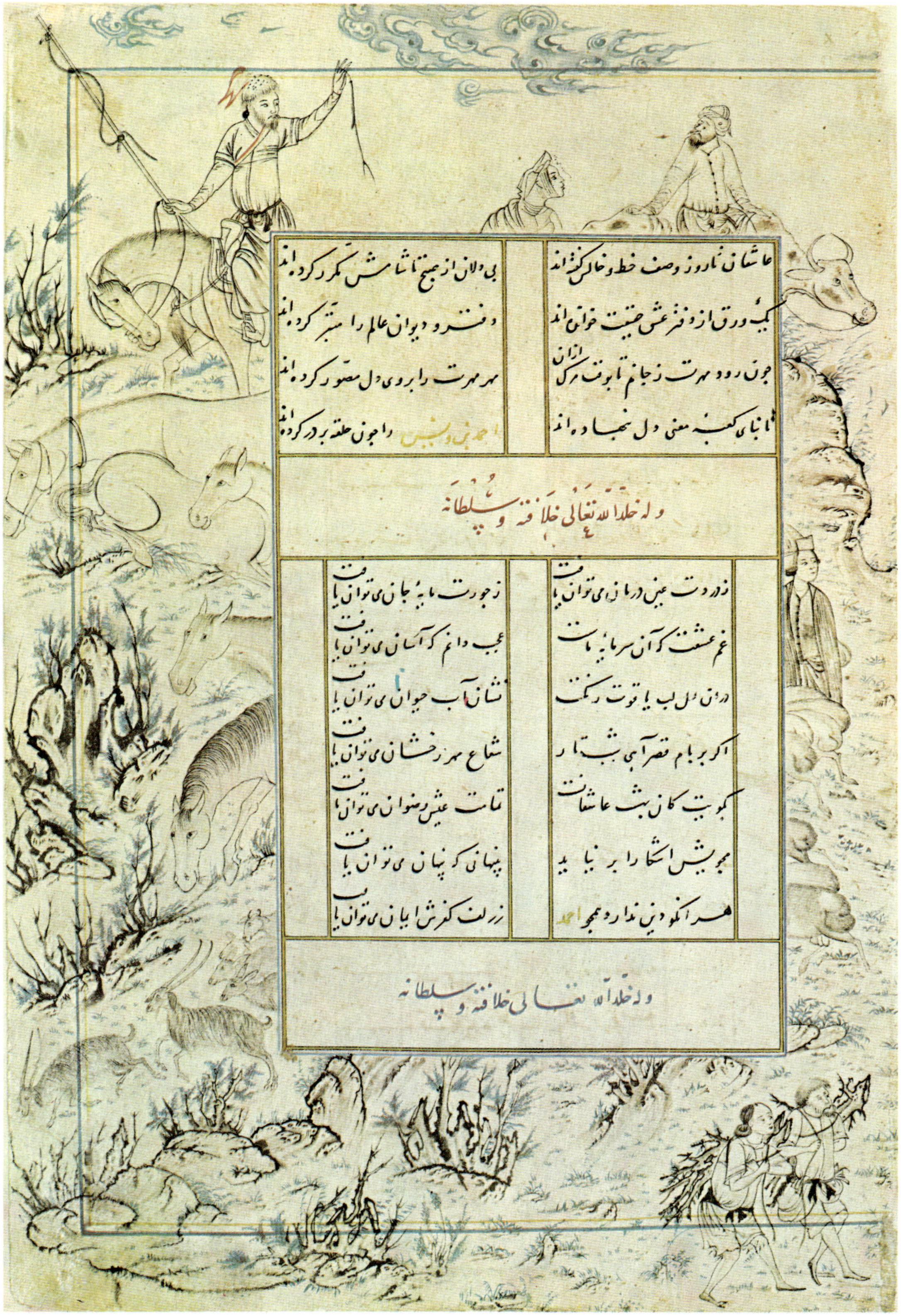

Diwan de Sultan Ahmed : Bordure pastorale - peint par Djounayd, Bagdad, vers 1405 - (H. 0,295 ; L. 0,202).
Washington, Freer Gallery, Nº 32.35.

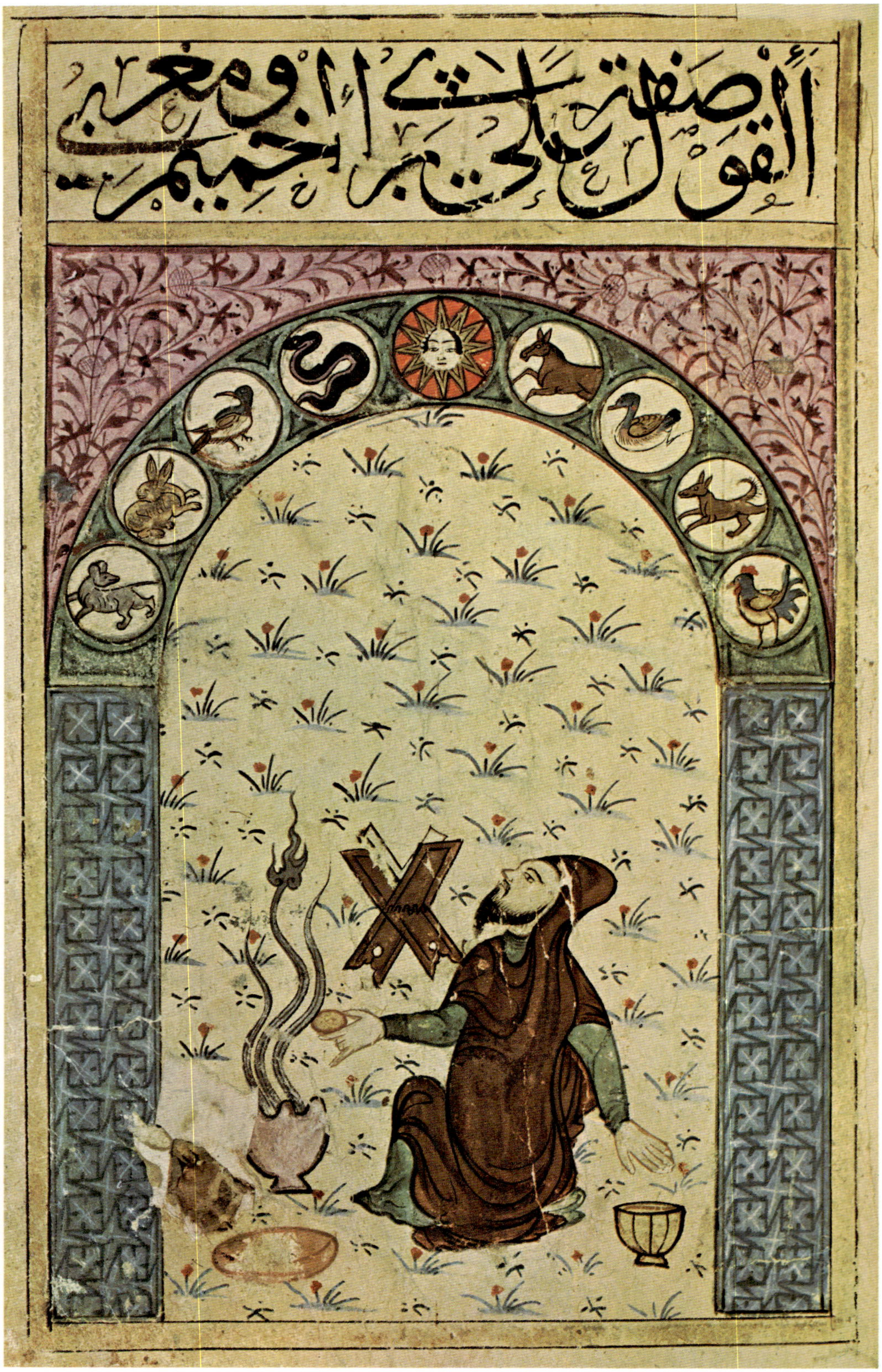

Kitab al-Bulhan (ouvrage scientifique): Le Signe du Verseau (folio 29 recto) - Bagdad, 1399 - (H. 0,24; L. 0,16).
Oxford, Bodleian Library, Or. 133.

surface deux panneaux étroits, allongés, de largeur inégale. Dans une peinture, c'est une arche qui donne le recul; dans l'autre, un mur vu de biais. Les personnages de la troisième miniature sont moins nombreux; ses problèmes d'organisation, par suite, moins ardus; une arche encadre toute la scène, avec une niche qui abrite, en retrait comme il convient, le trône du roi. Les magnifiques tapis et les riches étoffes concourent à une impressionnante somptuosité. Dans les deux scènes les plus complexes, par une fenêtre ouverte se penchent des jeunes filles dont on ne voit que la tête. C'est, poussé un peu plus loin, le procédé qu'utilisait le *Kalila wa Dimna* d'Istamboul. Dans un cas du reste, le sujet lui-même l'exige; Houmay en visite à la cour de Chine voit pour la première fois Houmâyoun qui le regarde du haut de sa fenêtre. A l'avenir, les peintres donneront souvent de cette façon des assises sûres à leurs compositions. Des silhouettes de domestiques ouvrent des portes, accentuant de la sorte le sentiment d'espace clos, mais sans que gêne en rien le manque de perspective dans la vue plongeante. La réussite n'est sans doute pas aussi parfaite dans la troisième scène d'intérieur; elle place son angle de vision bien plus haut; mais ce procédé, tout d'audace et de simplicité, rend extrêmement convaincantes les liaisons entre le rez-de-chaussée, la terrasse et le mur; les personnages, grands, élégants, sont à l'opposé des individus au teint rouge du début du siècle. Mais l'élément neuf le plus important est autre, et c'est que le mouvement est entièrement circonscrit dans les limites de la composition; cette dernière marque d'autre part un penchant très net pour le cercle. Les horizons circulaires des scènes de plein air le montrent encore mieux où, par deux fois, la peinture envahit délibérément les marges, comme on le voyait déjà dans le *Kalila wa Dimna* d'Istamboul. Mais maintenant, les arbres, les rochers qui se chevauchent ont abandonné le premier plan; transposés dans le fond, ils se trouvent à l'air libre, dont les oiseaux qui volent au-delà de la limite de la peinture elle-même soulignent la présence; l'œuvre picturale s'est libérée des deux dimensions. Dans une de ces deux scènes, le prince Houmay arrive à cheval à la porte du château Illustration p. 46 de Houmâyoun; il aperçoit la princesse sur la terrasse d'une haute tour élevée au centre d'un jardin clos planté d'arbres en fleurs. Le bord gauche de la miniature sert de mur de soutien à la tour, lieu géométrique du demi-cercle déterminé par les autres éléments de la composition. La seconde miniature est peut-être plus romantique encore : Houmay, à Illustration p. 47 la recherche de Houmâyoun, la rencontre déguisée en homme, avec casque et armure; ils combattent; Houmay ne reconnaît son adversaire que lorsque celui-ci enlève son casque. Le peintre a choisi cet instant précis; encore une fois, arbres et oiseaux en vol cernent l'action. Dans ces deux peintures, un torrent, au premier plan, poursuit un cours sinueux, une de ses rives bordée de fleurs, l'autre, la plus proche du spectateur, flanquée de rochers qui s'avancent jusqu'à la marge inférieure. Pour arbres, le cyprès, le genévrier, le chenar et le tamaris, c'est-à-dire la flore persane; la végétation chinoise du *Châh-Nâmeh* Demotte et du *Kalila wa Dimna* est bien oubliée.

Le combat de Houmay et Houmâyoun se passe sur une pente rocheuse et dénudée; deux autres miniatures ont des jardins pour décor : la fête pendant laquelle les deux amoureux échangent des serments parmi les jasmins sous un ciel doré, tandis que des courtisans cueillent des roses et jouent de la flûte et du tambourin; et la scène antérieure, plus intime, où Houmâyoun s'évanouit d'émotion en se trouvant face à face avec son aimé dans le clair de lune d'un jardin peuplé d'arbres en fleurs. Le peintre accorde ici son pinceau aux échos de la poésie lyrique persane. Equilibre parfait entre le texte et son illustration, sans que soit pour autant perdue l'atmosphère aérée des compositions il-khanides. S'il faut critiquer cette peinture, on lui reprochera sa portée quelque peu limitée et ses personnages assez raides, parfois semblables à des poupées. Pour ce qui est de la couleur, les contrastes sont durs à côté de la maîtrise qu'apportera le XVe siècle avec ses accords tellement plus subtils que les verts acides et les rouges agressifs de ces œuvres expérimentales. Mais la voie est désormais ouverte au siècle suivant, à ses recherches comme à ses inventions.

L'œuvre de Djounayd se fonde avant tout sur unè qualité d'exécution irréprochable; elle se manifeste très bien dans la scène de duel, mais encore mieux dans un autre manuscrit royal de Sultan Ahmed, où sont calligraphiées, dans une écriture déliée, sur des pages à grandes marges, les œuvres poétiques de ce prince. La seule décoration

Illustration p. 49

picturale du manuscrit, aujourd'hui à la Freer Gallery à Washington, se trouve sur ses huit dernières pages dont les marges sont occupées par d'exquises scènes pastorales rehaussées d'or et de bleu clair, presque sans équivalent dans toute la peinture persane. Examinés de près, ces dessins révèlent que les paysages sont construits de la même façon que ceux du *Diwan* de Khwajou; on retrouve aussi ce genre de dessin légèrement coloré sur quelques marges de l'admirable *Anthologie* préparée pour le prince timouride Iskandar en 1410, que nous examinerons plus loin. A la fin du *Châh-Nâmeh* du sultan

Illustrations pp. 98/100

timouride Ibrahim, réalisé en 1435 (Oxford), dont il sera question plus loin, se trouvent aussi deux pages complètement occupées par des dessins rehaussés d'or, qui sont également assez proches de ceux-ci. Toutes ces œuvres sont contemporaines des manuscrits royaux qu'elles accompagnent, ce qui permettrait de situer le *Diwan* de Sultan Ahmed et sa décoration au début du XVe siècle; plusieurs spécialistes se sont insurgés contre cette datation. Ces dessins sont, il est vrai, dans une certaine mesure uniques; par la conception, par exemple: le dessin se situe sur un plan distinct de celui du texte, en arrière de celui-ci, se poursuivant, invisible, derrière la zone qu'occupe la rédaction au centre de la page. C'est l'inverse de la règle ancienne qui voulait des textes enfermés dans la miniature. Il ne s'agit du reste pas ici de miniature, mais de décoration, pour élaborée qu'elle soit. Au point de vue du style, des traits empruntés aux modèles chinois, surtout chez les oiseaux et les animaux, voisinent avec les nouvelles conventions persanes pour les arbres et les rochers, et aussi avec quelques touches d'origine européenne, sur les têtes de plusieurs personnages en particulier. Un autre manuscrit de la même époque témoignera bientôt d'influences semblables. Les nuages fourchus, tout en circonvolutions, rappellent le *Châh-Nâmeh* de 1435, où figurent aussi quelques canards en vol ou en train de nager, comme dans certaines pages du *Diwan* de Sultan Ahmed. On peut donc voir là une dernière éclosion du naturalisme mongol ainsi que le présage des chefs-d'œuvre de l'école timouride avec son échelle et le dessin délié qui lui est propre.

La Bodleian Library à Oxford possède un ouvrage hétérogène (Or. 133) qui contient différents écrits sur l'astrologie, la divination, la science des prédictions ainsi que cinquante-quatre miniatures en pleine page symbolisant les saisons, les climats, les signes du zodiaque et les démons ou êtres surnaturels. D'après le professeur D.S. Rice, qui a fait une étude très poussée de ce livre, c'est un natif de Bagdad originaire d'Ispahan qui le composa en 1399. Comparées aux précédentes, ces miniatures paraissent assez grossières et peu évoluées et par là même représentent sans doute mieux l'état de la peinture à la fin du XIVe siècle dans le domaine djalaïride. Sur la page que nous reproduisons, le Verseau, des lys naturalistes emplissent les écoinçons de l'arche, en contraste marqué avec les plantes conventionnelles qui se répètent sous son arc, proche, lui, de celui du Khwajou. Les quatre saisons, de dimensions plus réduites, ont des arbres moins grands et rendus de façon plus impressionniste. L'encadrement des motifs qui occupent les tourteaux et les panneaux pourrait provenir d'un art du métal et dans ce cas serait lié aux antiques traditions de la Perse. Travail plus élégant que celui dont on parlera bientôt à propos de l'« école de Chiraz ». Illustration p. 50

Tabriz sous les Djalaïrides, en dépit du ralentissement des affaires entraîné par l'incertitude du temps, est encore une plaque tournante du commerce international. Le professeur Rice a argué des privilèges commerciaux accordés par Sultan Oweïs aux Vénitiens et aux Génois, la permanence d'influences européennes ou tout au moins méditerranéennes, dans ces pages. Comme l'a fait remarquer le Dr H. Stern, l'iconographie des mois semble provenir d'un prototype byzantin plutôt que latin. L'influence chrétienne la plus directe que connut Tabriz jusqu'à la disparition de l'Empire d'Orient fut celle de Byzance. Elle se perpétua après la prise de la ville par les Turcomans, nous le verrons. La Perse ancienne, elle, se manifeste ici par le symbole du soleil au centre de l'arche. Dans un disque à douze pointes rayonnantes, une tête nue, de face, avec des sourcils fortement marqués et des cheveux noirs que sépare une raie médiane. Cette tête, mais sans le cercle de rayons, se retrouve en même position au centre de l'arche qui domine le trône d'Anoushîrwân, le Roi des Rois, dans une miniature du Khwajou de 1396 (British Museum), ce qui relie deux manuscrits en apparence sans parenté, tout comme les motifs floraux des écoinçons de l'arche se retrouvent dans la *Scène du mariage*, signée, du Khwajou. Ce détail apparaît encore une fois dans la décoration de l'*Anthologie d'Iskandar* (frontispice de sa deuxième partie), manuscrit de Chiraz datant de 1410 et appartenant aujourd'hui à la Fondation Gulbenkian à Lisbonne. Pour un ouvrage de caractère scientifique, les paysages et les personnages sont d'un naturalisme remarquable.

Tabriz connaît une histoire mouvementée sous le règne de Sultan Ahmed. En 1386, Timour s'empare de la ville et la conserve jusqu'en 1406; le Turcoman Qara-Yoûsouf, de la horde du Mouton Noir, vassal nominal des Djalaïrides, l'enlève alors. Pendant ces années difficiles, Sultan Ahmed établit sa capitale à Bagdad, mais ensuite monte une expédition contre Tabriz et c'est alors qu'il défend ses droits sur la cité qu'il est tué par Qara-Yoûsouf. C'était en 1410. Les habitants de Tabriz, chaque fois que Sultan Ahmed résidait parmi eux, l'accueillaient avec joie. Protecteur des arts, à son atelier revient probablement un beau manuscrit du *Khosrow et Chirine* de Nizamî, aujourd'hui à la Freer Gallery à Washington, copié, à en croire son colophon, « à Tabriz, la capitale du royaume, par Alî Hassan al-Sultani ». La date a disparu du colophon; M. Stchoukine propose 1420. Illustration p. 54

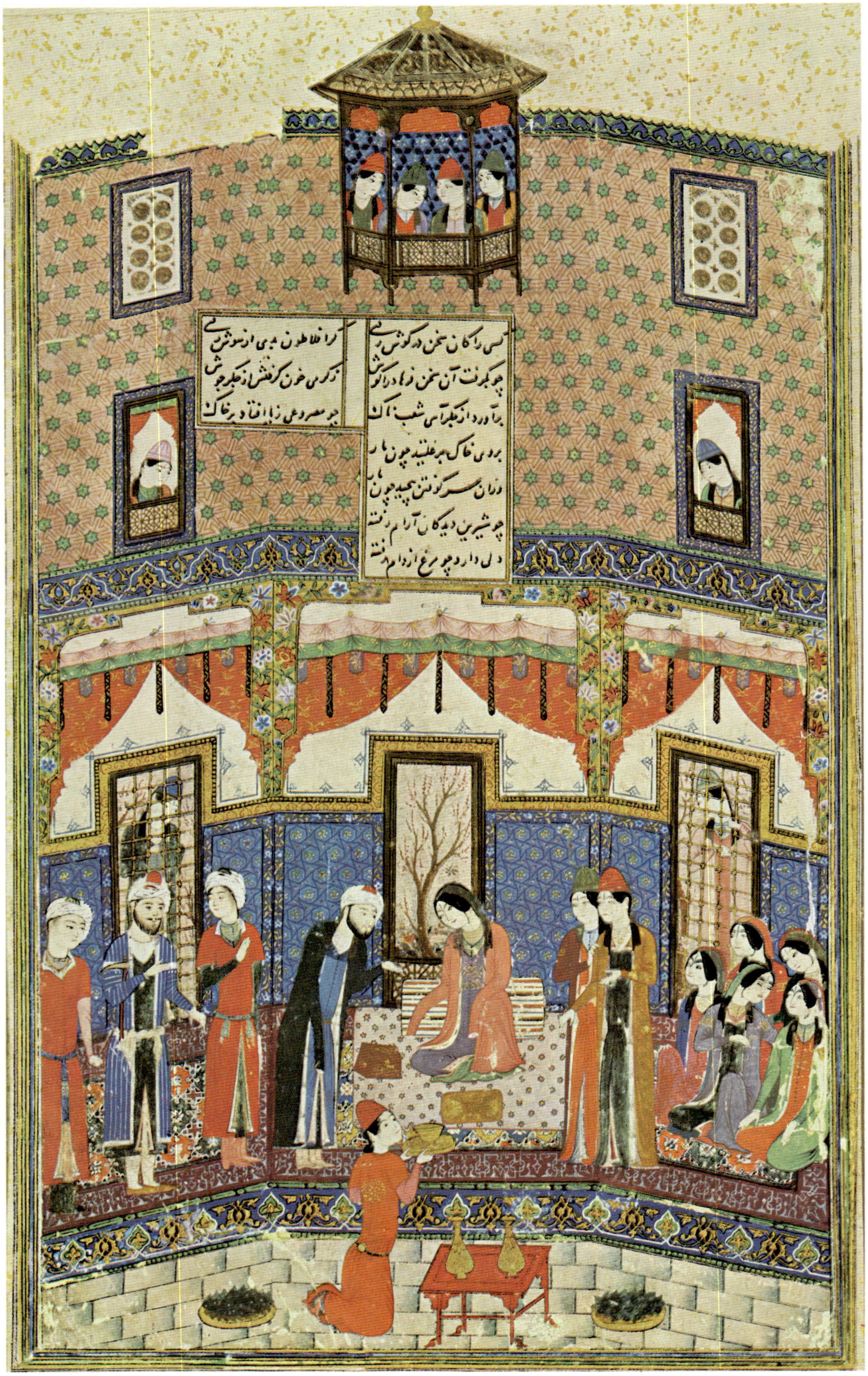

Khosrow et Chirine de Nizamî: Farhad amené devant Chirine (3e miniature) - Tabriz, 1405-1410. (H. 0,273; L. 0,165). Washington, Freer Gallery, No 31.34.

Les Turcomans du Mouton Noir conservèrent l'Azerbaïdjan jusqu'en 1437, mais on n'a aucune preuve, directe ou indirecte, qu'ils se soient intéressés aux arts du livre. Ils eurent pour capitale habituelle Chirwan ; l'équipe de la bibliothèque des Djalaïrides paraît néanmoins être restée à Tabriz, car lorsque le prince timouride Baysonqur fut envoyé par son père Châh Roukh administrer la ville, il y rencontra le plus grand calligraphe de l'époque, Dja'far al-Tabrizi.

Les cinq miniatures du *Khosrow et Chirine*, par le style et par la couleur, sont plus proches du Khwajou de 1396 qu'aucune autre miniature du XVe siècle. Dans la marge de *Farhad en train de creuser le tunnel à travers le rocher*, un arbre au dessin délicat rappelle ceux du duel du Khwajou ; les rideaux relevés de *Farhad amené devant Chirine* sont exactement les mêmes que ceux des scènes d'intérieur de l'autre ouvrage. Plus encore, ici comme en 1396, la miniature enserre toujours le texte. Il n'en ira plus de même dans les miniatures timourides en pleine page. La conception spatiale néanmoins s'écarte déjà de la plasticité du XIVe siècle avec ses retraits nettement indiqués ; elle s'oriente vers une structure purement conventionnelle qui ne donne pas de prise à l'analyse, une sorte d'écran courbe disposé comme les deux portants d'un fond de théâtre. Telle sera la convention en honneur au XVe siècle. Mais persistent encore ici, sur des personnages assez raides, l'exquise qualité graphique et les gestes sensibles hérités de l'école djalaïride.

Illustration p. 54

Avant d'étudier la descendance de cette école, il importe d'examiner l'autre courant qui anime la peinture persane au XIVe siècle, et qui ne posséda pas seulement force et efficacité, mais contribua aussi, par un apport permanent, à l'histoire entière de la peinture persane.

Le XIVe siècle : Chiraz héritière de l'Iran ancien

3

Pour la peinture de la Perse, le xive siècle, tel que nous venons de le voir, c'est l'histoire de sa rencontre avec l'art de la Chine. Elle se l'incorpore progressivement, en partie grâce aux Il-khans, qui bâtissent sur les assises sûres de la vieille culture du pays. Mais à distance de la cour, loin de l'Azerbaïdjan, sa zone d'influence immédiate, les choses se passent autrement ; la pression chinoise est moins forte, elle s'exerce par contre-coup, par l'intermédiaire des arts industriels, en premier lieu par le costume des envahisseurs. Les traditions les plus anciennes de la peinture persane conservent mieux leurs positions. Chiraz, vieille cité du Fars, la province méridionale qui fut le cœur autrefois de l'empire achéménide, Chiraz, en fait création des dynasties saffaride (867-900) et bouyide (933-1056), paraît bien avoir été, en ce xive siècle, un grand centre de civilisation. A l'arrivée des Mongols et pendant leur domination, c'est une ville prospère, douée d'une puissante tradition culturelle, la patrie du poète Saadi, qui s'y est éteint en 1294, et celle de Hâfiz qui, lui, vit assez longtemps pour assister à la conquête ; il ne meurt en effet qu'en 1389. Mais pendant ces années, l'histoire politique de Chiraz est difficile, qui change sans cesse de maître. Ce sont d'abord les Injou, les descendants du dernier gouverneur des Il-khans, qui se proclament indépendants après la mort d'Abou Sa'îd ; ils règnent sur le Fars jusqu'en 1353. La maison de Mouzaffar les en chasse, qui présidait aux destinées du Yazd pendant la même période. Mais ces princes ne conservent leur domaine, plus important pourtant que celui de leurs prédécesseurs, que jusqu'en 1393 : Timour entre en scène et ils s'écroulent. Abou Ishaq, l'Injou, et Châh Shoudja, le Mouzafféride, ont tous les deux protégé Hâfiz ; les meilleurs artistes du livre ont donc sans doute travaillé pour eux. Pourtant, les ouvrages que nous ont transmis ces années ont tous été suscités par les Injou ; l'unique livre dont le crédit revienne à un Mouzafféride date de la veille de l'arrivée de Timour. Mais nous allons tenter de combler ce fossé : il est pratiquement sûr que Chiraz a possédé une tradition permanente de l'illustration, importante en raison même de sa continuité.

Nous sommes redevables à cette ville de quatre manuscrits datés du *Châh-Nâmeh* (dont deux aujourd'hui dispersés) qui formaient un groupe assez uni puisqu'ils ont tous été composés entre 1330 et 1352 ; l'un d'eux est en effet dédié au vizir Qawam al-Dîn Illustration p. 58
Hasan, protecteur de Hâfiz, qui mourut en avril 1353, douze ans après l'achèvement de

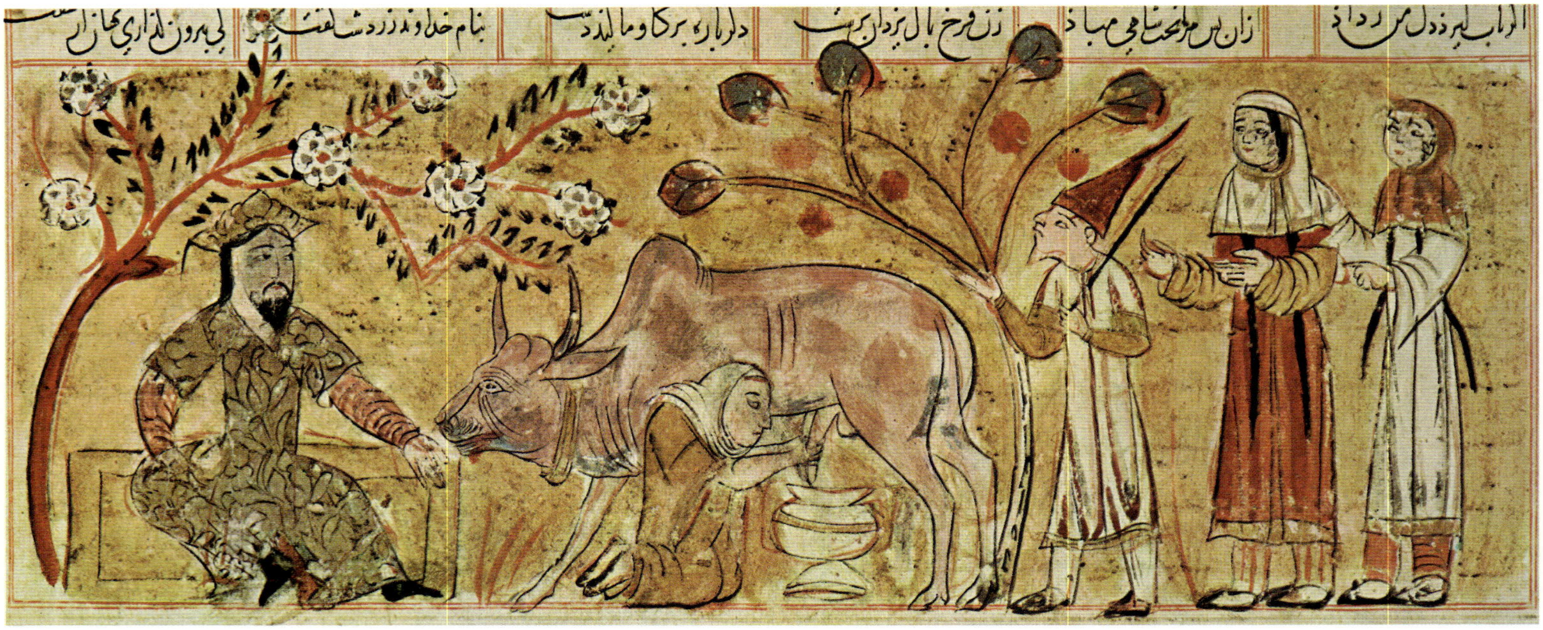

Châh-Nâmeh du vizir Qawam al-Dîn: Behram Gour dans la maison du paysan (page isolée).
Chiraz, 1341 - (H. 0,102; L. 0,239). Baltimore, Walters Art Gallery, W. 477.

l'ouvrage. Des pages isolées en sont disséminées parmi les collections européennes et américaines. Les fonds de ses miniatures sont, dans leur majorité, unis, rouges, jaunes d'ocre ou or; d'autres, plus rares, ne sont pas peints. Ces arrière-plans perpétueraient la tradition qui donna naissance aux peintures murales sassanides; on l'a soutenu, *ex cathedra* il faut l'avouer. Que cette tradition ait réellement existé, on n'en doute pas aujourd'hui, mais interrompue par une très importante solution de continuité que, jusqu'ici, personne n'a pu justifier. Ceci dit, il est incontestable que ces miniatures sont proches d'un style largement répandu en Iran avant l'invasion mongole, et qu'atteste la céramique lustrée des revêtements et les récipients dont certains exemplaires datés remontent à la deuxième moitié du XIIe siècle. Ce style se caractérise, avant tout, par un contour très marqué et par des fonds remplis d'arbres et de feuillage, même lorsque le sujet s'y prête assez mal. Les conventions utilisées pour les arbres sont les mêmes dans ces miniatures que dans les œuvres et objets plus anciens: des feuilles pareilles à des plumes, de grandes fleurs sur des tiges minces et sinueuses. Mais ces miniatures, et celles des autres manuscrits de l'école de Chiraz, contiennent en même temps des éléments nouveaux; certains, les lotus et les énormes pivoines des étoffes vestimentaires, que les Mongols ont donnés à la Perse après les avoir empruntés à la Chine; d'autres, ces étranges montagnes coniques, en couleurs conventionnelles, rouge, bleu, pourpre ou jaune, qui peuvent être rapprochées des peintures murales, bien antérieures, des sanctuaires bouddhiques de l'Asie Centrale; elles peuvent du reste avoir une autre origine, car sur les récipients et la vaisselle d'argent des Sassanides, on rencontre parfois des ébauches de paysages où des groupes de cônes symbolisent des montagnes; cette convention, au

XIVe siècle, pourrait très bien constituer l'héritage, encore vivant, de l'Iran le plus ancien. Néanmoins, c'est le dessin animalier qui prime tout dans ces miniatures: vigoureux, débordant de vie, de sympathie pour son sujet, en tous points digne de l'Iran d'autrefois. Les pivoines de taille tout à fait exceptionnelle qui emplissent les vides évoquent les fonds habituels de la poterie de Sultanabad. On les revoit encore une fois sur l'unique exemplaire du roman persan de Sadaqa b. Abou'l Qasim de Chiraz, *Kitab i Samak'Ayyar*, de la Bodleian Library à Oxford (Ouseley 379/381). Les nombreuses miniatures de ces trois volumes ont presque toutes des fonds rouges ou jaunes, mais ce sont les créations les moins élaborées de la capitale du Fars à cette époque. Les mouvements sont raides; les architectures et les paysages très sommaires; et pourtant, leurs conventions sont les mêmes que dans les *Châh-Nâmeh*, en particulier celui de 1330, du Palais de Topkapi, et celui de 1333, de la Bibliothèque d'Etat de Leningrad. Les coloris de ces ouvrages sont proches, eux aussi, avec le pourpre, le bleu (ou la rencontre de ces deux teintes pour composer un violet très personnel) et le jaune mis en relief. Il n'est aucune de ces miniatures de Chiraz où les personnages ne dominent pas; les autres éléments de la composition leur sont toujours subordonnés, simple décoration qui, en général, remplit les espaces vides. La composition, de format rectangulaire, couvre d'habitude d'un tiers à la moitié de la page, à l'intérieur de marges sur lesquelles empiète très rarement la pointe d'une lance ou la hampe d'une bannière. Les manuscrits de 1330 et de 1341 possèdent des miniatures d'un genre nouveau, en escalier, qui se rétrécissent vers un sommet unique,

Châh-Nâmeh: Gayumart, premier roi, dans les montagnes - Ispahan, 1325-1335.
(H. 0,095; L. 0,119). Washington, Freer Gallery, N° 29.24.

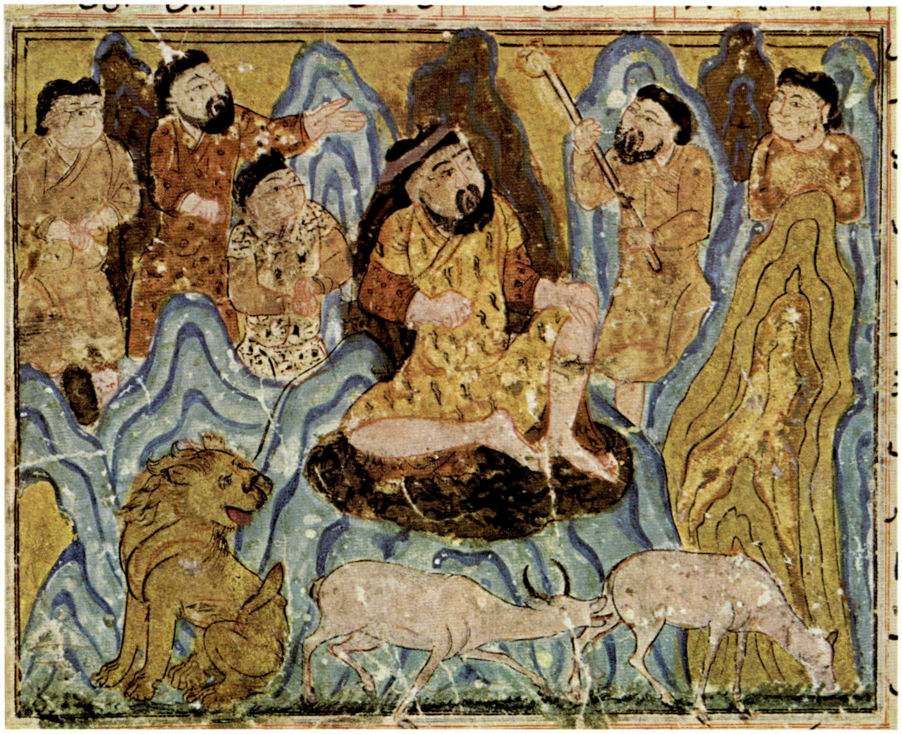

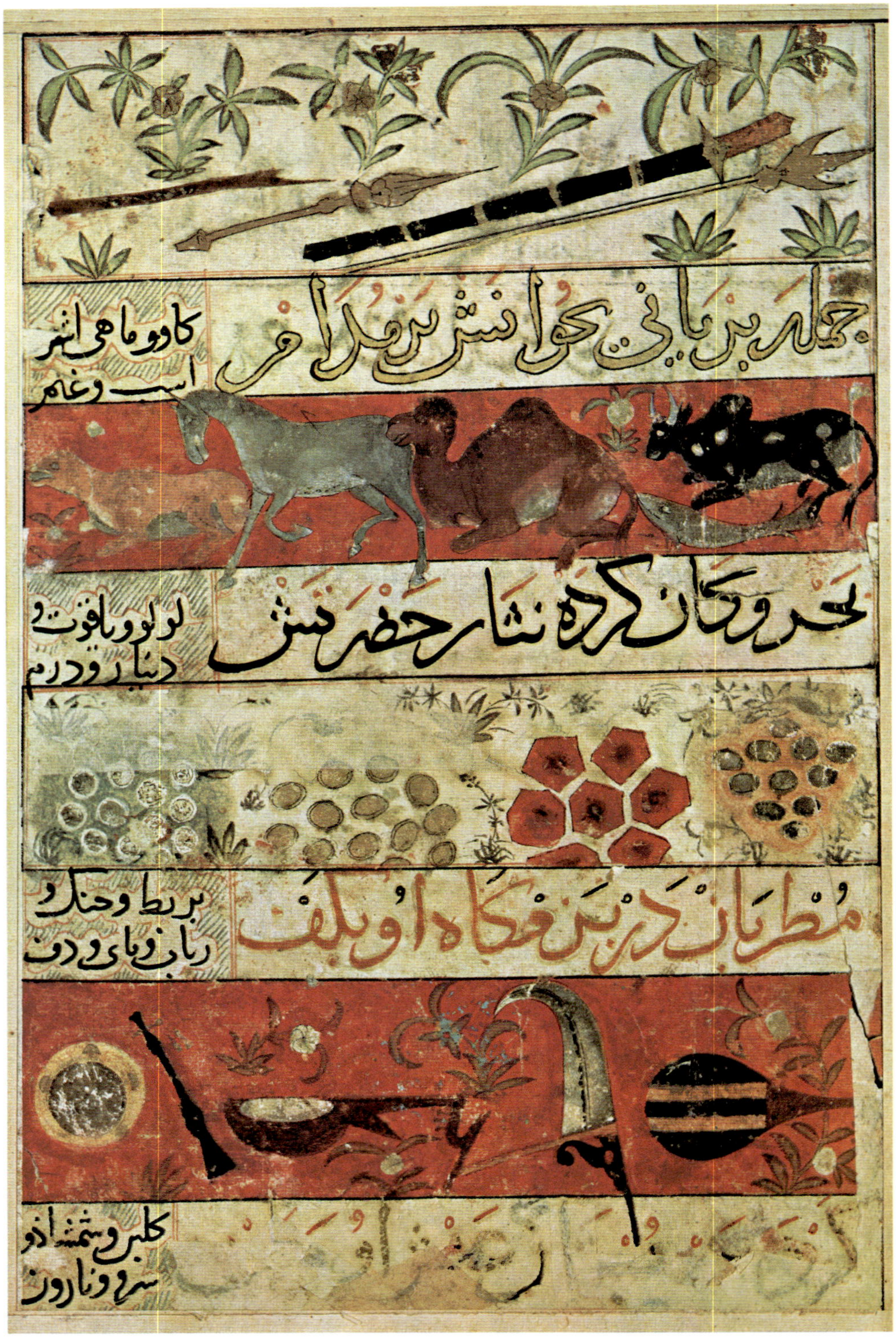

Mou'nis al-Ahrar (Anthologie scientifique) de Mohammed b. Badr Jajarni:
Armes, pierres précieuses et instruments de musique - Chiraz, 1341 - (H. 0,19 ; L. 0,128). Cleveland, Museum of Art, N° 45.385 (miniature légèrement agrandie).

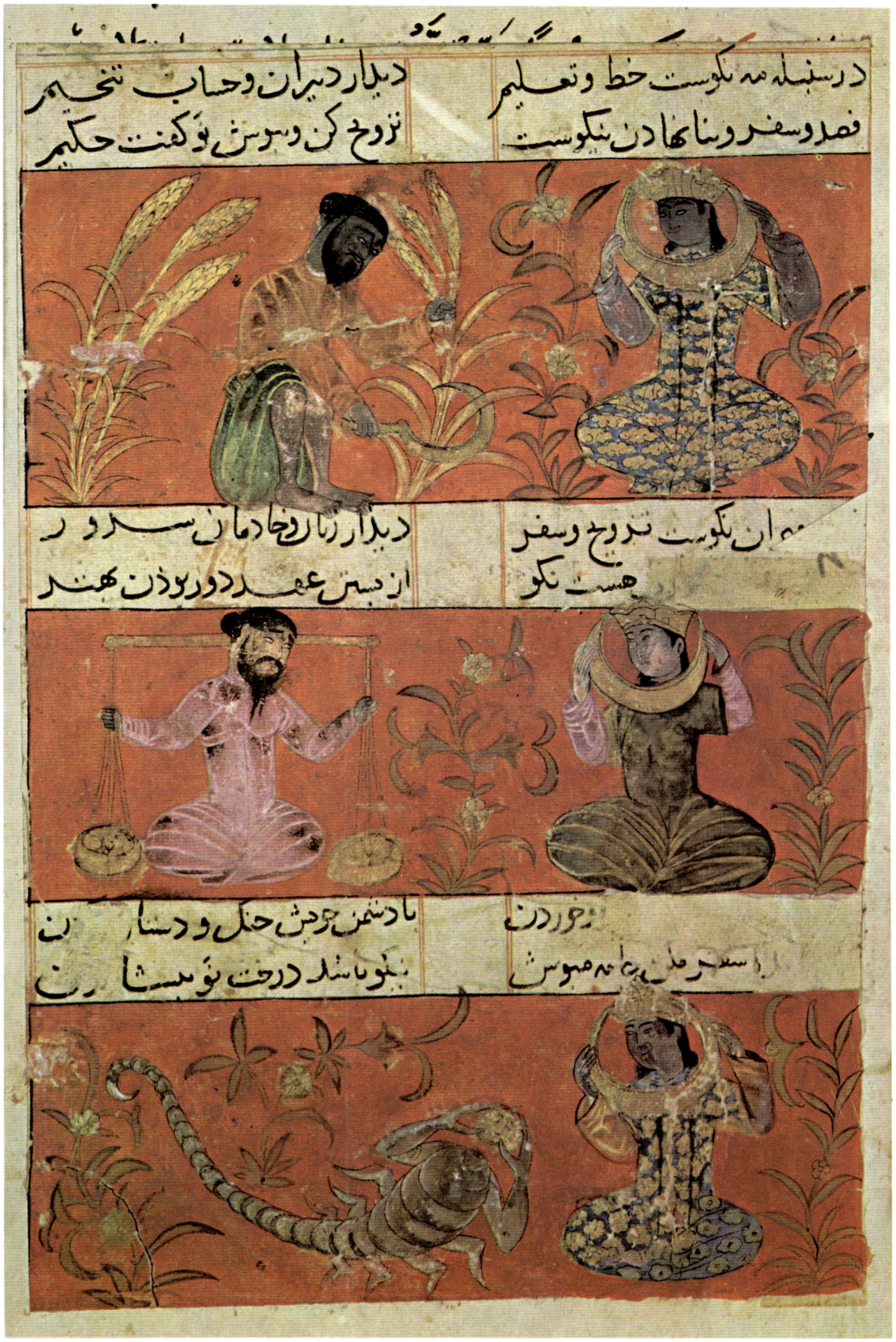

Mou'nis al-Ahrar (Anthologie scientifique) de Mohammed b. Badr Jajarni:
Les Planètes - Chiraz, 1341 - (H. 0,19; L. 0,128). New York, Metropolitan Museum, Nº 57-51-25.
(miniature légèrement agrandie)

à l'image de pyramides; ce procédé met en relief la symétrie de la composition et, par là, deux qualités chères à la Perse de toujours: la vue de face et la hiérarchie. Ces décrochements pourraient provenir, on l'a avancé, de peintures architecturales. De toute façon, les joues « fardées » des hommes, leurs barbes et leurs sourcils très marqués appartiennent aussi à l'arsenal de l'Iran ancien; la peinture post-sassanide de l'Asie Centrale en a gardé le souvenir.

A Chiraz revient aussi un autre type de manuscrit illustré; le dictionnaire, ou anthologie scientifique, *Mou'nis al-Ahrar*, dont nous possédons l'exemplaire rédigé par l'auteur, Mohammed b. Badr Jajarni, en 1341, en est un exemple. Cet ouvrage appartint autrefois à la collection Kevorkian; il est aujourd'hui dispersé; les musées de Cleveland et de Princeton, le Metropolitan Museum et la Freer Gallery en possèdent des fragments. Les illustrations sont disposées sur toute la largeur de la page, en trois ou quatre registres superposés; sur chacun d'eux, un alignement d'images indépendantes, comme dans un dictionnaire illustré. Les fonds sont en général rouges, mais d'autres, nus, ont des motifs floraux. La qualité d'exécution de ces pages dépasse de loin toutes les œuvres de Chiraz rencontrées jusqu'à présent; le feuillage, dessiné d'une main rapide et vive, rappelle en certains endroits celui du *Bestiaire* de la Morgan Library à New York, mais le plus souvent, ce n'est qu'un décor chargé de remplir les espaces vides; sur la page de Cleveland
Illustration p. 60
par exemple, ou, à une plus grande échelle encore, sur le dessin des *Planètes* du Metropolitan Museum; le dessin des personnages se rapproche lui aussi de celui de Chiraz. Vers 1341, bon nombre de peintres de Tabriz, contraints de quitter leur ville, étaient sans doute partis chercher ailleurs protecteur et emploi; la supériorité de ces pages sur toutes leurs contemporaines pourrait s'expliquer ainsi. Il est cependant possible qu'Ispahan, qui connut en ces années un sort proche de celui de Chiraz, ait possédé elle aussi une école d'illustrateurs; elle n'aurait pu ignorer les travaux de la grande ville voisine. Ces peintures, par leur élégance, par le trait splendide de leur dessin animalier, peuvent être rapprochées d'un autre groupe de miniatures de *Châh-Nâmeh,* de taille bien plus réduite que celles dont il a été question jusqu'ici. Attribuées par tous les spécialistes à la première moitié du XIVe siècle, appartiennent-elles à Tabriz ou à Chiraz? On en discute. Deux au moins de ces manuscrits ont été dispersés et de nombreuses collections occidentales en
Illustration p. 61
possèdent des fragments; de son côté, la Freer Gallery à Washington conserve, entier, un volume légèrement plus important. Mais aucune de ces œuvres ne porte de date précise. Le Dr Ettinghausen a proposé à l'auteur de ces lignes d'accorder l'ouvrage de la Freer Gallery à Ispahan, attribution qui pourrait convenir à l'ensemble du groupe; les autres manuscrits, d'un format plus petit que celui de Washington, pourraient lui être légèrement antérieurs. Le paysage y est réduit au minimum, rien de plus en général qu'une bande d'herbe avec quelques arbres épars; plusieurs pages du manuscrit de la Freer Gallery sont au contraire ornées de pics aux contours nets, non sans rapport avec ceux des miniatures de Chiraz, le coloris excepté; un gris ardoise, un bleu et un argent remplacent le rouge et le jaune, plus durs, de ces dernières. La prodigalité avec laquelle ce livre utilise l'or et l'argent lui assure une place à part dans cet ensemble; mais les pages plus petites, si elles sont moins somptueuses, le sont de peu; nombre d'elles possèdent
Illustration p. 59

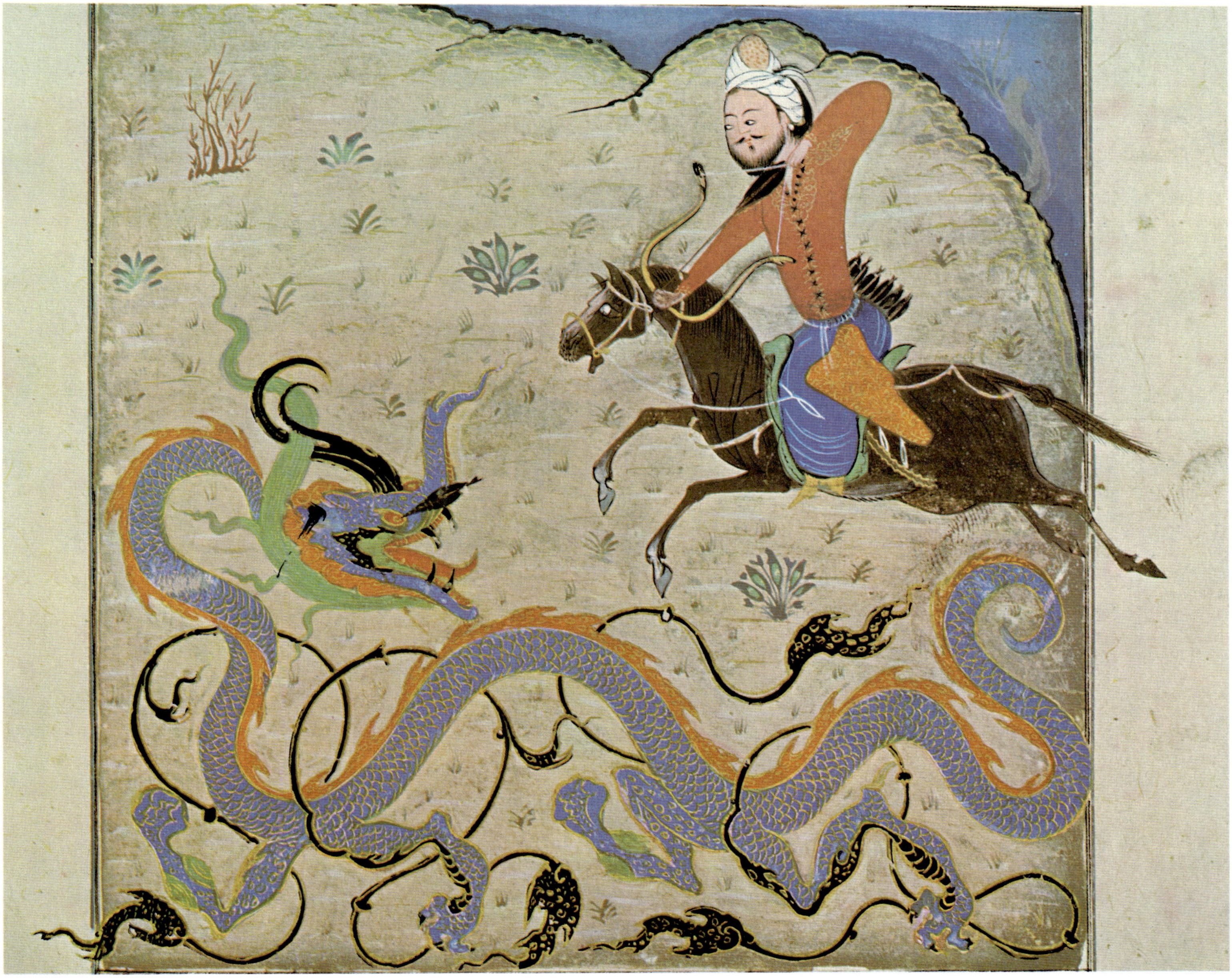

Châh-Nâmeh: Behram Gour tuant le dragon (folio 203 verso) - Chiraz, 1370 - (H. 0,161; L. 0,125).
Istamboul, Palais de Topkapi, Hazine 1511 (miniature agrandie).

du reste des fonds d'or. Il est indéniable en fin de compte que toutes ces miniatures, par le style, constituent un groupe cohérent. Remarquables par leur qualité d'exécution, sensible et soignée, et par leurs animaux, tout particulièrement les chevaux dont le mouvement est admirable. Les vêtements et les armures, purement mongols d'esprit, sont aussi éloignés que possible des miniatures il-khanides du *Châh-Nâmeh* Demotte. Elles sont brillantes et exactes autant que les autres sont pathétiques et héroïques. Et si elles reflètent bien la tradition nationale la plus ancienne de l'Iran, leur dette à l'égard de la

Chine et de son art du pinceau est plus considérable que celle d'aucun manuscrit de Chiraz. Les pages du *Mou'nis al-Ahrar* de 1341 comblent, semble-t-il, le fossé qui sépare ces deux groupes, surtout par leur dessin animalier. Leur sobriété met en relief l'essence même du geste et de l'attitude; on ne saurait imaginer meilleur accompagnement à une calligraphie ancienne pour son temps. La poterie du XIIe siècle antérieure aux Mongols possède des compositions simples qui rappellent celles-ci.

Avec le *Châh-Nâmeh* de 1370 (Palais de Topkapi, Hazine 1511), nous abandonnons complètement les paysages naturalistes de la première moitié du siècle et pénétrons dans l'univers conceptuel qui servira de cadre aux chefs-d'œuvre de la peinture persane pendant deux cent cinquante ans. Quelques arbres exacts survivent encore incongrus à côté des nuages en mèches et des souches conventionnelles, mais la conception même de l'œuvre, toute faite d'imaginaire, lui donne une unité très stricte. Les différents éléments de la composition sont des symboles et non plus des motifs décoratifs: trois hommes représentent une armée; deux monticules arrondis, une chaîne de collines; un cercle, l'orifice d'un puits. Il est capital de bien situer cette apparition dans le cadre général de l'histoire de cette école. L'artiste cherche toujours la solution du même problème: celui des rapports idéaux entre un texte et son illustration. Jusqu'ici, la miniature avait trop fidèlement emprunté ses conventions à des modèles fournis par les rouleaux horizontaux de la Chine et par de grandes peintures murales, qui n'étaient pas conçus en fonction du format d'un livre; d'où une tension, un déséquilibre permanent et très net entre l'action et son décor, chacun des deux exigeant plus qu'il ne pouvait lui revenir. Il fallait souvent regarder la miniature de loin pour bien la voir, solution aberrante pour l'illustration d'un texte. Les arrière-plans en rendent très bien compte: au début ils doivent exprimer un recul sans fin, au-delà de la page, que masquent simplement les rideaux ou les parois qui servent parfois de fond. Maintenant, au contraire, on abandonne cette attitude fondée sur la vue pour un monde d'illusion qui s'offre au spectateur comme l'univers d'une scène de théâtre. Dans l'ouvrage de 1370, par exemple, la contrée sauvage où Bijen est prisonnier est représentée par un réseau de segments bleus disposés à la façon d'écailles et sur lesquels un
Illustration p. 63
léger brouillard d'or, par petites touches, vient symboliser la végétation. Le dragon qu'attaque Behram Gour n'est plus la bête monstrueuse et ruisselante de sang du *Châh-Nâmeh* Demotte, mais une apparition d'un bleu azur, redoutable parce que d'un autre monde, image vivante de la tension, sinistre avec sa crinière noire. On fait dès lors appel aux qualités formelles de la couleur bien plus qu'à son pouvoir de représentation. Ainsi par des voies différentes, l'art de la miniature à Tabriz et à Chiraz trouve enfin les solutions des problèmes posés par l'illustration peinte d'un livre.

La peinture sous les Timourides (1400-1450)

4

A LA fin du XIVe siècle, la Perse se voit encore une fois en butte aux incursions répétées d'un conquérant féroce, d'une ambition personnelle sans bornes, et qu'elle doit, comme toujours, aux confins de l'Asie Centrale. Timour et les gens de sa horde, les Barlas, étaient musulmans; leur conduite n'en a pas été moins sauvage. C'étaient bien plus les traditions mongoles que les prescriptions de l'Islam que respectaient ces Turcs Djaghataï, encore assez fidèles au nomadisme de leurs ancêtres. Leur règne sur la Transoxiane les avait progressivement imprégnés de culture musulmane, et si Timour resta tout au long de sa fulgurante existence un illettré, il parlait persan aussi bien que turc, et ce fut lui qui prit la décision capitale de donner à son peuple un début de vie urbaine lorsqu'en 1370 il ordonna qu'on fortifiât Samarkand, passant outre, comme l'a fait remarquer Barthold, aux dernières volontés de Gengis Khan dont il était pourtant fier de se proclamer descendant par la branche féminine. Timour fut un grand constructeur; il se fit aménager de très beaux jardins à l'extérieur de Samarkand où il aima toujours vivre lorsque ses campagnes guerrières lui en laissèrent le temps. Il y fit déporter de nombreux artisans originaires des villes persanes conquises, dont Chiraz et Bagdad en 1393. Mais il est peu vraisemblable qu'il ait personnellement protégé les arts du livre. 'Abd al-Hayy, l'un des plus grands maîtres de l'école djalaïride, a été déporté à Samarkand; or, on ne parle nulle part de manuscrits réalisés en cette ville sous sa direction. Par contre, nos sources littéraires citent des peintures murales dans les pavillons des jardins de Timour; elles auraient célébré ses conquêtes et représenté ses enfants et généraux. L'affairiste qui a réussi préfère toujours cette peinture à une autre. L'important ici, c'est que Timour a mis l'Iran, pour la première fois depuis les Sassanides, en contact avec l'art du portrait. Les attributions sûres à la période timouride sont rares mais assez nombreuses pour attester la vogue en ces années de cette forme de peinture. On trouvait aussi des peintures murales dans le palais de la petite-fille de Timour, Beghifi Sultan, qui préférait peut-être des thèmes autres que guerriers, comme pourrait l'indiquer le fragment de paysage découvert dans le mausolée de la sœur du Conquérant, Chirine Beg Aga, construit en 1385. Ce sont les seules traces qui nous restent de ces peintures murales à Samarkand, aussi bien qu'en Perse où les seules existantes datent de Châh Abbas Ier. Mais on pratiquait sans doute d'autres genres de peinture à la cour de Timour.

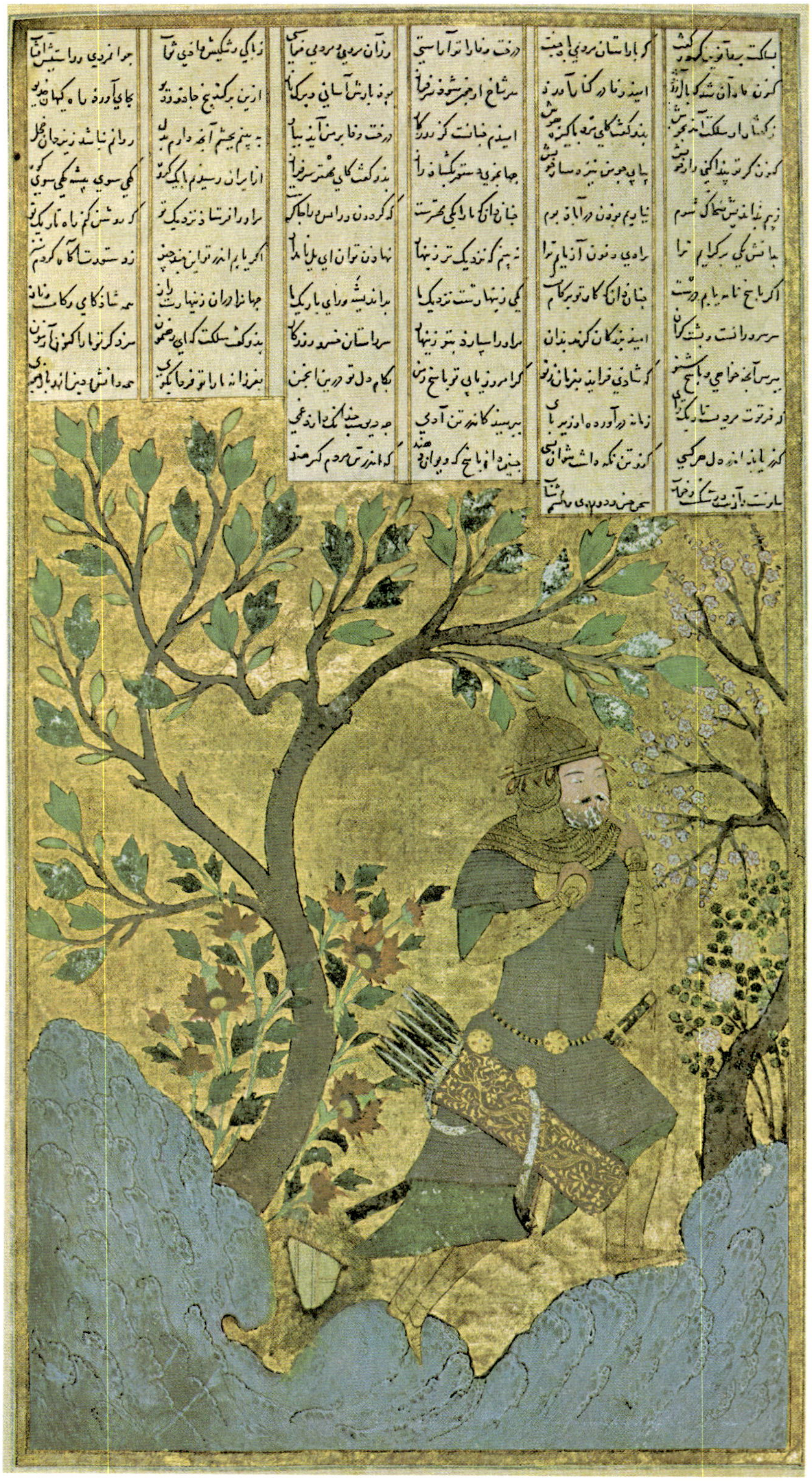

Epopée de Timour (Châhanchâh-Nâmeh) : Guerrier dans la montagne (folio 213 verso) - Chiraz, 1397.
(H. 0,254 ; L. 0,165). Londres, British Museum, Or. 2780.

L'empereur mogol Djahangir rapporte que Châh Abbas lui donna un tableau de bataille représentant l'une des campagnes de Timour en Asie Centrale et signé du maître Khâlîl, surnommé l'une des quatre merveilles de la cour de Châh Roukh, le fils de Timour, son successeur au Khorassan et en Transoxiane; l'héritier par conséquent d'une bonne partie de ses biens. Que ce tableau ait été ou non un original de Khâlîl, l'anecdote semble indiquer qu'au début du xve siècle on peignait sur tissu ou sur soie; comme chaque officier de Timour avait son nom inscrit à côté de lui sur ce tableau, ce dernier devait être de format important. On se rappellera aussi la célèbre peinture sur tissu de coton du British Museum, qui représente les princes de la maison de Timour et fut exécutée, vers 1555, pour un descendant du Conquérant, l'empereur Houmâyoun; il en sera à nouveau question plus loin. Lorsque l'ambassade espagnole de Ruy Clavijo parvint à Samarkand pendant l'été de 1405, les envoyés y furent reçus dans un ensemble de pavillons situés dans des jardins; c'étaient des constructions qui évoquaient des tentes, ornées de panneaux de soie avec des thèmes décoratifs tissés ou brodés. Sur les plafonds de certains de ces pavillons, des faucons ou des aigles étaient « figurés » en pleine action, les ailes déployées ou prêts à fondre sur leur proie. En dehors de ceci, la décoration que Clavijo décrit avec la plus grande minutie semble s'être limitée à des soies suspendues avec des arabesques ou des broderies en appliqué. Dans la relation de l'ambassadeur, pourtant très complète et très prudente, il n'est jamais question de peintures, sous quelque forme que ce soit. Les seuls personnages humains, on les trouvait sur des émaux sur argent volés par Timour aux Turcs de Brousse et sans doute d'origine grecque. Les Mémoires de Babour parlent de représentations murales des victoires de Timour en Inde dans l'un des pavillons de Samarkand. Elles ont disparu, mais nous possédons heureusement plusieurs manuscrits timourides à miniatures, exécutés du vivant de l'empereur et à l'intérieur de ses terres. Les plus anciens proviennent de Chiraz, qui avait dû verser des sommes fabuleuses pour calmer l'un des plus violents accès de rage du Conquérant. Il s'agit des deux tomes de l'épopée, l'un à la Chester Beatty Library à Dublin et l'autre au British Museum; ils datent de 1397, et leur style est si proche des Illustration p. 66 manuscrits des dernières décennies mouzaffférides de Chiraz qu'ils ne peuvent avoir été réalisés que dans cette ville. On l'a contesté; s'ils sont d'une qualité aussi étonnante, c'est tout simplement qu'un nouveau pouvoir avait mis à la disposition des artistes des moyens importants. Ces pages utilisent certes l'or avec une rare prodigalité, leur bleu est vraiment du lapis-lazuli et leur papier est extrêmement mince et régulier. Il a été endommagé par endroits et plusieurs des miniatures — elles sont seize au total — en ont souffert. Certains éléments ou procédés sont toujours là: la coulisse avec l'armée invisible en train de contourner une colline rocheuse; l'action très vigoureuse; les diagonales puissantes et expressives (les marches d'une estrade, les flèches sur les arcs tendus); le corps frissonnant de Farâmurz; mais les rochers qui rappellent la pierre ponce diffèrent profondément des œuvres djalaïrides. Et si le bel arbre qui se dresse dans la marge d'une miniature de la Chester Beatty Library évoque sans erreur l'école de Tabriz, il faut se rappeler qu'un peintre au moins de cette ville avait dû à cette époque aller chercher refuge dans le sud. Ce peintre du nord aurait adopté plusieurs habitudes de Chiraz:

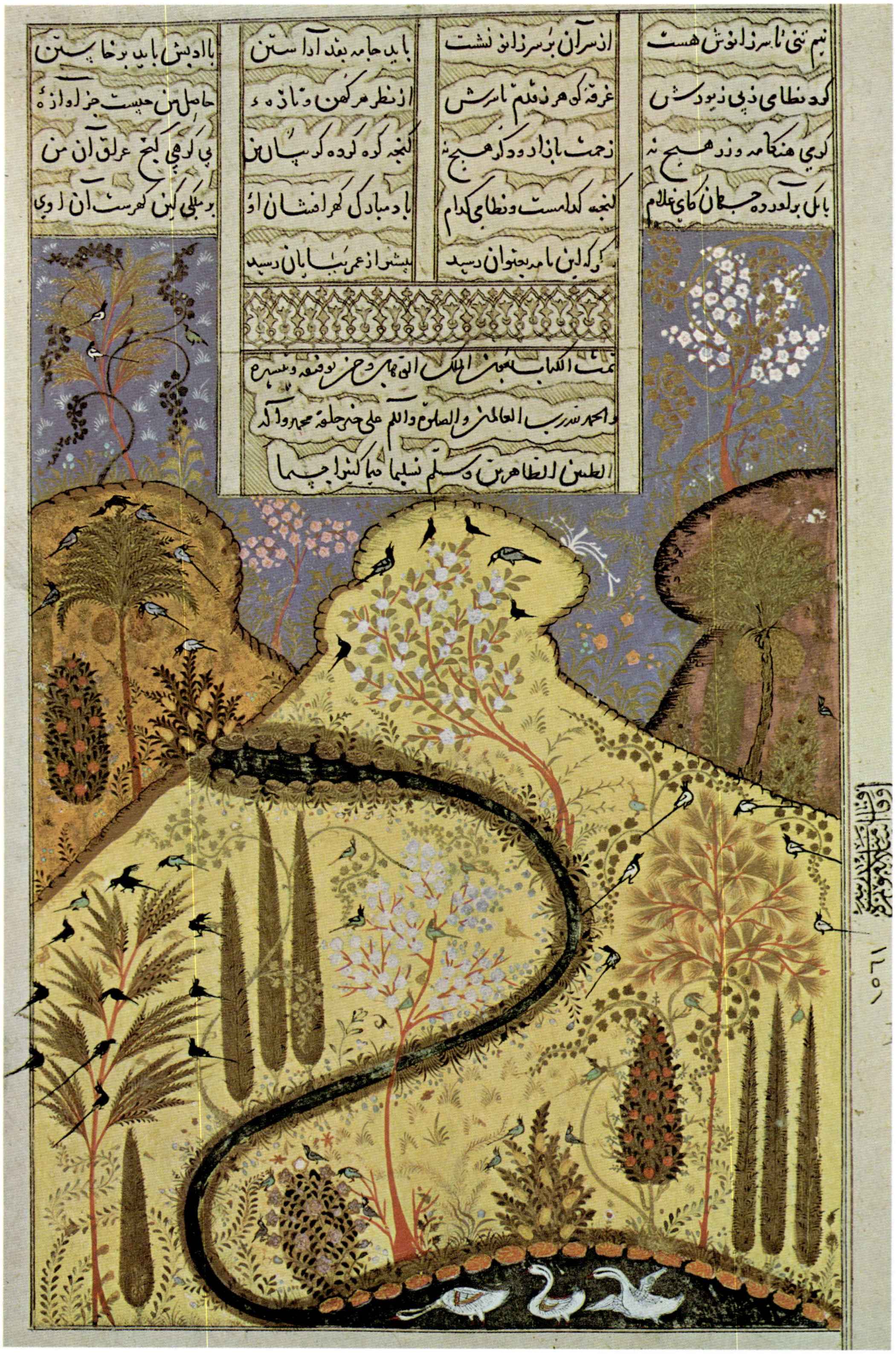

Anthologie: Paysage avec collines (folio 26 recto) - Bihbahan (Fars), 1398 - (H. 0,217; L. 0,136).
Istamboul, Musée d'Art turc et islamique, N° 1950.

les ciels d'or uniformes et les personnages de grande taille par rapport au format de la page. L'horizon haut placé, on l'a déjà noté, appartient en propre à Chiraz, mais les bancs rocheux sont ici plus d'une fois maladroits, comme dans la *Scène de camp* du *Châhanchâh-Nâmeh* du British Museum (Or. 2780) où des cavaliers paraissent sombrer dans les crevasses d'où émergent chevaux et mules. Par contre, la caravane qui se découpe en filigrane contre le ciel de cette miniature est fort saisissante. Dans les *Guerres de Gengis Khan*, du même volume, le défilé montagneux à l'arrière-plan, détail typique de Chiraz, rend la scène particulièrement dramatique. Mais ce procédé est poussé bien plus loin dans un autre manuscrit de cette période, une *Anthologie* de sept poètes, copiée en 1398 par un scribe de Bihbahan dans le Fars, aujourd'hui au Musée d'Art turc et islamique d'Istamboul (Nº 1950). Onze de ces douze miniatures sont des paysages; mais toutes, y compris la dernière, une scène de chasse, possèdent les mêmes alignements de collines arrondies, aux couleurs non figuratives, peintes dans des tons qui se répondent, du pourpre, du jaune, du saumon et de l'orange; le même cours d'eau décrit son méandre au centre d'une composition très symétrique. La peinture persane n'a jamais rien produit de comparable à ces pages; par leur stylisation, elles évoquent la peinture indienne du Radjpoutana, telle qu'elle se manifestera deux cents ans plus tard. Mais le dessin fait preuve d'une finesse et d'une sensibilité qui exigent la longue histoire artistique de l'Iran.

Illustration p. 68

Voilà les plus conceptuelles de toutes les miniatures persanes; des volutes d'or, à peine visibles au premier regard, mais qui se répètent sur presque toutes les pages de ces deux livres. Quoique ces peintures utilisent parfois les conventions de la Chine pour l'eau et les nuages, on ne saurait s'éloigner plus qu'elles du véritable paysage chinois. Le Dr Mehmet Aga Oglu, qui publia le premier ces miniatures, en crédita un artiste mazdéen qui aurait voulu y célébrer la gloire de la création permanente, cette « Xvarnah » du livre sacré du Mazdéisme, le *Boundahishn*. Cette foi se perpétua plutôt à travers le panthéisme immanent dans le Soufisme, attitude spirituelle non orthodoxe mais très répandue en Perse. Quoi qu'il en soit, ces pages expriment la splendeur de la création, souvent implicite dans les miniatures persanes, mais ici, pour une seule et unique fois, à l'exclusion de toute autre, préoccupation majeure du peintre.

· Aucun autre manuscrit ne comporte que de purs paysages; on retrouve néanmoins le souci de la nature dans la décoration de deux anthologies réalisées en 1410-1411, à Chiraz sans doute, pour Iskandar, fils de 'Omar Cheîkh et petit-fils de Timour. Gouverneur du Fars de 1409 à 1414, il n'entra à Ispahan qu'en 1412, mais en fit alors sa résidence permanente, et il se consacra à l'embellir. Il aurait épousé l'une des filles du sultan djalaïride Ahmed faite prisonnière après la défaite de Bajazet à Ankara en 1402; il hérita l'un des meilleurs calligraphes de la cour djalaïride de Bagdad, Maulana Ma'rouf, et s'entoura d'émirs mongols. En art et en poésie, il aima passionnément la Perse, protégea aussi un poète d'expression turque, Mir Haydar. En définitive, Chiraz n'a pas eu beaucoup à souffrir de ces avatars politiques; il est probable que sa vie artistique n'en a pas été bouleversée. Nos deux anthologies se trouvent maintenant, l'une à Lisbonne, à la Fondation Gulbenkian, et l'autre au British Museum (Add. 27 261); elles diffèrent par le format et par l'écriture, mais relèvent toutes deux d'une même école de peintres et d'illustrateurs.

On y trouve un détail inédit : des réserves de forme triangulaire à mi-hauteur des marges, sur le bord extérieur de chaque page ; elles sont remplies de fleurs et d'animaux dessinés Illustration p. 71 avec beaucoup de finesse, dorées dans l'ouvrage du British Museum, plus petit que l'autre, et délicatement teintées de bleu pâle et de rose ainsi que de touches d'or dans le manuscrit Gulbenkian. On y remarque surtout des lièvres, des gazelles, des oiseaux (en particulier des canards en vol ou au repos) et des nuages, le tout dans le goût chinois de la Perse. Ces chinoiseries sont fréquentes dans le livre du British Museum, du folio 403 au folio 420, et du folio 433 à la fin ; elles y occupent les marges avant d'y couvrir la page entière. L'*Anthologie* Gulbenkian comprend deux parties, deux tomes à l'origine ; dans le premier, en pleine page, sur les folios 125 et 126 et sur le folio 175, se trouvent des motifs décoratifs bleu pâle et rose semblables à ceux du British Museum, mais moins picturaux qu'eux et plus proches de l'arabesque pure. Sur les pages de titre des deux volumes, les arabesques persanes habituelles, extrêmement fines et, naturellement, d'une symétrie parfaite. Les plantes et les arbres dessinés dans les marges de l'Add. 27261 possèdent la grâce et le naturalisme de certains ouvrages de la cour de Sultan Ahmed. Techniquement, ils se Illustration p. 49 rapprochent aussi des peintures marginales, plus importantes, du *Diwan* de Sultan Ahmed (Freer Gallery, Washington). Les marges décorées de l'*Anthologie d'Iskandar*, plus complexes, sont toutes localisées dans sa section astrologique, sujet auquel s'intéressait tout particulièrement le prince, probablement nourri de l'œuvre scientifique élaborée sur l'ordre de son père à l'observatoire de Samarkand. On a fait remarquer que la loi chiite est ici tracée sur un fond d'or ; Iskandar, à l'instar de tellement de ses coreligionnaires, fut un mystique sensible au Soufisme. Rien d'étonnant donc que ces dessins attestent une telle émotion en face de la nature, qu'ils vibrent à ce point de sentiment. Cette intensité anime aussi les meilleures miniatures du livre, comme la *Bataille des Clans observée par Mejnoûn*, et *Mejnoûn et les animaux*. Encore plus romantique, le paysage de deux autres miniatures, *Chirine regardant le portrait de Khosrow* et la *Visite d'Iskandar à un ermite*. Plusieurs de ces sujets sont traités de façon très proche dans l'ouvrage Gulbenkian, sans doute le plus ancien des deux. La première partie comporte vingt-quatre miniatures et la seconde quatorze, mais elles sont d'un style plus original. La couleur s'enrichit et l'usage devient plus fréquent d'employer différentes gammes d'or. Cependant, on a parfois la sensation que tout a été sacrifié à la richesse et que la miniature, réduite à un simple schéma, perd tout sentiment ; même la subordination du paysage aux figures est reprise, avec exagération, de l'école timouride du milieu du XIVe siècle. Par contre, Illustration p. 76 nous nous laissons facilement charmer par le récit poétique d'*Iskandar observant les sirènes au bain*. Les marges, fort heureusement, ont été laissées sans ornements. L'eau et les rochers, rendus d'une manière étrange, encadrent à merveille les gestes gracieux et naïfs des jeunes sirènes. Le dessin des figures garde toutefois une certaine raideur qui ne nous permet pas d'oublier que nous sommes au commencement d'un nouvel art, aux débuts d'un style qui deviendra classique dans l'illustration du livre en Perse. Illustration p. 75 *Behram Gour introduit dans le corridor des Sept Images* est une œuvre parfaitement accomplie dans le style dès lors quelque peu dépassé de l'école djalaïride. L'architecture et la perspective sont rendues avec habileté et la palette est fraîche et séduisante.

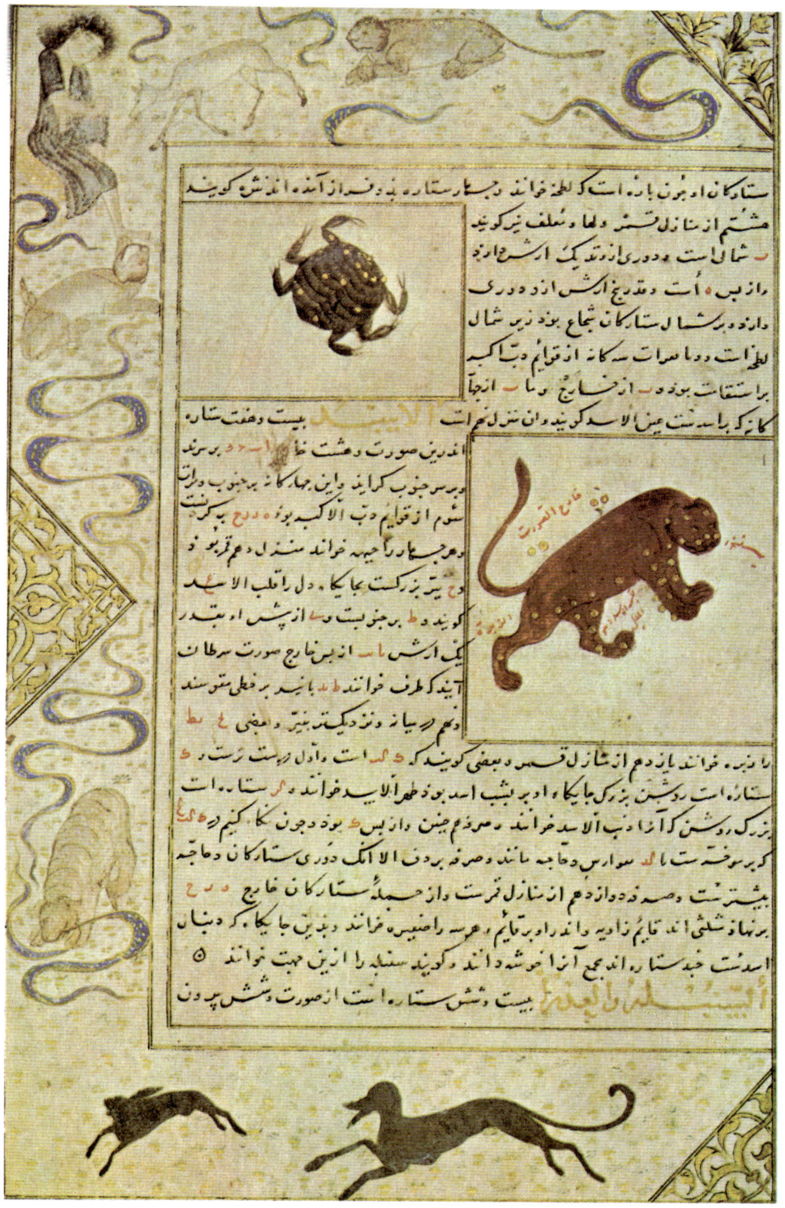

Anthologie d'Iskandar: Sujets astrologiques (folio 539) - Chiraz, 1410-1411 - (H. 0,155; L. 0,098).
Londres, British Museum, Add. 27261.

Les miniatures qui couvrent toute une double page sont rares dans les manuscrits persans, en dehors de frontispices souvent stéréotypés avec leurs scènes de chasse, leurs banquets, *Salomon jugeant les hommes et les démons* ou entouré des créatures du règne animal. Elles sont assez fréquentes dans les premiers manuscrits timourides; il y en a quatre dans la grande *Anthologie d'Iskandar* et une dans la petite *Anthologie*; elle est reproduite ici. C'est un panorama de La Mecque, la ville sainte, avec, au centre, la Kaaba qu'entoure une foule de pèlerins; peinture entièrement conceptuelle, où la ville est représentée de façon schématique, sans se tenir à un seul foyer optique; des nuages dorés

Illustration p. 73

délimitent un cadre conventionnel qui ferme la vue chaque fois que le sujet le demande. La première double page de l'*Anthologie* Gulbenkian oppose le roi Khosrow, sur son trône, entouré de ses courtisans, aux prisonniers qui, sur l'autre page, attendent d'être exécutés. C'est l'un des premiers exemples d'un fond d'or associé à un ciel bleu, l'une des inventions parmi les plus personnelles et les plus grandes de la peinture persane. Les déserts couvrent une grande partie de l'Iran; n'y a-t-il donc pas ici la marque d'un souci naturaliste, le souvenir du soleil qui brûle la terre dénudée où ne s'épanouissent que pour un court printemps des fleurs éphémères autant qu'éclatantes? Il est plus sûr d'y voir un reflet de l'esprit de la cour d'Iskandar, chiite passionné. Nos sources littéraires concordent sur ce point avec la magnifique illustration en double page de la deuxième partie de l'ouvrage, où, du paradis, les Imams chiites font face à leurs ennemis plongés dans l'enfer (pages 523-524). Les nuages de gloire qui encadrent les Imams sont peints en deux ors différents et, par leurs déchirures, apparaît un rideau vert. Plus bas que les Imams dans le ciel et dans la hiérarchie céleste, huit de leurs disciples. Sur la page opposée, contre un fond bleu, onze êtres humains qui se tordent dans les flammes, leurs traits bien plus expressifs qu'il n'est courant dans la peinture islamique, ce qui trahit peut-être une certaine influence occidentale. Vient ensuite une version du panorama de la Kaaba comparable à celle du British Museum, à cette différence près que les bâtiments ne se poursuivent pas d'une page sur l'autre; sur la page de gauche, le campement des pèlerins, peuplé d'une foule d'animaux saisis en plein mouvement; deux ânes qui braient, un cheval et deux chameaux remplacent les trois chameaux de l'autre manuscrit. Dans l'ouvrage le plus petit, suivant l'habitude de l'école djalaïride, la miniature renferme toujours quelques lignes de texte. Sur la dernière double page enfin, le patriarche Abraham précipité dans le feu par le roi païen Nemrod. Encore une fois, les deux pages s'opposent: sur celle de droite, sous un ciel d'or, le roi est assis entouré de ses courtisans, près de l'appareil de mort auquel est attachée une corde dont la blancheur découpe sur la feuille un « s » aussi curieux qu'éclatant. Des fleurs sur fond bleu ménagent une transition assez sommaire avec la page de gauche, au centre de laquelle on voit le patriarche assis sur son lit de fleurs au milieu de la fournaise. Les flammes, très réalistes, qui grésillent le long des bûches sont saisissantes. Encore une fois, on peut se demander s'il n'y a pas là une influence occidentale; elle aurait pu être transmise par une peinture ou un livre italiens apportés à Tabriz par un commerçant vénitien. Si la caractéristique la plus évidente de l'*Anthologie* Gulbenkian est sa richesse encore jamais vue en or et en argent, sa qualité vraiment première est d'unir la vigueur et le pouvoir dramatique de Chiraz à l'excellente technique et à la maîtrise de la perspective de Tabriz et de Bagdad djalaïrides. Iskandar, dans sa brève période de grandeur, a suscité le meilleur ouvrage produit en Perse à cette époque; c'est un fait incontestable, qu'il faille l'expliquer par le goût du monarque, par son enthousiasme, ou encore par sa générosité à l'égard de ses peintres. Son règne dura peu; son ambition déborda vite ses moyens. Il voulut trop étreindre, à un point tel que son oncle Châh Roukh, animé par le seul souci de l'unité timouride, exaspéré par l'indépendance sinon l'insubordination de son neveu toujours en lutte contre ses cousins ou ses frères, après lui avoir pardonné plusieurs gestes osés ou

Illustration p. 77

Illustration p. 79

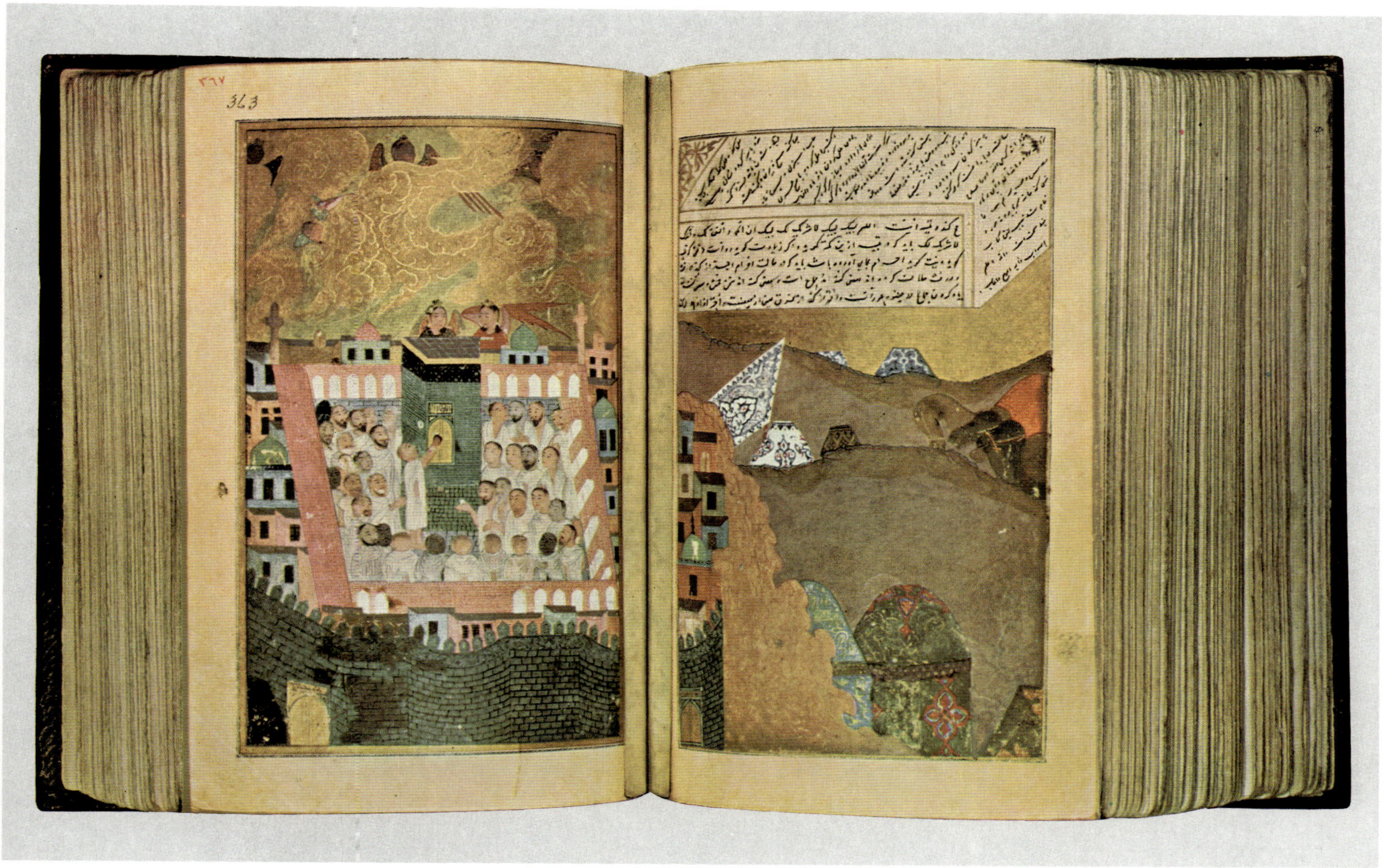

Anthologie d'Iskandar: Vue de la Kaaba à La Mecque (folios 362-363) - Chiraz, 1410-1411.
(chaque page, H. 0,155; L. 0,098). Londres, British Museum, Add. 27 261.

irréfléchis, le destitua de son commandement du Fars; Iskandar se dressa alors contre l'armée royale; en conclusion de quoi Châh Roukh lui fit crever les yeux en juillet 1414, ce qui mit un terme à ce mécénat aussi sûrement que l'aurait fait la mort du coupable, sur la date de laquelle on discute encore. A Ispahan, Iskandar n'eut donc les mains libres que deux ans. Y a-t-on réalisé pour lui un livre illustré? Rien ne le garantit. M. Eric Schroeder attribue à cette période de la vie d'Iskandar un *Kalila wa Dimna* de la Bibliothèque du Goulistân à Téhéran, l'un des plus beaux de tous les ouvrages timourides. Ses trente miniatures comportent des détails de style qui semblent bien évoquer les années 1410-1420. Les arbres, par exemple, sont tour à tour proches de ceux d'un *Kalila wa Dimna* de 1388, de la Bibliothèque Nationale (Sup. pers. 332), plats, sinueux, aux feuilles rares, et de ceux des manuscrits il-khanides des premières années du XIVe siècle, nus, tordus par le vent, les troncs modelés. Mais le style de ce manuscrit est en même temps plus développé; les rapports entre les animaux et le paysage y sont plus exacts.

Illustrations pp. 82/83

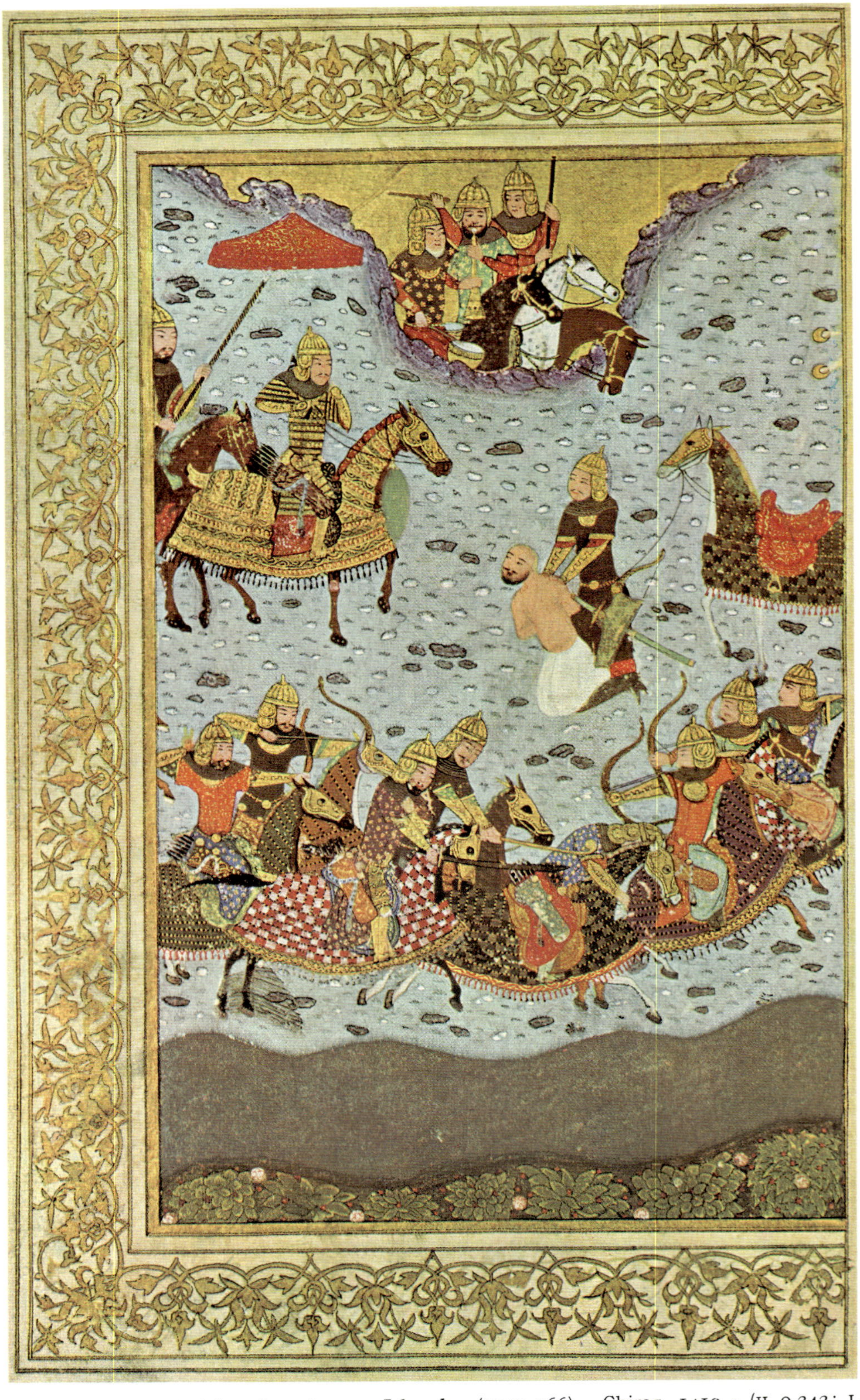

Anthologie d'Iskandar: Darâb fait prisonnier par Iskandar (page 166) - Chiraz, 1410 - (H. 0,242; L. 0,15).
Lisbonne, Fondation Gulbenkian.

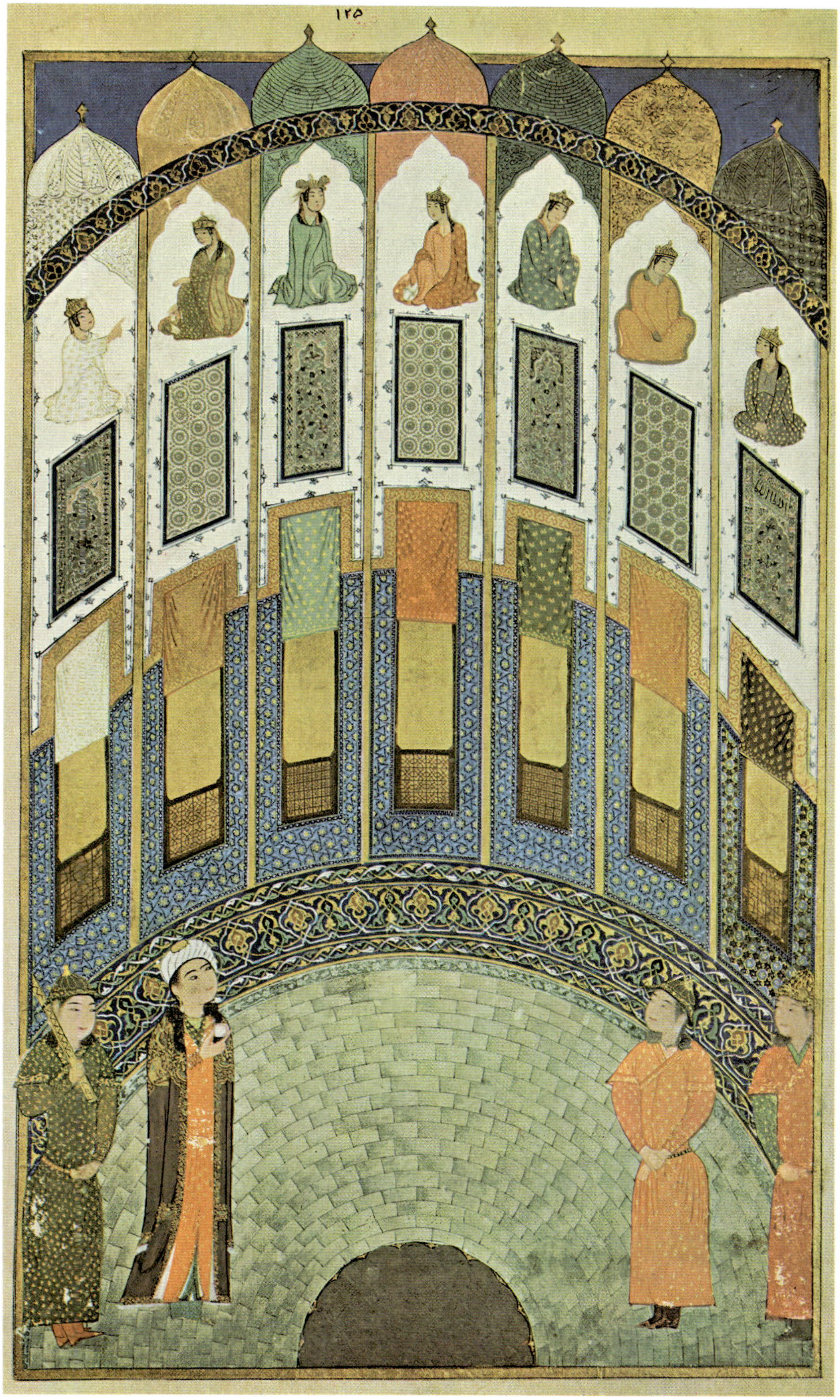

Anthologie d'Iskandar: Behram Gour introduit dans les corridors des Sept Images (page 125).
Chiraz, 1410 - (H. 0,242; L. 0,15). Lisbonne, Fondation Gulbenkian.

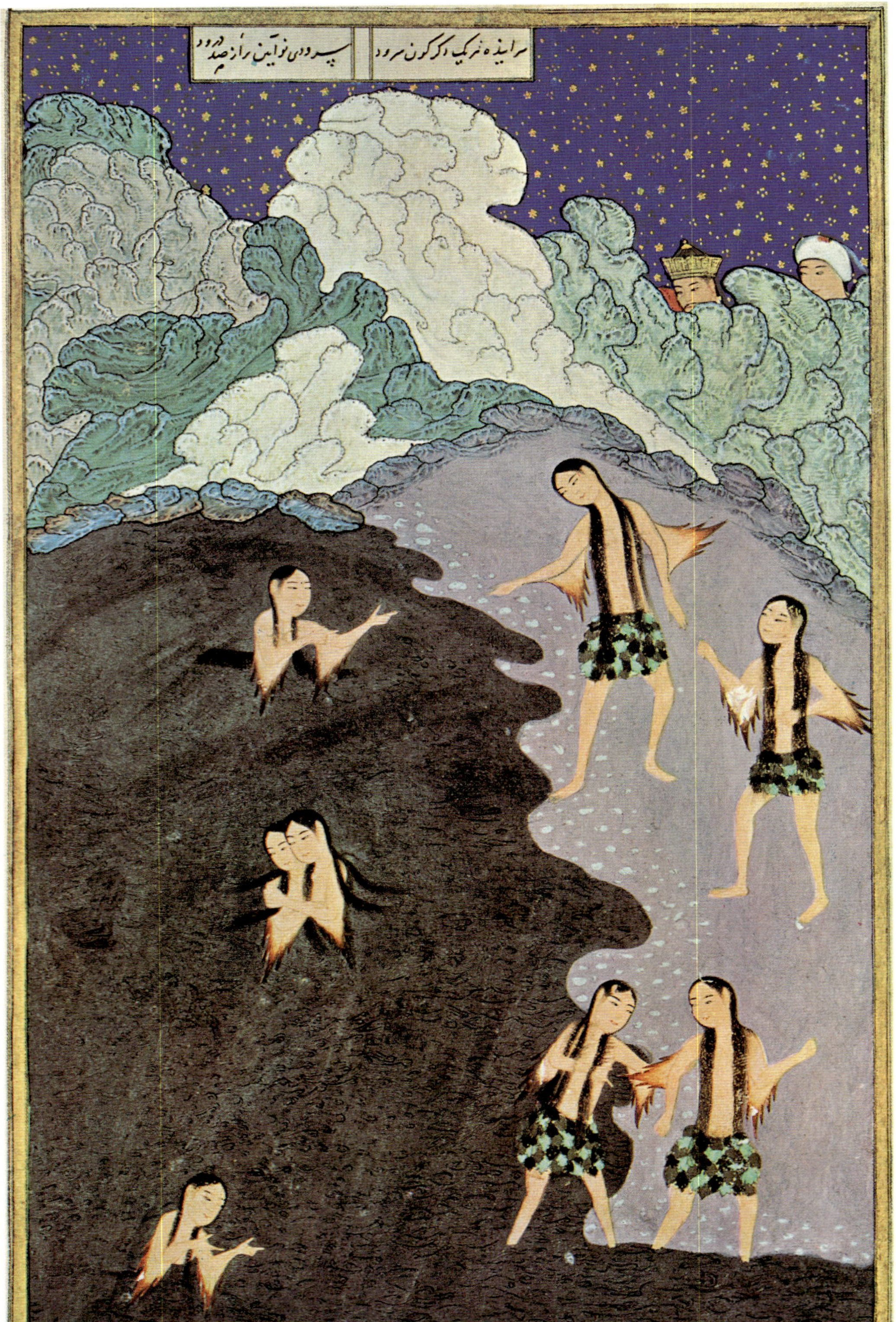

Anthologie d'Iskandar : Iskandar observe les sirènes au bain (page 215) - Chiraz, 1410 - (H. 0,235 ; L. 0,146).
Lisbonne, Fondation Gulbenkian.

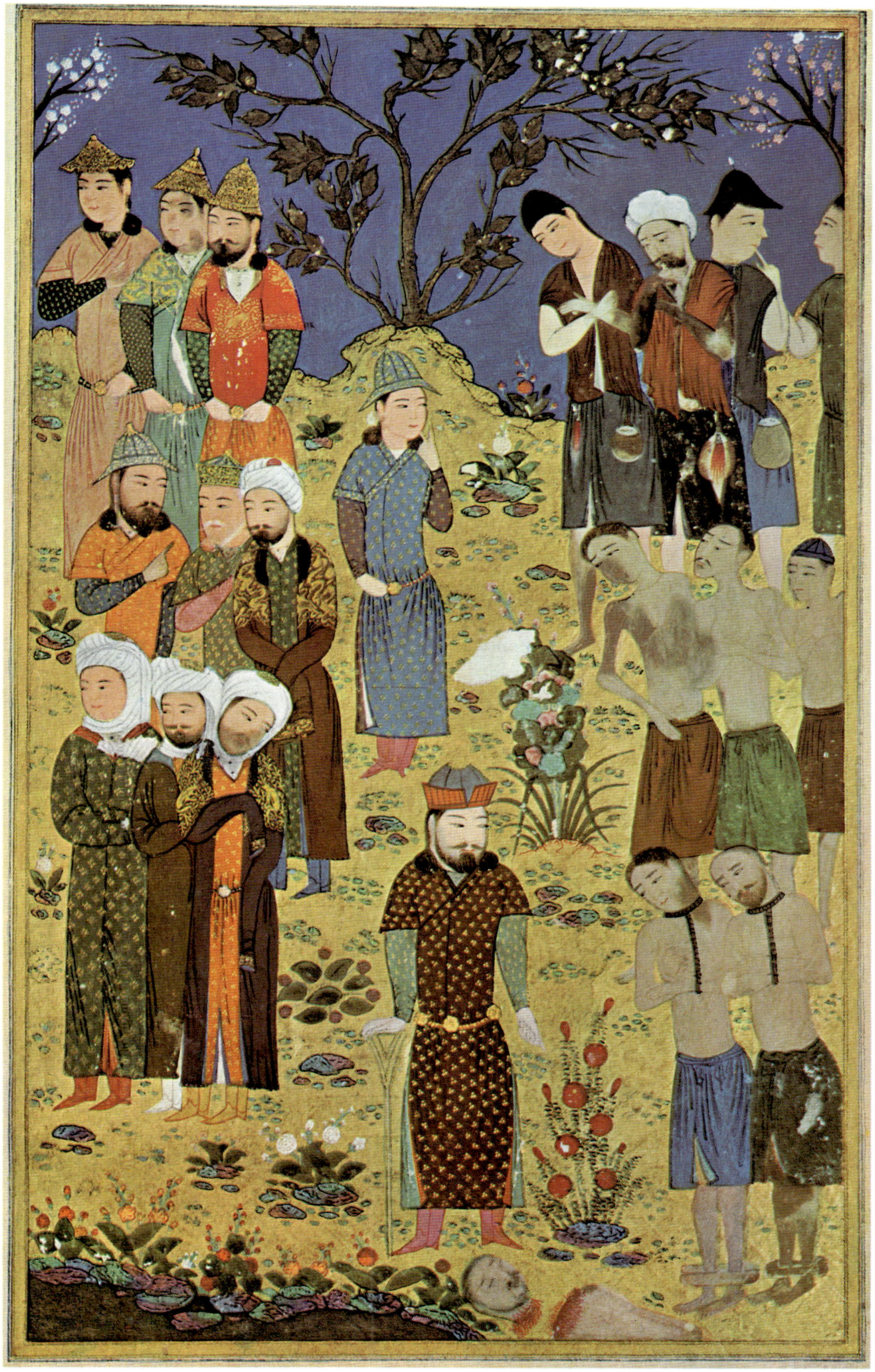

Anthologie d'Iskandar: Prisonniers devant Khosrow (page 47) - moitié d'une double-page - Chiraz, 1410.
(H. 0,232; L. 0,146). Lisbonne, Fondation Gulbenkian.

Les animaux sont mieux individualisés; dans la scène, par exemple, où un rat doit choisir entre trois périls et passe un pacte avec le chat qui tombe dans le piège qui lui était destiné. Cet univers est plus que convaincant; l'échelle du décor correspond parfaitement à celle de ses habitants.

Illustration p. 84

Un second manuscrit du même texte, de la bibliothèque du Palais de Topkapi (Revan 1022), renferme un certain nombre de miniatures très proches de celles de Téhéran, mais où le sujet est traité de façon tout autre et bien moins touchante. Moins de la moitié des sujets sont communs aux deux manuscrits, mais lorsqu'il y a coïncidence, un détail montre toujours que l'auteur de l'exemplaire d'Istamboul s'est inspiré de celui de Téhéran, ou d'un troisième, très proche de lui; le *Voleur découvert dans une chambre à coucher* en donne un exemple. Le peintre a inversé les personnages: le mari qui vient de sauter de son lit pour faire face à l'intrus brandit son bâton de la main gauche au lieu de le faire de la main droite, comme dans le premier manuscrit. L'exemplaire d'Istamboul a été réalisé pour Baysonqur Mirza et achevé à Herat en 1430. Il suffit de tenir en mains ces deux manuscrits pour se rendre aussitôt compte que celui de Téhéran est nécessairement le plus ancien. M. B. W. Robinson le tient néanmoins pour bien plus tardif, de 1460 ou 1470; M. Schroeder y voit un ouvrage réalisé à Ispahan pour Iskandar; c'est la solution la plus vraisemblable. Ce livre débute par une composition sur double page: un jeune prince trônant dans un jardin; ses musiciens et ses courtisans se trouvent dans une cour pavée, fermée par une barrière, de l'autre côté de laquelle on aperçoit des arbres en fleurs; oiseaux et nuages abondent dans le ciel d'or; au premier plan des canards nagent dans une mare. Ce sont les conventions classiques pour un début de livre. Malheureusement cette œuvre a beaucoup souffert; les retouches y sont nombreuses, tout particulièrement sur les têtes. Une *Anthologie* de 1468, au British Museum (Add. 16561), a repris la même composition, mais réduite et simplifiée à un point tel que les chevaux que retient un palefrenier empiètent sur la palissade et qu'on offre au prince une coupe de vin au lieu du livre qui devrait représenter le manuscrit lui-même. Nous verrons plus tard que les découvertes au début de la période timouride ont sans cesse été mises à contribution par les ouvrages postérieurs, et ceci jusqu'au début du XVIIe siècle.

Illustration p. 82

La miniature du folio 18 recto du *Kalila wa Dimna* de Téhéran offre l'une des représentations animales qui font la gloire de ce livre. Le taureau solitaire Shanzabeh, à force de terroriser les autres animaux par ses mugissements, s'est vu contraint de vivre avec le roi des lions au milieu d'une prairie en fleurs. La richesse du coloris rehausse la sensibilité du dessin; le vert vivace du bambou de gauche contraste avec les verts pâle et foncé, le brun, le jaune, du reste de la végétation; l'ensemble compose une harmonie inspirée et audacieuse, d'une gamme plus grande que celle atteinte par les époques suivantes. C'est avant tout la qualité du dessin qui place cet ouvrage au-dessus de tous les

Illustration p. 83

livres du début du XVe siècle. La scène délicieuse du folio 61 verso est rendue avec un soin amoureux du détail naturaliste: le singe gagne sans le vouloir l'amitié de la tortue, car celle-ci s'empare des figues qu'il laisse tomber dans l'eau, heureux du bruit de leur chute. L'eau, comme partout dans ce manuscrit, est traitée en ondulations aux crêtes frangées d'écume, gris sur argent, comme dans la première porcelaine bleue et blanche

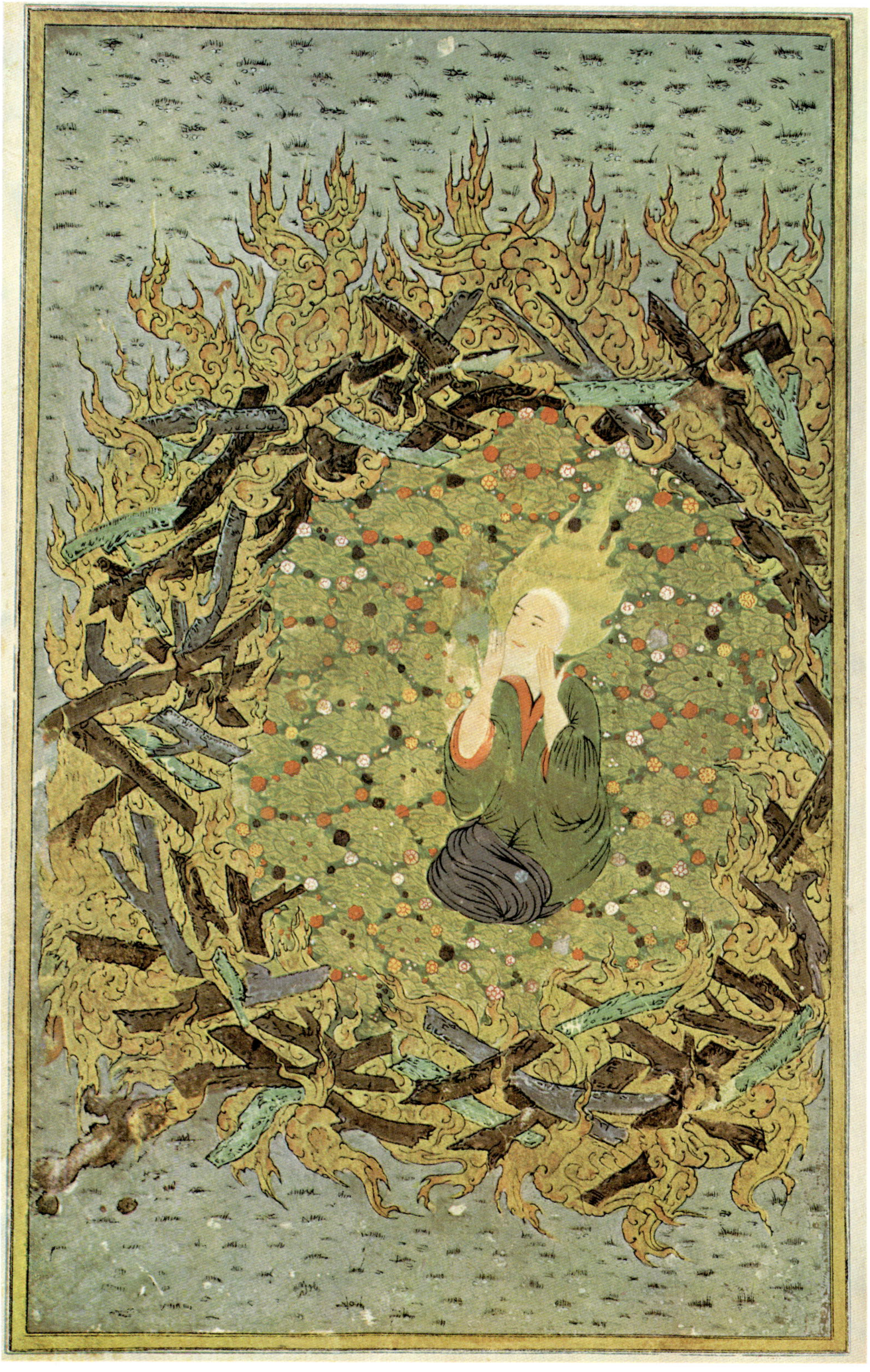

Anthologie d'Iskandar: Abraham précipité au milieu des flammes (page 646) - moitié d'une double-page.
Chiraz, 1410 - (H. 0,248; L. 0,15). Lisbonne, Fondation Gulbenkian.

de la Chine du XIVe siècle. Sur la rive, des coquillages au dessin exquis, coniques, voisinent avec des galets de couleur dont plusieurs sont même peints en or dans la miniature voisine qui nous montre le singe traversant l'eau sur le dos de la tortue. Le folio 61 verso est de toutes les illustrations celui dont le naturalisme est le plus poussé; la composition est déjà dominée et contrôlée par le rythme répété de la découpe dentelée du rivage et des touffes vertes s'inclinant toutes vers la gauche.

Cette qualité est absente de l'exemplaire d'Istamboul du même texte que nous avons cité plus haut; son dessin est cassant, sec; il manque de sensibilité; les personnages sont souvent disposés en ligne droite; les oiseaux et les animaux, même lorsqu'ils sont en pleine action, semblent paralysés; et pour somptueux que soient les coloris des rochers et des nuages, le paysage n'est qu'un arrière-plan décoratif. Par là, ce manuscrit est proche du célèbre *Châh-Nâmeh* copié lui aussi pour Baysonqur, le fils de Châh Roukh, à Herat, en cette même année 833 de l'Hégire, soit 1430.

Herat, la capitale du Khorassan, fut celle de Châh Roukh, chef de la maison timouride après la disparition de son fondateur, et suzerain, nominal au moins, des différents princes de cette lignée jusqu'à sa mort en 1447. La prééminence de Châh Roukh sur les autres membres de sa famille datait de 1409, année où il alla vivre dans la capitale de son père, de l'autre côté de l'Oxus, au centre d'une région d'expression presque uniquement turque; c'était bien à Samarkand qu'il se sentait chez lui, bien plus que dans le cœur de la Perse, à Chiraz ou à Ispahan, dont ses neveux furent gouverneurs. Son père mort, il passa la plus grande partie du reste de sa vie à Herat, chaque fois que les exigences de ses guerres ne l'en chassaient pas; il avait du reste été gouverneur de Herat en 1397; lorsqu'il y revint, il s'y fit accompagner d'artistes et d'artisans déportés par Timour à Samarkand. Châh Roukh, de caractère très différent, s'il protégea les arts et la connaissance, fut avant tout un musulman de stricte obédience. Loin de prendre part aux festivités débridées auxquelles tellement de ses proches consacraient leurs loisirs, il respectait une abstinence sévère, et donna même un jour l'ordre de jeter à la rue tout le vin qu'on pourrait trouver dans Herat jusques et y compris dans la maison de son propre fils Djouki. Cette rigueur peut l'avoir poussé à ne commanditer que des ouvrages édifiants, aux dépens de la poésie et des romans. A en juger par les manuscrits que nous connaissons, Châh Roukh, dans ses ateliers de Herat ou d'ailleurs, ne paraît pas s'être gagné la collaboration des meilleurs artistes du livre. Mais d'un autre côté, il protégea très activement les hommes de science, et avant tout les historiens Hâfiz i-Abrou et Abd er-Razzaq. Il a fait rechercher tous les exemplaires subsistant de l'Histoire Universelle de Rachîd ed-Dîn afin d'en établir le texte définitif. Son équipe, à défaut de toutes autres, s'est probablement consacrée à des tâches de cet ordre, qui exigeaient exactitude, minutie et rapidité bien plus qu'originalité et souci de la qualité. Trois des rares manuscrits de l'ouvrage de Rachîd ed-Dîn portent le sceau de la bibliothèque de Châh Roukh, y compris
Illustrations pp. 24/25
le fragment de la Royal Asiatic Society d'où sont tirées nos deux miniatures. Un autre de ces manuscrits, celui du Palais de Topkapi, est d'un intérêt tout particulier: il renferme en effet plusieurs miniatures ajoutées à l'époque de Châh Roukh en des endroits qu'avait laissés libres l'atelier de Râb-i-Rashîdî.

Cette école de Herat s'élève à peine au-dessus de l'ordinaire. Le plus célèbre des manuscrits historiques qui lui reviennent est un volume richement illustré de la Bibliothèque Nationale à Paris (Sup. pers. 1113); ses miniatures sont moins chargées de rappels directs du style de Rachîd ed-Dîn; elles possèdent pourtant les couleurs vives et la clarté dans la disposition des personnages des ouvrages réalisés à Herat pour Châh Roukh aux environs de 1425. Ce volume est peut-être de dix ou quinze ans postérieur à cette date; il atteste déjà cet amour de la symétrie qui se répandra vers le milieu du siècle. Les pigments sont bons et l'or est utilisé sans parcimonie; il est donc peu probable que ce soit un travail de province. En même temps, les couleurs sont moins riches et moins décoratives que dans un autre manuscrit de la Bibliothèque Nationale (Sup. turc 190), le *Mirâj-Nâmeh,* qui raconte le voyage nocturne du prophète Mahomet au ciel et en enfer; d'après les indications du colophon, ce récit, en *turki* oriental, a été écrit pour Châh Roukh à Herat en 1436. Ce volume est un somptueux in-quarto où domine le bleu profond du ciel nocturne et où différentes teintes dorées colorent plusieurs miniatures. Le sujet rend l'illustration quelque peu monotone, mais une grande dignité mêlée à l'effet décoratif

Illustration p. 81

Djami' et-Tawârikh (Histoire universelle) de Rachîd ed-Dîn: Marghu Buyinrah cloué à un âne (folio 61 verso) - copie exécutée pour Châh Roukh, Herat, vers 1435 - (H. 0,125; L. 0,198). Paris, Bibliothèque Nationale, Sup. pers. 1113.

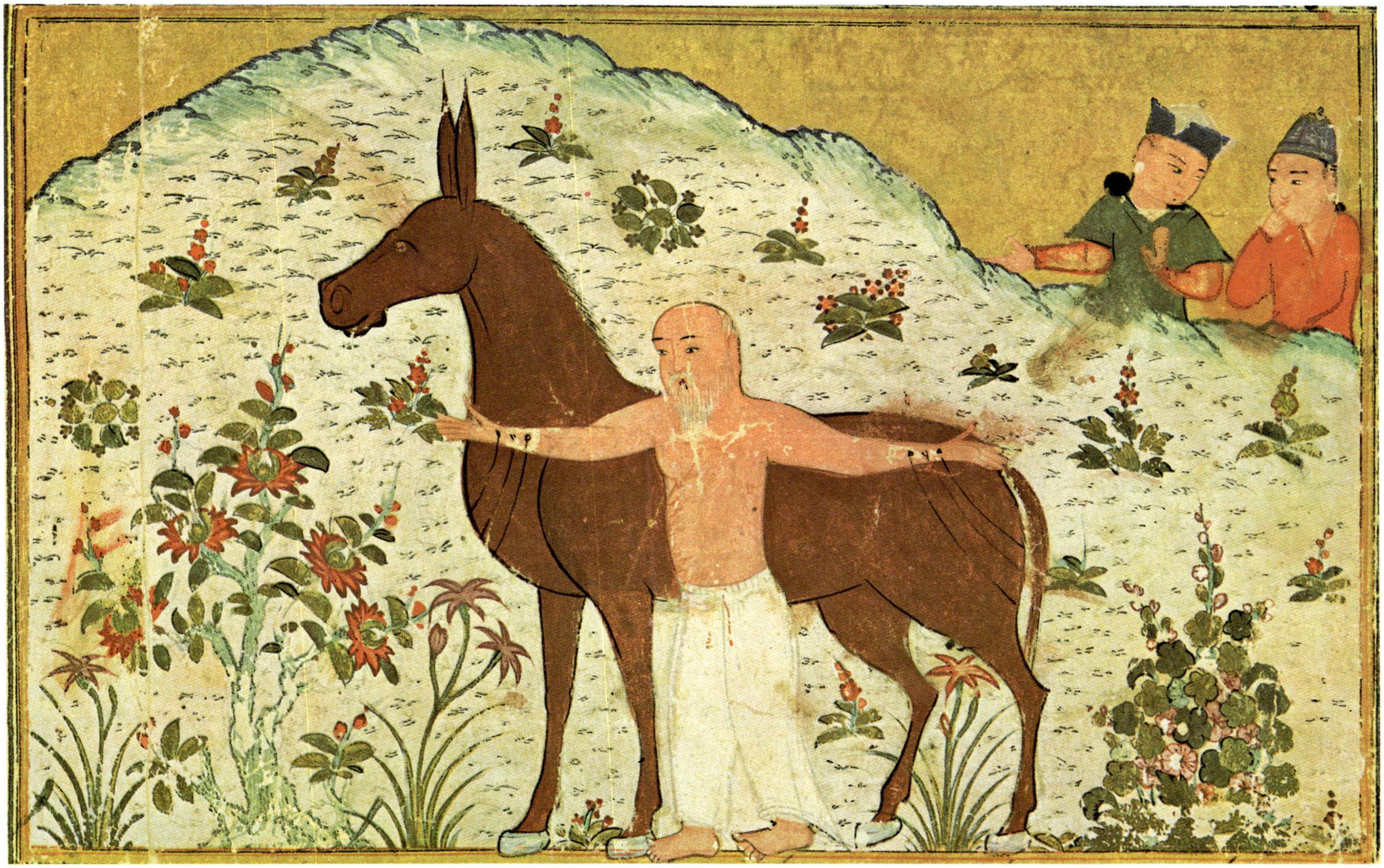

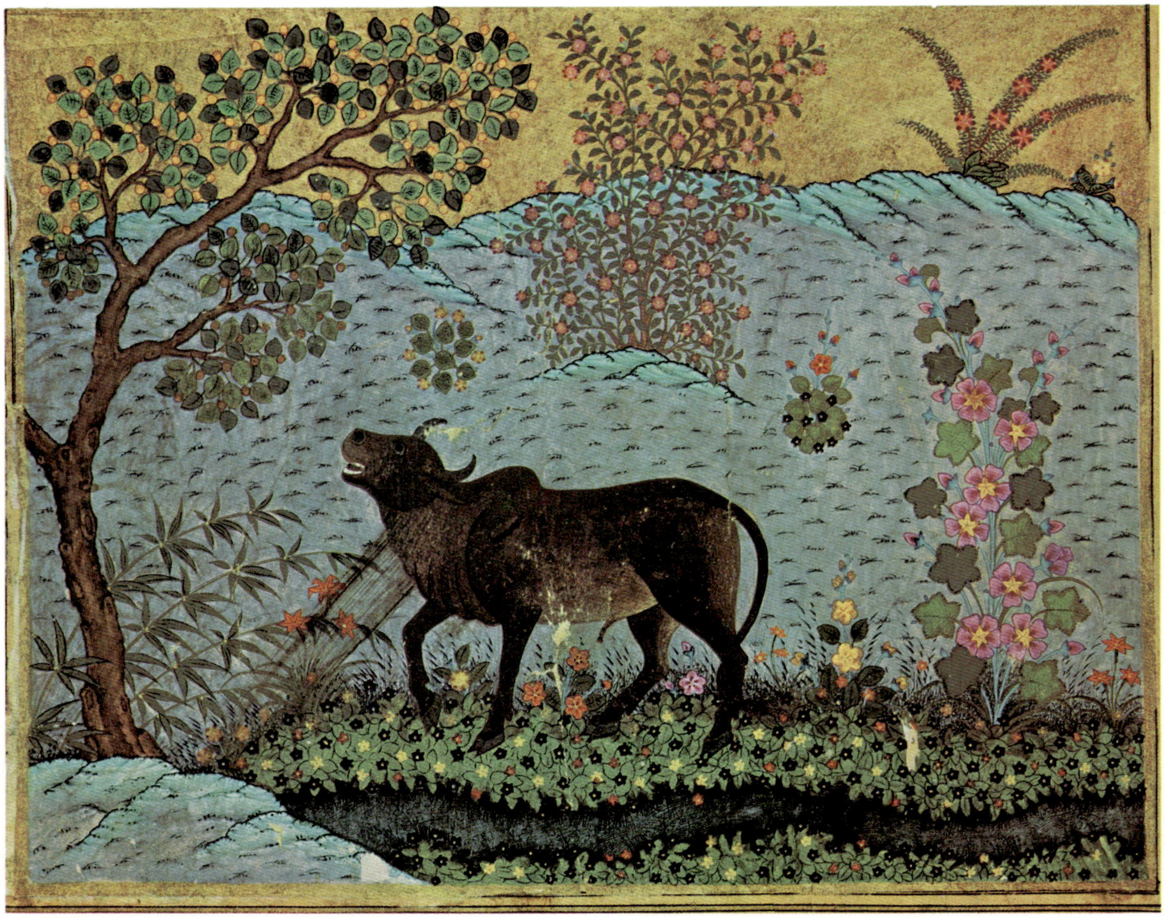

Kalila wa Dimna: Le taureau Shanzabeh dans le pré (folio 18 recto) - école timouride, 1410-1420.
(H. 0,118; L. 0,15). Téhéran, Bibliothèque du Goulistân.

se dégage des scènes, semblables à des mosaïques, où l'ange Gabriel guide le Prophète à travers les cours du ciel et de l'enfer, représentés ici comme entre des tourbillons de nuages d'or. Une autre fois encore les artistes ont su admirablement traduire le sujet: dans les deux scènes où les élus arrivent dans le paradis fleuri, qui sont aussi fraîches que les meilleures illustrations des volumes antérieurs de Chiraz. Le *turki* était la langue maternelle de Châh Roukh et des autres princes timourides et ce livre est considéré quelquefois comme un chef-d'œuvre de l'art turc. Il appartient cependant au principal courant de développement de la miniature persane, auquel les Timourides ont sans doute contribué par leur patronage. Ce qui est difficile à déterminer, c'est l'influence réelle de cette famille violente et géniale sur la culture de la Perse, au sein de laquelle presque tous ses membres se trouvaient parfaitement à l'aise. Les Persans considéraient certes les Timourides comme des dictateurs étrangers, mais, comme l'a dit Jean Aubin, si la culture iranienne du début du XVe siècle a infléchi le goût de ses conquérants vers ses propres valeurs, contre leur caractère et leur mentalité elle est restée impuissante. En face de leur appétit de pouvoir, leur amour pour les lettres et l'art persans n'a compté

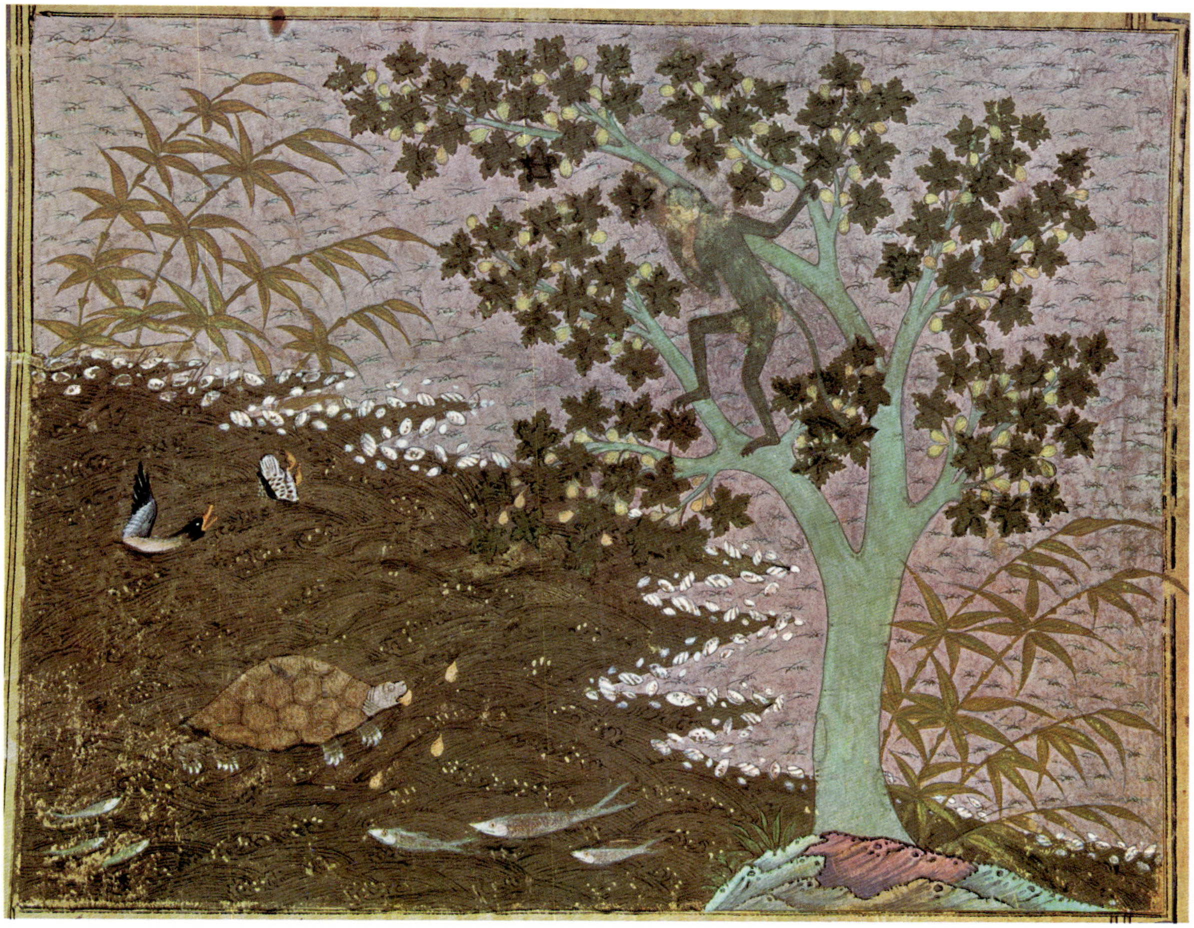

Kalila wa Dimna: La fable du singe et de la tortue (folio 61 verso) - école timouride, 1410-1420.
(H. 0,118; L. 0,15). Téhéran, Bibliothèque du Goulistân.

pour rien; et la confiance n'a jamais régné entre les Timourides. A un certain point de vue, les Persans ont bien plus souffert de leur domination que de celle des Il-khans: des émirs turcs détenaient le pouvoir et non plus des vizirs persans. Mais presque tous ces princes, fiers de leur rôle et de leur puissance, tinrent à s'affirmer protecteurs de la connaissance et des arts, à laisser derrière eux le souvenir de monarques éclairés. Les fils de Châh Roukh, Baysonqur et Ibrahim, aiment profondément la littérature persane; leur frère aîné Oulough-beg, homme de haute culture, suscite de nombreux travaux scientifiques, en géométrie, en astronomie et en musique. Baysonqur, bon calligraphe, fait préparer une nouvelle édition du *Châh-Nâmeh*. Ibrahim entretient avec lui une importante correspondance sur les questions littéraires. Ces trois frères adorent les fêtes et les concerts, à la différence de leur père rigide. Rien d'étonnant que les œuvres qui voient le jour à Herat sous leur règne diffèrent nettement en qualité de celles qu'avait inspirées leur père.

Baysonqur aurait fondé sa bibliothèque en 1420, année où il partit à la tête d'une armée reprendre Tabriz aux mains des Turcomans; il revint de cette campagne

accompagné du maître Dja'far, élève, direct ou peu s'en faut, de l'inventeur de l'écriture *nastalik*, et qui allait devenir le chef de l'atelier le plus fameux de l'époque. Dans un *Khosrow et Chirine* de 1421, aujourd'hui à l'Académie des Sciences de Leningrad, il signe déjà « al-Baysonquri ». En 1427, un autre grand calligraphe, Mohammed b. Housam, appelé Chems ed-Dîn, qui enseigna la calligraphie à Baysonqur, produit à l'intention de son maître deux merveilleux petits ouvrages, une *Anthologie* et un *Goulistân* de Saadi. Volumes de grande classe par l'illustration, par la calligraphie et par les coloris; le
Illustration p. 87 *Goulistân* aujourd'hui à la Chester Beatty Library à Dublin possède huit miniatures,
Illustration p. 86 et sept l'*Anthologie*, qui fait partie de la collection Berenson (I Tatti près de Florence).

Kalila wa Dimna de Baysonqur: Le lion dévore le taureau (folio 46 verso) - Herat, 1430 - (H. 0,154; L. 0,175).
Istamboul, Palais de Topkapi, Revan 1022.

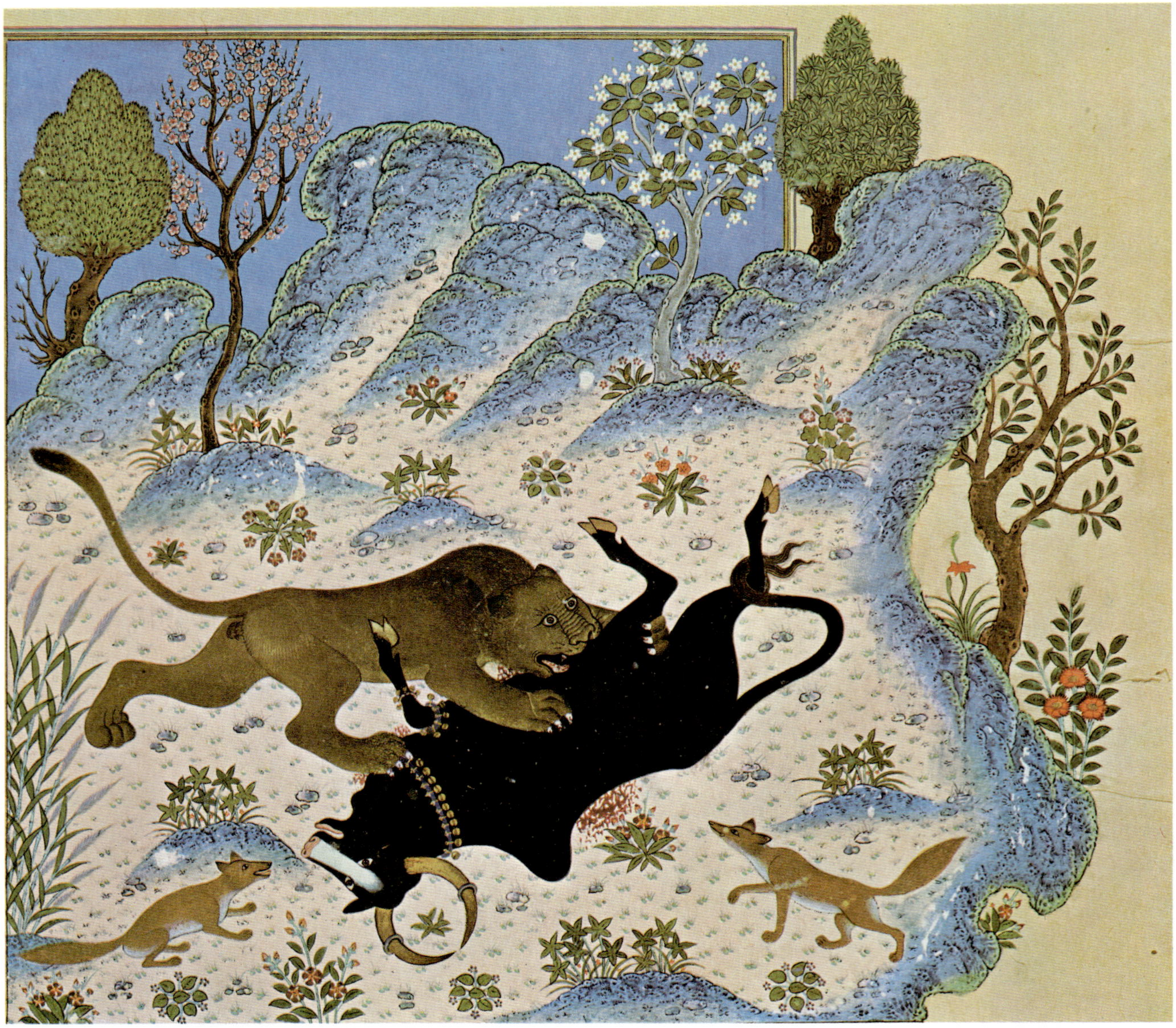

Les compositions, claires, sont fort subtiles avec la richesse de leurs surfaces et leurs échappées sur des horizons plus vastes. Leurs liens avec les manuscrits djalaïrides sont évidents: la composition empiète sur la marge, montagnes de deux scènes maritimes du *Goulistân*, par exemple, ou arbres, nus ou couverts de feuilles, de l'*Anthologie*. Mais ce sont les coloris qui assurent une place à part à ces premiers manuscrits sortis de l'atelier de Baysonqur, et surtout les rouges et l'orange, toujours brillants et jamais durs. Dans un coin, un ciel d'or, discret, parfois couronne une tour rose mauve, et parfois sert de repoussoir à deux pies ou à des arbres en fleurs, procédés courants dans la peinture timouride des années suivantes, qui ne retrouvera jamais pourtant la pureté ici présente. La fraîche splendeur de ces deux ouvrages sera sans lendemain.

Le *Châh-Nâmeh* de la bibliothèque impériale du Palais du Goulistân à Téhéran est de loin le plus somptueux de tous les manuscrits connus de la bibliothèque de Baysonqur. On le connaît assez bien en Occident car il a été exposé à Londres, Leningrad, Paris et Rome, et plusieurs de ses miniatures sont reproduites dans le volume sur l'Iran de la collection d'art mondial de l'Unesco. Ces vingt-deux peintures sont en bon état; les accompagne une dédicace à Baysonqur, due au copiste Dja'far Baysonquri et datée 1430. Les coloris sont d'une beauté incroyable, mais ce n'est pas tout: l'extrême clarté des compositions, les silhouettes très nettes des personnages, par ailleurs rigides et sans expression, sont saisissantes. La même raideur se remarque, moins évidente toutefois, dans les ouvrages plus anciens du temps de Baysonqur, moins dénués de sensibilité que ce livre trop éblouissant. Il s'ouvre sur une miniature en double page, une chasse royale qui se déroule sous les yeux du jeune mécène. Les poses sont variées, les gestes ignorent la monotonie, mais les formes sont gelées. Cette qualité presque métallique, manifeste surtout dans les rochers et les troncs d'arbres, rend ridicules les entassements de pierres rappelant le corail. L'architecture, voici la grande réussite du peintre: les structures conçues comme des décors de théâtre ne masquent pas la beauté des céramiques comme en d'autres endroits.

Ce *Châh-Nâmeh* est-il bien l'exemplaire original du texte définitif préparé sous la direction personnelle de Baysonqur qui en écrivit une préface vers 1426, quatre ans avant la date donnée ici par le colophon? On peut soutenir qu'un ouvrage de cette importance prend fort longtemps à rédiger, à enluminer et à illustrer; chaque fois qu'un volume renferme plusieurs miniatures datées, chaque fois qu'un recueil d'œuvres poétiques possède plusieurs sections datées, une ou deux années séparent toujours les premières des dernières. D'un autre côté, Baysonqur a sûrement fait composer plus d'un exemplaire de ce livre auquel son nom devait rester attaché. On a signalé du reste l'existence en Perse d'autres exemplaires tout aussi remarquables de cette nouvelle version; ils se situent tous entre 1426 et 1433, année de la mort de Baysonqur. Un autre exemplaire de cet ouvrage, encore plus richement illustré, a certainement existé: nous possédons en effet un manuscrit réalisé pour Châh Abbas Ier en 1614, nettement inspiré d'un original du début du XVe siècle mais avec des illustrations plus nombreuses que celui du Palais du Goulistân, puisqu'il contient trente-neuf miniatures alors que celui de Téhéran n'en a que vingt-deux. On reparlera plus loin de ce manuscrit, aujourd'hui à New York dans

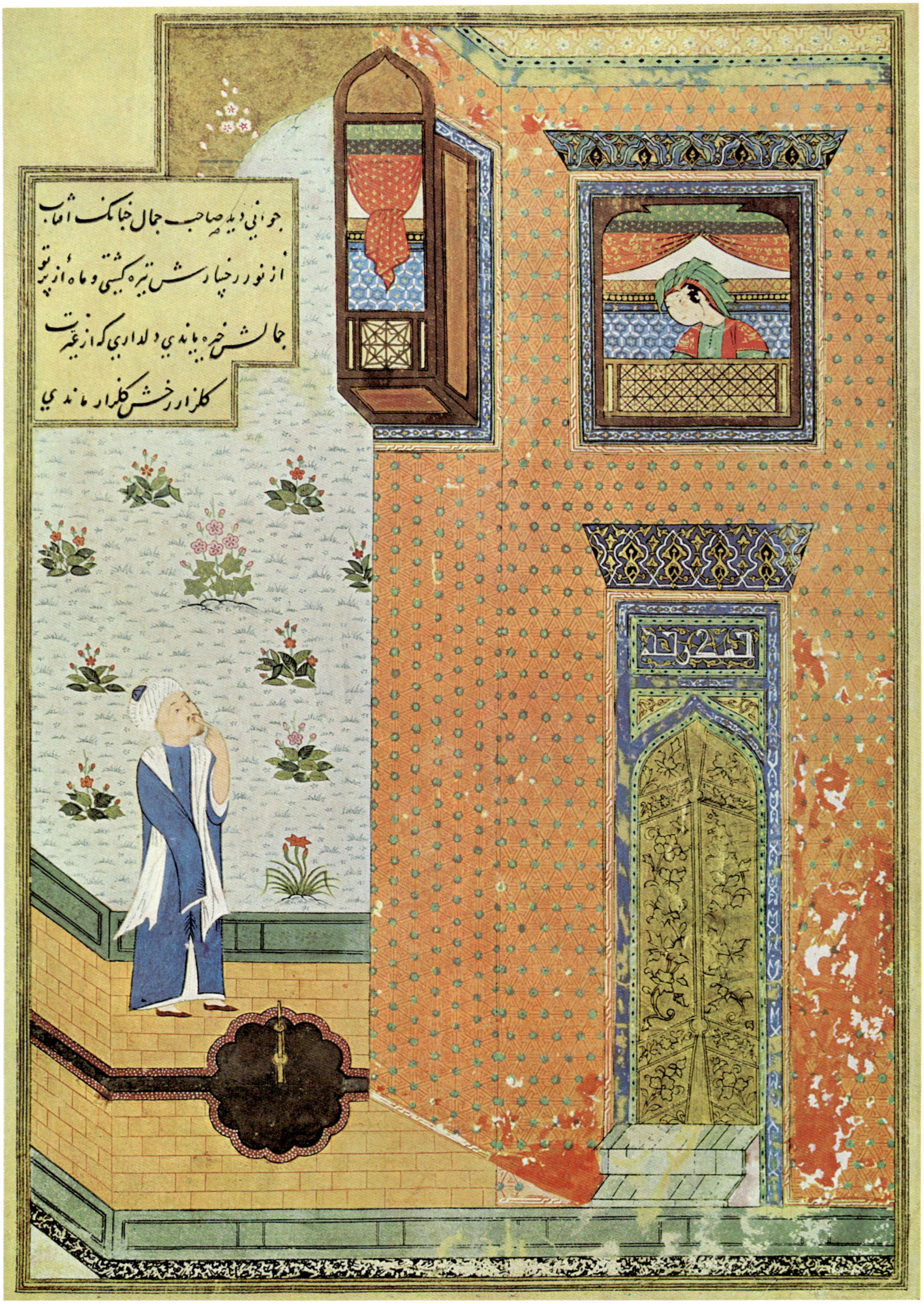

Anthologie de Baysonqur : Scène d'une histoire d'amour (folio 26 verso) - copie de Chems ed-Dîn, Herat, 1427 - (H. 0,197; L. 0,125). I Tatti près de Florence, collection Berenson.

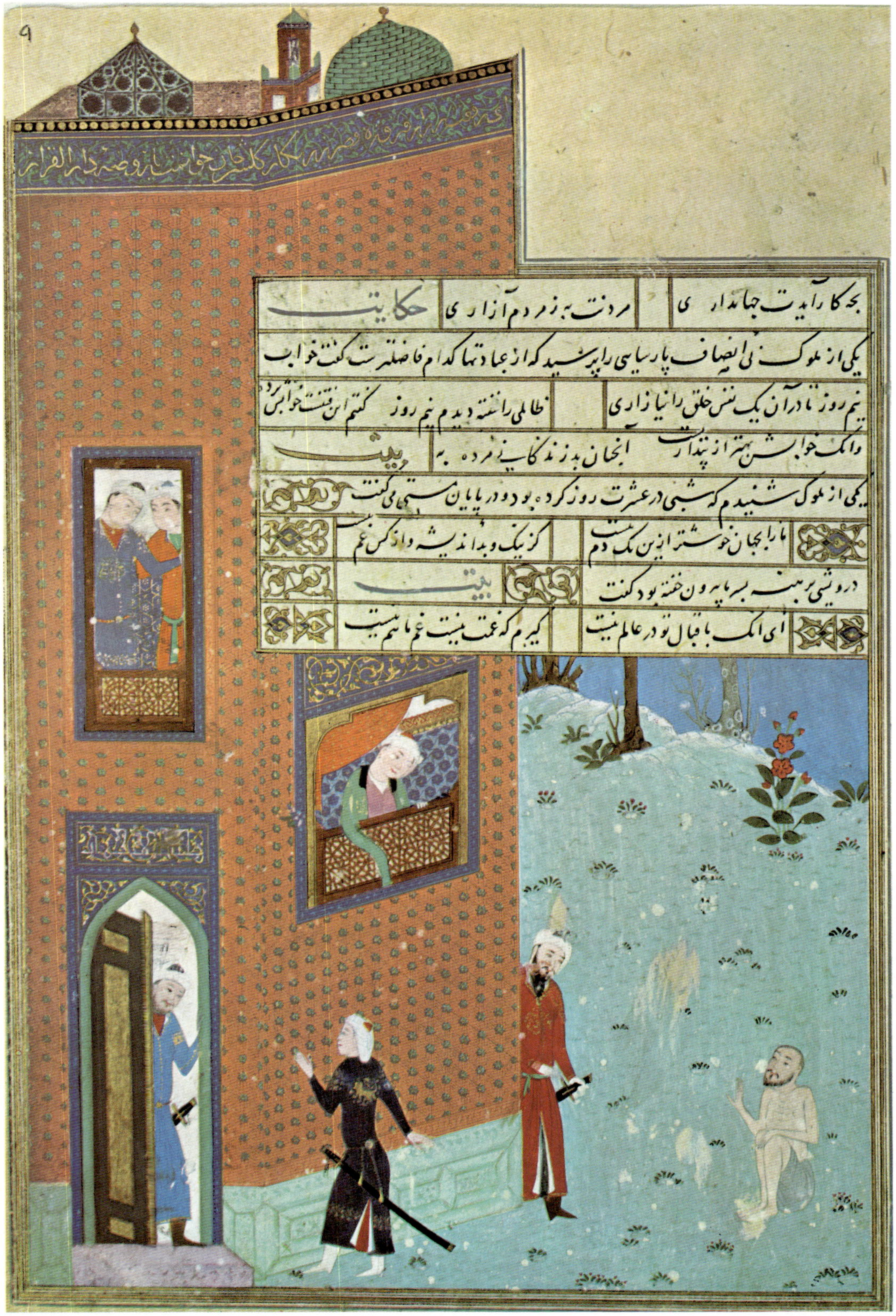

Goulistân de Saadi: Vizir en derviche mendiant devant le palais du roi (folio 9) - copie de Chems ed-Dîn pour Baysonqur, Herat 1427 - (H. 0,248; L. 0,154). Dublin, Chester Beatty Library, P. 119.

la collection Spencer (Public Library); qu'il suffise maintenant de noter que parmi ces miniatures supplémentaires, s'il en est d'entièrement nouvelles, les autres sont trop proches du style timouride pour qu'on puisse gratifier leurs auteurs d'assez d'invention pour imaginer des thèmes radicalement neufs. C'est ainsi que l'artiste chargé d'illustrer Illustration p. 164 le *Couronnement de Louhrasp par Keï Khosrow* emprunte le décor général de sa composition au *Farâmurz en deuil* de l'ouvrage de 1430, se contentant d'y ajouter le personnage de Louhrasp, la couronne dans les mains de Keï Khosrow et, derrière, le trône à l'emplacement du cercueil de Rostem. Dans la moitié droite du frontispice, le peintre « crée » une scène de polo originale en modifiant ingénieusement la disposition des chasseurs de l'autre miniature. D'autres compositions, comme *Bijen dans le puits*, apparaissent pour la première fois, mais sont toujours exécutées dans le même style pseudo-timouride. Aucun doute qu'elles ne proviennent d'un volume plus complet et plus riche que celui que nous possédons.

L'autre manuscrit bien connu réalisé pour Baysonqur la même année (1430), le Illustration p. 84 *Kalila wa Dimna* qui est maintenant au Palais de Topkapi (Revan 1022) à Istamboul, semble avoir été soumis aux mêmes conditions d'exécution, car ses vingt-deux miniatures correspondent en partie seulement aux trente illustrations du même ouvrage dont nous avons parlé et que nous pensons pouvoir dater de 1415 environ. Les personnages sont plus rigides, leur manière de se grouper en phalanges est très raide comparée à l'aisance du livre de Téhéran, ce qui apparaît nettement en comparant les frontispices de ces deux ouvrages. Tout dans le manuscrit d'Istamboul est décrit dans une lumière brutale, avec un réalisme qui ne se rencontre dans aucun autre manuscrit persan antérieur; il faut dire cependant que le peintre emploie un dessin ferme et des pigments aussi riches que des pierres précieuses, dans les coloris les plus forts. On trouve ici encore une fois l'association du fond d'or et du ciel bleu, et les formes molles des rochers en particulier sont riches en couleurs. Les arbres ont les mêmes troncs lisses avec des yeux que les palmiers du *Châh-Nâmeh* et le rendu de chaque espèce semble avoir été exécuté selon la meilleure routine. En conclusion, travail artisanal hors de pair, mais rarement soulevé par le souffle de l'imagination qui animait le volume antérieur. L'atelier de Baysonqur est par là très proche de celui de son père Châh Roukh, la seule différence étant que les effets de Baysonqur sont plus brillants, ses pigments plus riches, ses compositions plus précieuses. La Perse a désormais trouvé un système de proportions dans la représentation de ses personnages et de leurs rapports entre eux qui la satisfera pour de longues années. C'est ici le début de la période « classique » de la miniature persane. Tout sujet désormais aura pour fond le paradis, jardin clos qui était à l'origine le terrain de chasse privé du monarque, avec la gloire de l'éternel printemps que lui vaut son eau intarissable et qu'il faut concevoir en fonction d'un pays aux deux tiers désertique, ainsi que d'une culture imprégnée de pensée soufi, de ce sentiment de l'immanence du divin dans un monde qui n'en est que le miroir.

Baysonqur, tenu pour le meilleur amateur de sa génération, meurt de ses excès en 1433. Herat reste pour quelque temps encore la capitale des arts du livre, sous l'égide, à en croire Dost Mohammed, de son fils le prince Ala al-Daula; celui-ci vit jusqu'en 1447;

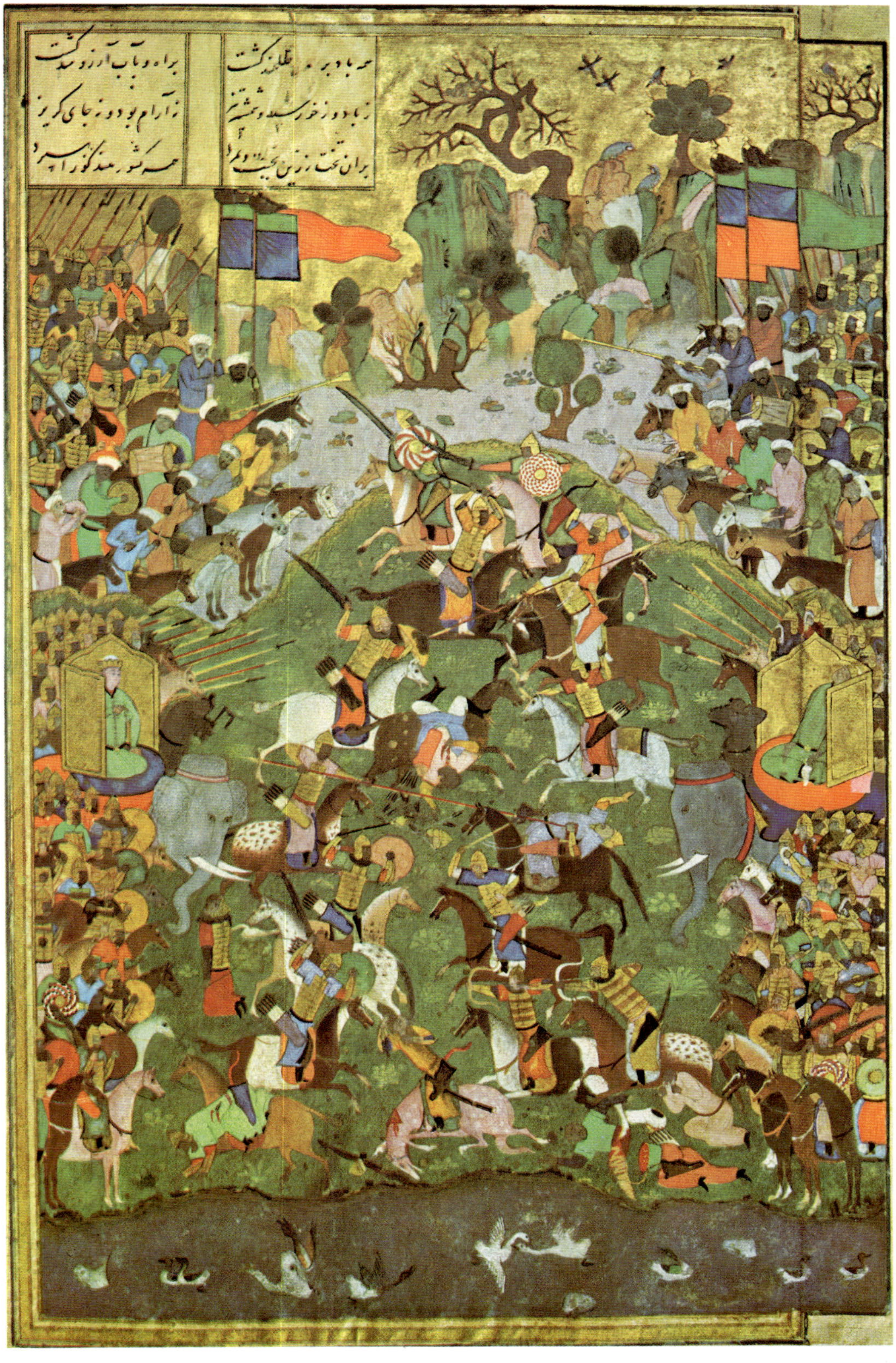

Châh-Nâmeh de Mohammed Djouki: Le combat de Gav et Talhand qui défaille sur son éléphant (folio 430 verso).
Herat, vers 1440 - (H. 0,228; L. 0,133). Londres, Royal Asiatic Society, MS. 239.

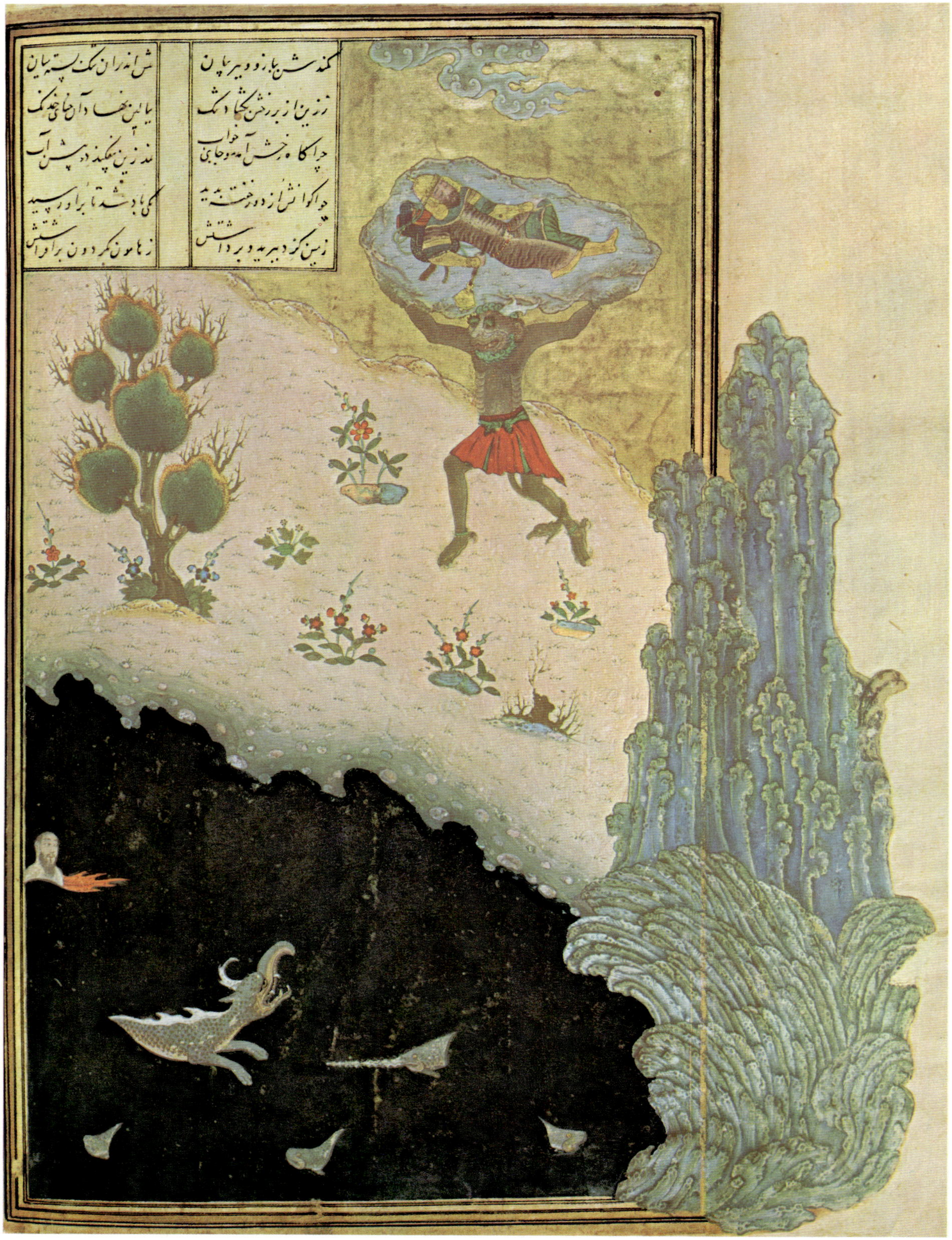

Châh-Nâmeh de Mohammed Djouki: Le div Akwan jette Rostem à la mer (folio 165 verso) - Herat, vers 1440. (H. 0,228; L. 0,215). Londres, Royal Asiatic Society, MS. 239.

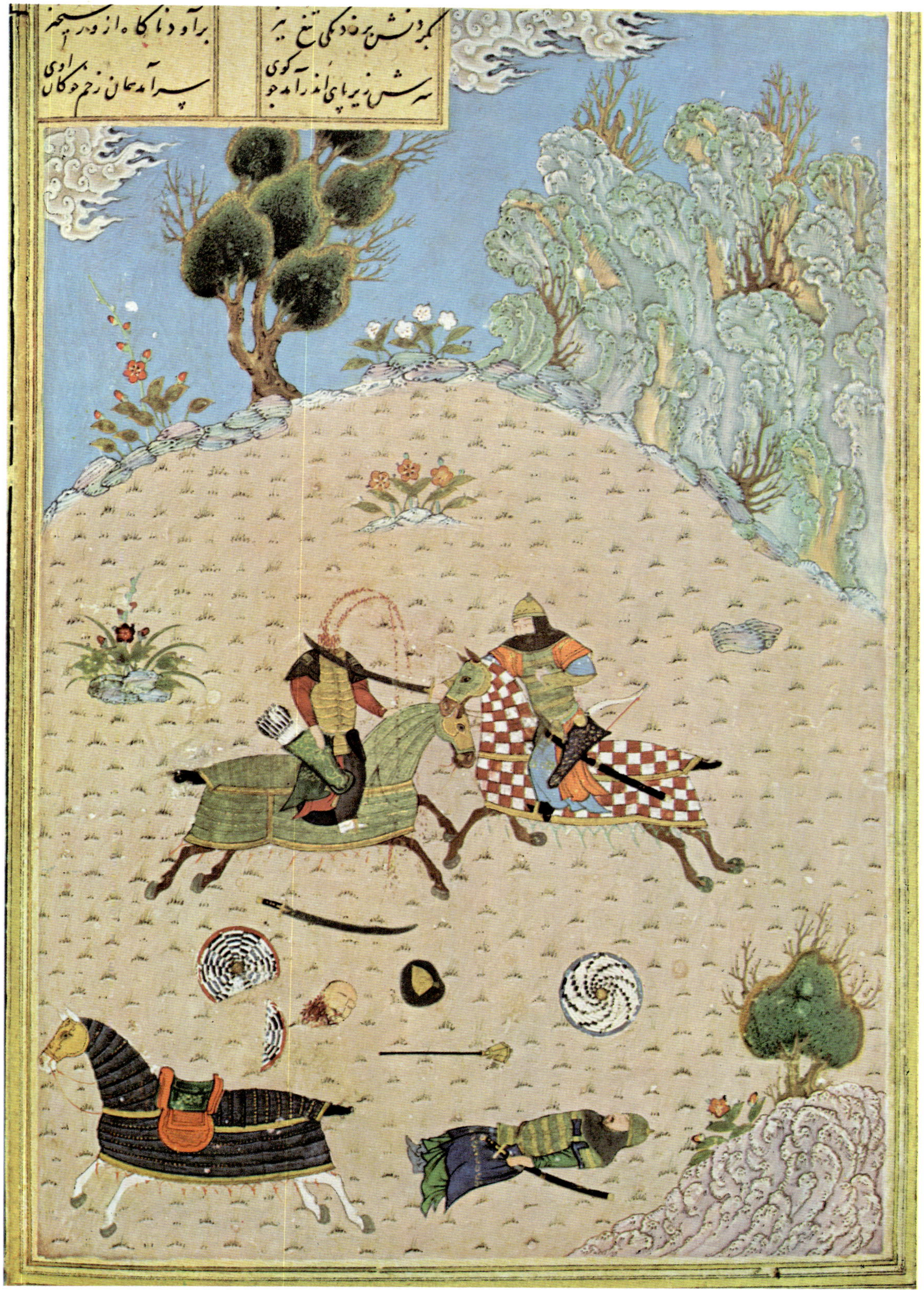

Châh-Nâmeh de Mohammed Djouki: Gustaham décapite Farshidward (folio 206 verso) - Herat, vers 1440.
(H. 0,228; L. 0,133). Londres, Royal Asiatic Society, MS. 239.

non seulement il veille sur les artistes employés par son père, mais fait venir à Herat Ghiyath ed-Dîn, peintre qui avait fait partie, en tant qu'envoyé de Baysonqur, de l'ambassade de Châh Roukh en Chine de 1419 à 1422, et y avait pris des notes très vivantes sur son voyage, utilisées par Abd er-Razzâq dans son Histoire. Il venait de Tabriz où il avait sans doute déjà servi un autre fils de Châh Roukh, Oulough-beg, qui y protégea les arts et la connaissance en dépit de l'opposition des derviches locaux, défenseurs de l'Islam orthodoxe en face de la tolérance, sinon de la libre pensée, des Soufi persans. Il a malheureusement été impossible jusqu'à présent d'attacher son nom ou celui de ses élèves, de Tabriz ou d'Herat, à un ouvrage quelconque. Le prince Babour Mirza, on le sait par les Mémoires de son homonyme le Mogol, se fit construire un pavillon de repos à deux étages, orné de peintures murales que ce dernier donne, à tort sûrement, pour des adjonctions postérieures que l'on devrait à Abou Sa'îd. Mohammed Djouki, l'oncle d'Ala al-Daula, protégea lui aussi les arts; la bibliothèque de la Royal Asiatic
Illustrations pp. 89/91
Society de Londres possède un *Châh-Nâmeh* réalisé pour lui qui contient de très belles miniatures. A Mohammed Djouki, son père ne confia pas de responsabilités politiques importantes; il était débauché, et c'est peut-être la raison de cette demi-disgrâce. L'anecdote selon laquelle en 1440 Châh Roukh aurait personnellement ordonné qu'on jette tout le vin qu'on pourrait trouver dans la maison de son fils à Herat en serait un reflet. Quoi qu'il en soit, de santé précaire, il mourut jeune, en 1445. On situe d'habitude ce *Châh-Nâmeh* aux environs de 1440 en l'attribuant à Herat, quoique ses miniatures dénotent une certaine influence de Chiraz dont l'école, nous le verrons, suivit des voies personnelles après la mort d'Iskandar.

Ces miniatures sont toutes de format bien plus petit que celles des manuscrits de Baysonqur; elles sont admirablement peintes, dans des couleurs qui rappellent l'émail; l'éclat des paysages écrase les personnages. Les peintres, ici, bien plus qu'à ces derniers, s'intéressent à la nature; c'est elle qui assume la fonction dramatique au lieu des acteurs qui lui sont plus ou moins subordonnés. Une certaine tendance à l'élaboration se manifeste dans des détails tels que les rochers, souvent de taille importante, à l'apparence d'éponges, dans des couleurs sans rapport avec le réel; le vent tord davantage les arbres; les nuages, en flammèches blanches, ressortent mieux; un soupçon de rose les double. Les artistes savent accentuer le climat romantique de leurs tableaux; ils posent leurs citadelles et leurs palais en équilibre précaire au-dessus de crevasses et de précipices, et donnent parfois aux rochers une apparence architecturale, qu'ils se surplombent, qu'ils dressent des sommets aigus vers le ciel, ou qu'ils composent, en cercle, des amphithéâtres à l'action proprement dite. Dans le *Châh-Nâmeh* de 1430, l'uniformité du ciel piqué d'étoiles est d'un effet simple mais riche, tandis que dans le livre de 1440, les astres animés d'un dynamisme interne s'agglomèrent en amas éclatants. Les personnages sont presque toujours aussi raides, surtout les cavaliers, mais leurs attitudes et leurs mouvements sont moins monotones, et certains d'entre eux laissent même présager des compositions bien plus complexes, notamment la grande scène de bataille reproduite ici, le
Illustration p. 89
Combat de Gav et Talhand, dont la mêlée centrale, par son contrepoint de gestes et de mouvements, possède bien plus d'énergie que l'ouvrage de 1430. Il est vrai que le dessin

de ce manuscrit n'est pas aussi sûr que dans les livres exécutés pour Baysonqur; cependant, il ne s'agit pas de la répétition d'anciennes formules, mais plutôt le souffle des nouveaux apports qui amèneront aux compositions plus ouvertes de la seconde moitié du XVe siècle.

Cette décennie n'est pas encore achevée que les assises de la maison timouride s'écroulent; les arts et les lettres de la Perse perdent l'abri qu'elle leur ménageait; avatar de courte durée peut-être, mais ils ne retrouveront jamais protection aussi efficace. Mohammed Djouki meurt en 1445, Châh Roukh en 1447, son dernier fils Oulough-beg en 1449. Abou Sa'îd, d'origine incertaine, se proclame l'héritier des Timourides; pendant les quelque vingt ans de son règne philistin, le pays doit se plier aux derviches de Samarkand, « ennemis de toute forme de culture », suivant l'expression de Barthold. Une *Anthologie* de la Chester Beatty Library serait le fait de cet Abou Sa'îd. Mais en 1468 il trouve la mort à son tour dans un accrochage avec les Turcomans. Lui succède à Herat Sultan Hoseîn i-Baïqarâ, qui gouverne le Khorassan pendant une quarantaine d'années; il y protège les arts. C'est la deuxième grande période timouride, mais, pour fructueuse qu'elle soit, elle ne touche que le nord-est de la Perse. Avant d'en entreprendre l'étude, examinons ce qui se passe dans les autres régions du pays alors qu'elles se libèrent progressivement de la tutelle timouride. C'est Chiraz qui, pendant ces années, semble avoir tenu la première place dans la vie artistique de la Perse.

L'Ecole de Chiraz de 1415 à 1503

5

Nous avions suivi l'histoire de l'école timouride de Chiraz jusqu'en 1414, année de la défaite d'Iskandar auquel son vainqueur fit crever les yeux. Un cousin d'Iskandar, le prince Ibrahim, sensible comme lui aux arts et aux lettres, gouverne la région pendant vingt ans, de 1414 à 1434. Ce fils de Châh Roukh, calligraphe de talent, dessine les inscriptions monumentales en céramique émaillée qui ornent les deux établissements religieux dont il fait don à Chiraz. Comme Iskandar, il protège les écrivains et les artistes, mais les meilleurs peintres de la ville émigrèrent sans doute à Herat après le changement de pouvoir, car aucune œuvre de Chiraz postérieure à 1414 n'est animée du souffle lyrique de la période précédente. Le plus ancien manuscrit que nous puissions attribuer à la bibliothèque d'Ibrahim, une *Anthologie* achevée vers 1420 à l'intention de son frère Baysonqur (actuellement au Musée de Berlin) marque, semble-t-il, un retour au style plus fruste et plus vigoureux de la fin du XIVe siècle.

L'ouvrage le mieux connu de Chiraz en ces années est le *Zafer-Nâmeh,* ou Vie de Timour, de Charaf ed-Dîn Ali Yazdi; il fut achevé en 1425. On connaît plusieurs miniatures de grandes dimensions provenant d'un ancien exemplaire de ce texte; la meilleure est celle de la Freer Gallery; Montréal en possède d'autres. On les date de 1434, sans grande marge d'erreur. La miniature de Washington représente l'entrée triomphale de Timour à Samarkand; des balcons, où pendent des panneaux de soie de couleurs, des citadins jettent des regards craintifs autant que curieux au Conquérant qui s'avance à cheval à l'ombre d'un parasol d'apparat. Cette miniature est rectangulaire, mais très étroite; elle retire de ce format inhabituel une noblesse toute particulière. Ce style historique est nettement supérieur à celui qui prévaut en même temps à Herat sous le règne de Châh Roukh. Illustration p. 97

La Bodleian Library à Oxford possède un *Châh-Nâmeh* (Ouseley, Add. 176) richement illustré et dédié à Sultan Ibrahim. On peut le dater de 1435 environ. Le colophon manque; l'ouvrage était peut-être inachevé lorsque son dédicataire mourut, dans le courant de cette même année sans doute. Les illustrations sont très proches de celles de 1420: fond de paysage très simple, horizon élevé, action vigoureuse; les coloris d'une façon générale se cantonnent dans des tonalités sourdes. L'abus des verts a été mortel à certaines miniatures, l'arsenic de ce pigment ayant rongé et troué son support. Illustrations pp. 98/100

Mais pour frustes et peu évoluées que soient ces peintures à côté de celles du *Châh-Nâmeh* de Baysonqur, l'économie de moyens de leurs compositions est souvent fort décorative et compense largement les quelques maladresses des perspectives architecturales. Un net penchant pour la symétrie se manifeste assez souvent; plusieurs de ces œuvres atteignent à la grandeur par leur seule pureté de composition. Les miniatures sur double page, rares, des scènes de chasse et de cour, sont plus complexes; leurs coloris sont plus riches; mais cette générosité dépasse quelque peu les moyens des artistes et la peinture frôle alors l'incohérence. Illustration p. 98 Une scène telle que *Rostem prenant au lasso Rakch dans la horde des chevaux sauvages*, par son utilisation intelligente des contrastes de couleurs, représente mieux les vertus premières de ce manuscrit.

Les traits particuliers de cet ouvrage ne s'arrêtent pas là. Les versos de cinq de ses Illustration p. 100 feuillets sont couverts de dessins à l'or et à l'argent seuls, sortes de variations sur des motifs qui ont quelque chose de chinois. Ils reprennent nettement la tradition décorative Illustrations pp. 71/79 des deux *Anthologies* d'Iskandar et attestent la présence continue à Chiraz d'un peintre, sinon de plusieurs, formés à l'atelier d'Iskandar. D'une liberté délicieuse, ces dessins procèdent directement ou indirectement de la décoration des porcelaines ou des textiles de la Chine, pays dont la vogue se manifeste aussi à la présence de vases de porcelaine bleue et blanche d'un type très fréquent dans les manuscrits persans de la première Illustration p. 49 moitié du XVe siècle. Ces pages sont-elles bien contemporaines du *Diwan* de Sultan Ahmed dont les coloris sont les mêmes? Le dessin animalier en donne une preuve de plus. Plusieurs albums hétérogènes du Palais de Topkapi renferment de ces dessins d'esprit chinois tracés à l'encre et à la plume; il faut en créditer cette période plutôt que celle qu'on leur propose parfois, antérieure ou postérieure.

Plusieurs groupes de miniatures vigoureuses, datées, quand elles le sont, par les colophons des manuscrits auxquels elles étaient destinées, de 1438 à 1444, sont proches du *Châh-Nâmeh* de Sultan Ibrahim; elles ont par conséquent été réalisées dans la Chiraz timouride. Le Fars et sa capitale obéissent à ce pouvoir jusqu'en 1452.

La Bibliothèque Nationale à Paris possède un autre *Châh-Nâmeh* (Sup. pers. 494) daté 1444, copié par Mohammed al-Sultani, le suffixe timouride typique. Ses pages sont bien plus grandes (37,5×27,5 cm.); il renferme dix-sept miniatures dont l'action est audacieuse et aérée. Les couleurs sont d'une richesse et d'une intensité merveilleuses. Le dessin des personnages, les nuages, la végétation, les rattachent à l'école de Chiraz, et toutes ces caractéristiques, aussi bien que les dimensions des feuilles, appuient l'opinion Illustrations pp. 102/103 de B. W. Robinson pour qui les deux célèbres frontispices de la collection Goloubev, aujourd'hui à Cleveland (Museum of Art), appartiennent à ce manuscrit. Au revers de la page de droite, un *shams* enluminé, malheureusement dépourvu du nom du prince pour qui il fut préparé et, sur le recto de la feuille de gauche, le début de la préface que Baysonqur rédigea à ce livre, avec un bon en-tête enluminé lui aussi. Le sujet, un festin royal dans un jardin, pourrait paraître impropre à l'expression du mouvement; pourtant ces pages semblent déborder d'énergie; elles le doivent aux silhouettes inclinées des figurants et à l'attitude animée sinon violente d'un personnage de chaque feuille. Les acteurs et les tapis donnent l'impression d'être suspendus en l'air. La végétation

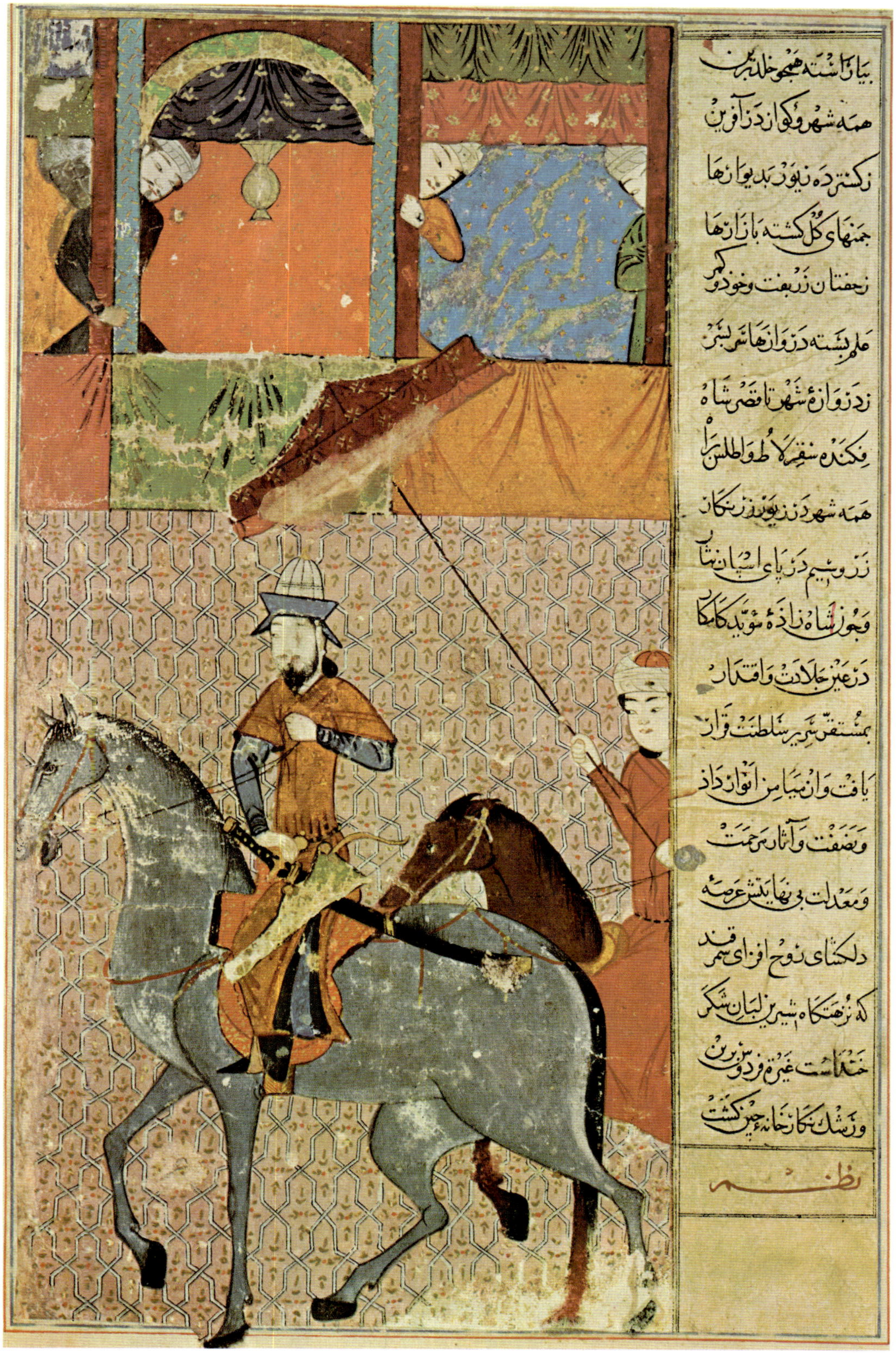

Zafer-Nâmeh (Vie de Timour) de Charaf ed-Dîn Ali Yazdi: Entrée triomphale de Timour à Samarkand.
Chiraz, vers 1434 - (H. 0,259; L. 0,171). Washington, Freer Gallery of Art, N° 48.18.

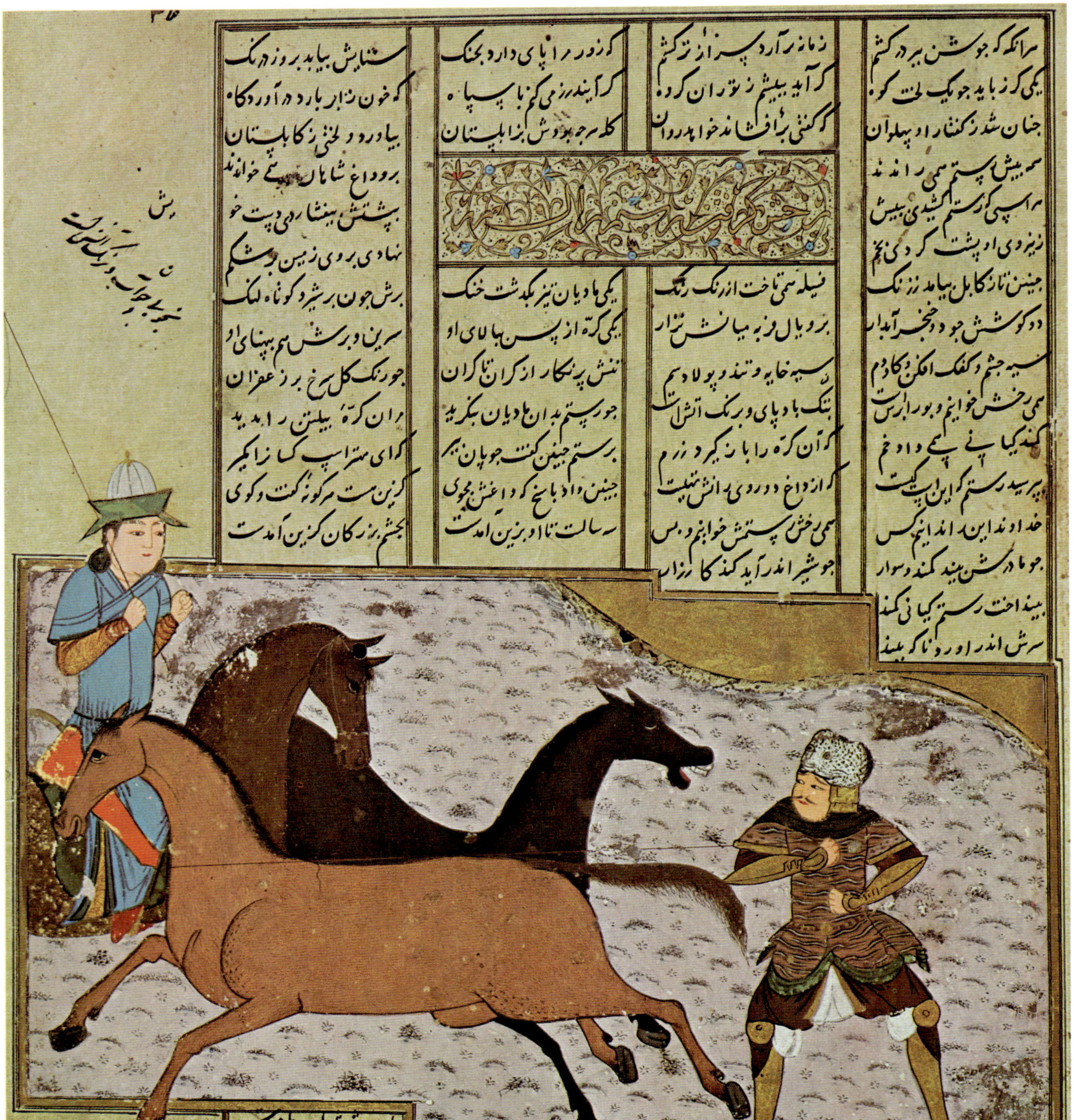

Châh-Nâmeh de Sultan Ibrahim: Rostem attrape Rakch au lasso dans la horde des chevaux sauvages (folio 62a). Chiraz, vers 1435 - (H. 0,118; L. 0,182). Oxford, Bodleian Library, Ouseley, Add. 176.

luxuriante, les textiles aux ors et aux argents somptueux, composent un arrière-plan qui rappelle la tapisserie. L'école timouride de Chiraz n'a certes pas connu de décadence pendant sa dernière décennie.

Le Nizamî de la bibliothèque de l'Université de Princeton (Garrett 77 G) copié à Abarkuh, vieille ville du Fars au nord-est de Chiraz, avec son colophon du *Makhzan al-Asrar* daté 1443 et ses neuf miniatures, est contemporain du *Châh-Nâmeh* de Paris. Robinson y a vu le plus ancien manuscrit daté de l'école « turcomane » dont il a défendu l'existence. Au XIVe siècle, deux groupes de tribus turcomanes mènent encore une vie nomade, semblable à celle qui avait été la leur en Asie Centrale depuis des temps immémoriaux; ils séjournent dans la vaste zone qui sépare les Timourides des Ottomans, de Mossoul à la frontière syrienne. Vassaux d'Oweïs (1341-1374) le Djalaïride, qui eut Bagdad pour capitale, bien que Mongol iranisé au point d'avoir été calligraphe et dessinateur célèbre, les Turcomans du Mouton Noir (Qara Qoyounlou), en l'espace d'une génération ou à peine plus, dépossèdent leurs anciens suzerains; Châh Mohammed, le fils de Qara Yoûsouf, chef des Qara Qoyounlou, préside aux destinées de Bagdad de 1411 à 1433; son plus jeune frère, Djahân Châh, à celles de Tabriz à partir de 1436, avant de lui succéder sur le trône et de transférer sa capitale dans cette ville. Poète d'expression turque, il possédait à fond les ressources de la poétique persane. Il nomme son fils Pir Boudaq, qu'avait adopté le dernier des Djalaïrides, Sultan Ahmed, gouverneur de Chiraz en 1453, mais le dépose pour intrigues en 1459, et lui fait en 1465 trancher la tête pour rébellion. Pénétré lui aussi de culture persane, il protège dans sa ville les arts du livre. Des manuscrits magnifiquement illustrés des *Diwan* des poètes Katibi, protégé par la maison des Qara Qoyounlou, et Qasimi, se trouvent à Istamboul. Nous ne possédons pas d'ouvrages illustrés de l'époque de Djahân Châh à Tabriz, qui y fit pourtant construire plusieurs beaux monuments entre 1436 et 1467, année de sa mort. Après cette date, les Turcomans du Mouton Blanc (Aq Qoyounlou) et leur chef Ouzoun Hassan (1453-1477) font la loi dans cette ville pendant une décennie; les Vénitiens essaient de les attirer dans une alliance contre les Turcs Ottomans, mais ceux-ci leur infligent une cuisante défaite en 1473. La femme de Ouzoun Hassan était une princesse de la dernière maison régnante byzantine, les Comnène de Trébizonde (comme l'avaient été celles de deux de ses prédécesseurs), et ce prince a entretenu des rapports étroits avec plusieurs grandes familles vénitiennes auxquelles les Comnène étaient alliés. Le Trésor de Saint-Marc conserve une merveilleuse coupe de turquoise gravée qui porte son nom. Il a certainement pu voir ou acheter des peintures ou des gravures vénitiennes, sinon même des manuscrits. Plusieurs ambassades vénitiennes vinrent lui rendre hommage dans sa capitale et nous ont laissé des comptes rendus de leurs missions.

Les manuscrits de l'époque de Ouzoun Hassan montrent le type de miniature préférée des chefs turcs; le plus ancien est une *Anthologie* datée 1468 (British Museum, Add. 16561), rédigée dans la ville de Chirwân, ou Chamakha, sur la côte ouest de la Mer Caspienne. Son style est plus tempéré que ne l'est à la même époque celui de Chiraz ou de Herat. Il renferme néanmoins une représentation remarquable de Bagdad pendant une inondation (folio 60), dont la perspective aérienne est d'une extrême habileté.

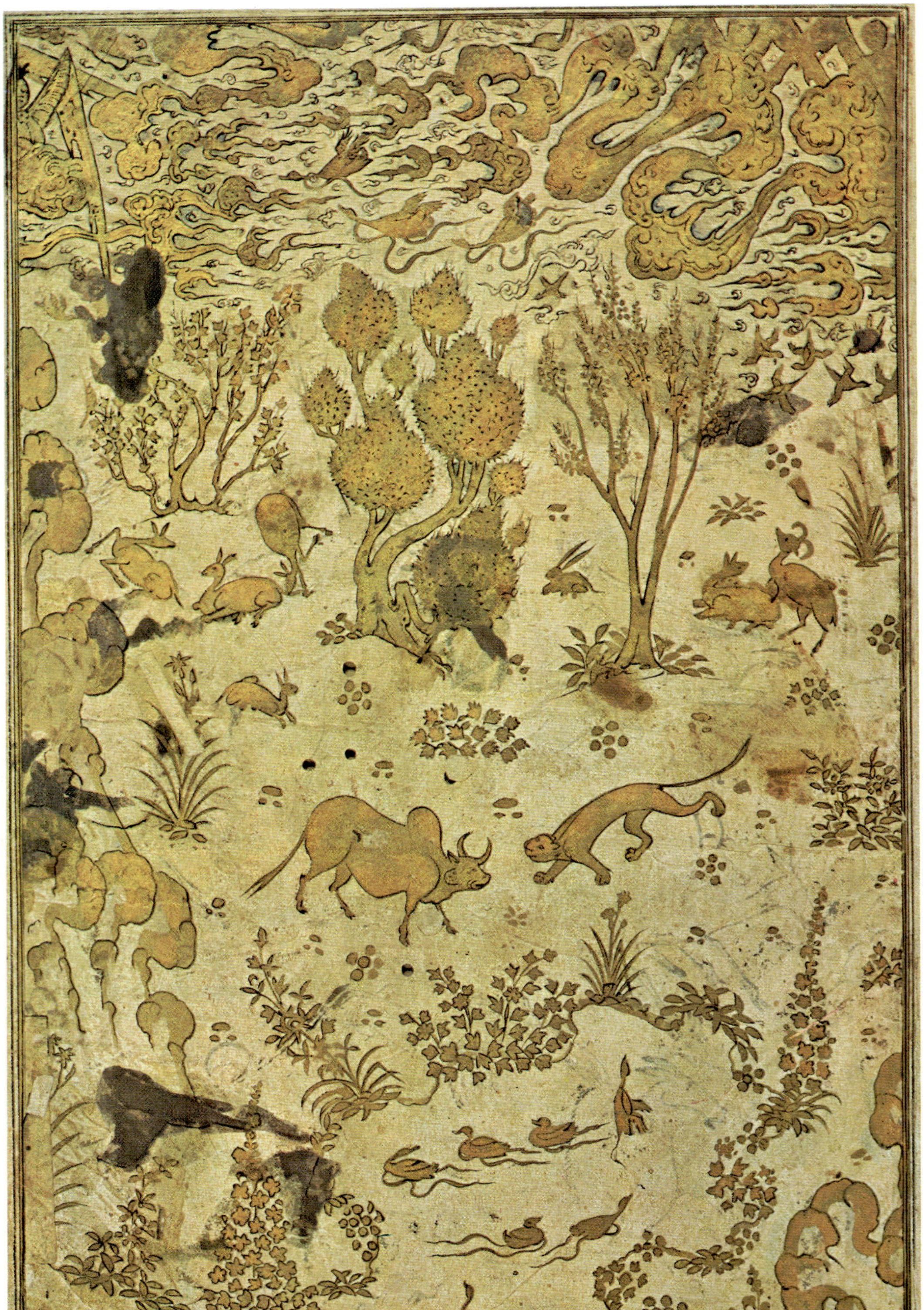

Châh-Nâmeh de Sultan Ibrahim: Paysage avec animaux sur fond d'or et d'argent (folio 3a) - Chiraz, vers 1435.
(H. 0,268; L. 0,175). Oxford, Bodleian Library, Ouseley, Add. 176.

Ouzoun Hassan fit de Tabriz et non pas de Chiraz sa capitale; cette ville a pu abriter à cette époque une école au style plus novateur que représentent peut-être certains dessins avec personnages des albums d'Istamboul (Palais de Topkapi, Hazine 2153, 2154, 2150, 2160) associés au nom de Mehmet Fatih (le Conquérant). Leur éclectisme ne saurait étonner de la part d'une cour cosmopolite; des influences chrétiennes s'y manifestent; une influence chinoise aussi et, à en juger par le style et les costumes, plutôt Ming que Yuan. On y remarque un ou deux spécimens de porcelaine bleue et blanche du début du XVe siècle, des copies directes de peintures chinoises, quelques originaux enfin dont les auteurs seraient des artisans bien plus que les grands artistes auxquels s'intéressent, à l'exclusion de tous autres, les historiens de la peinture chinoise. Il est difficile de mettre en ordre les pièces qui composent ces albums disparates; y voisinent, sans vergogne, des œuvres qui appartiennent à des époques différentes; de plus, au XVIe siècle et plus tard, des amateurs ont porté sur certaines miniatures les noms des peintres qu'ils tenaient pour leurs auteurs. On a déjà parlé des miniatures d'un *Châh-Nâmeh* du XIVe siècle (Hazine 2153) de grandes dimensions; elles sont puissantes et pleines d'invention. Il y a aussi là de grands dessins presque uniquement au trait et bien dans le goût chinois qui caractérise la fin des Djalaïrides, c'est-à-dire les environs de 1400. Ces albums abritent, semble-t-il, les débris des collections royales de Tabriz. Constituées sur plus d'un siècle sans doute, fondées par les Djalaïrides, elles furent enrichies par leurs successeurs les Turcomans, Qara Qoyounlou d'abord, Aq Qoyounlou ensuite. A Tabriz se sont rencontrées toutes les grandes influences qui ont agité le Moyen-Orient pendant les cent cinquante ans où les mondes iranien et chinois ont été les plus proches, de 1300 à 1450. En 1368, une nouvelle dynastie chinoise, celle des Ming, nationaliste, succède aux Yuan mongols. Les Timourides s'en méfient d'abord, mais à partir de 1387, Timour et la cour chinoise échangent chaque année des présents, chevaux du Ferghana contre pierres précieuses et papier monnaie. Châh Roukh envoie en ambassade des délégations encore plus importantes, dont plusieurs princes timourides font partie, Baysonqur et Oulough-beg entre autres. On a soutenu que les miniatures du XVe siècle de ces albums d'Istamboul pourraient avoir été exécutées en Transoxiane et à Herat vers le milieu du siècle dans des cercles de culture turque. Mais l'histoire de ces régions et la peinture de Herat du temps de Châh Roukh, deux domaines bien connus, portent plutôt à croire que c'est chez des Turcomans iranisés que cet art hybride a pu fleurir, en particulier à l'époque de Djahân Châh, puis lors des dix ans pendant lesquels le Turcoman Ouzoun Hassan, chef des Moutons Blancs, présida à ses destinées.

Illustrations pp. 41/43

Les albums renferment en particulier un groupe de dessins d'une extraordinaire virtuosité, quelques-uns uniquement à la plume, sans couleur ou presque, d'autres colorés de teintes très brillantes. Leurs éléments décoratifs comprennent des fleurs et des feuilles, parfois disposés en thèmes complexes, comme sur les objets de métal gravé et incrusté qu'élabora le Khorassan vers la fin du XIIe siècle, mais ici imbriqués en assemblages très denses de corps d'animaux, de poissons et d'oiseaux, plus le phœnix et le dragon d'origine chinoise; ces assemblages ne sont pas sans parenté, quoique bien plus savants qu'eux, avec ceux des *Anthologies* d'Iskandar de 1410-1411.

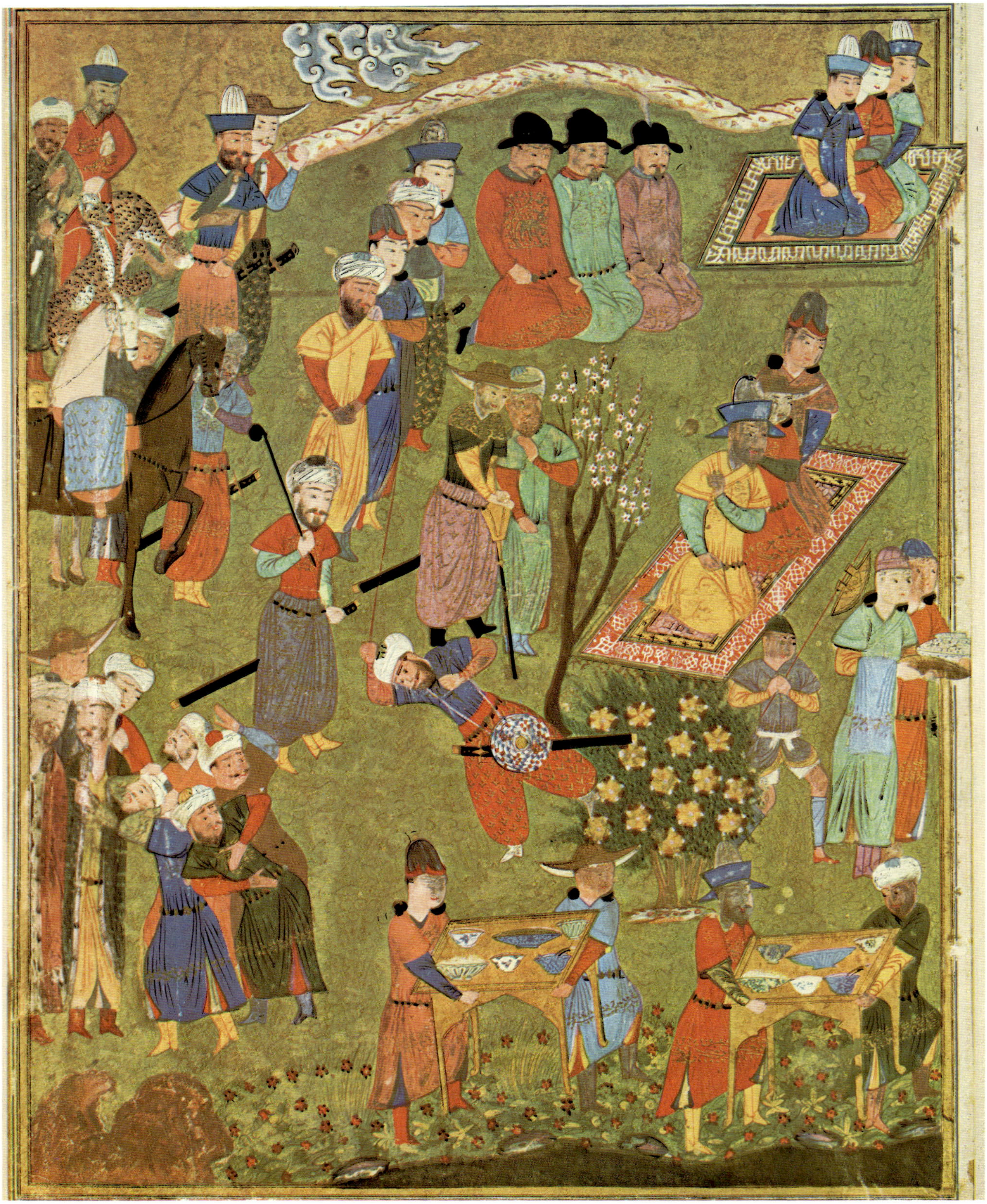

Châh-Nâmeh: Festin royal (page gauche du frontispice) - Chiraz, vers 1444 - (H. 0,375; L. 0,275).
Cleveland, Museum of Art, Nº 56.10.

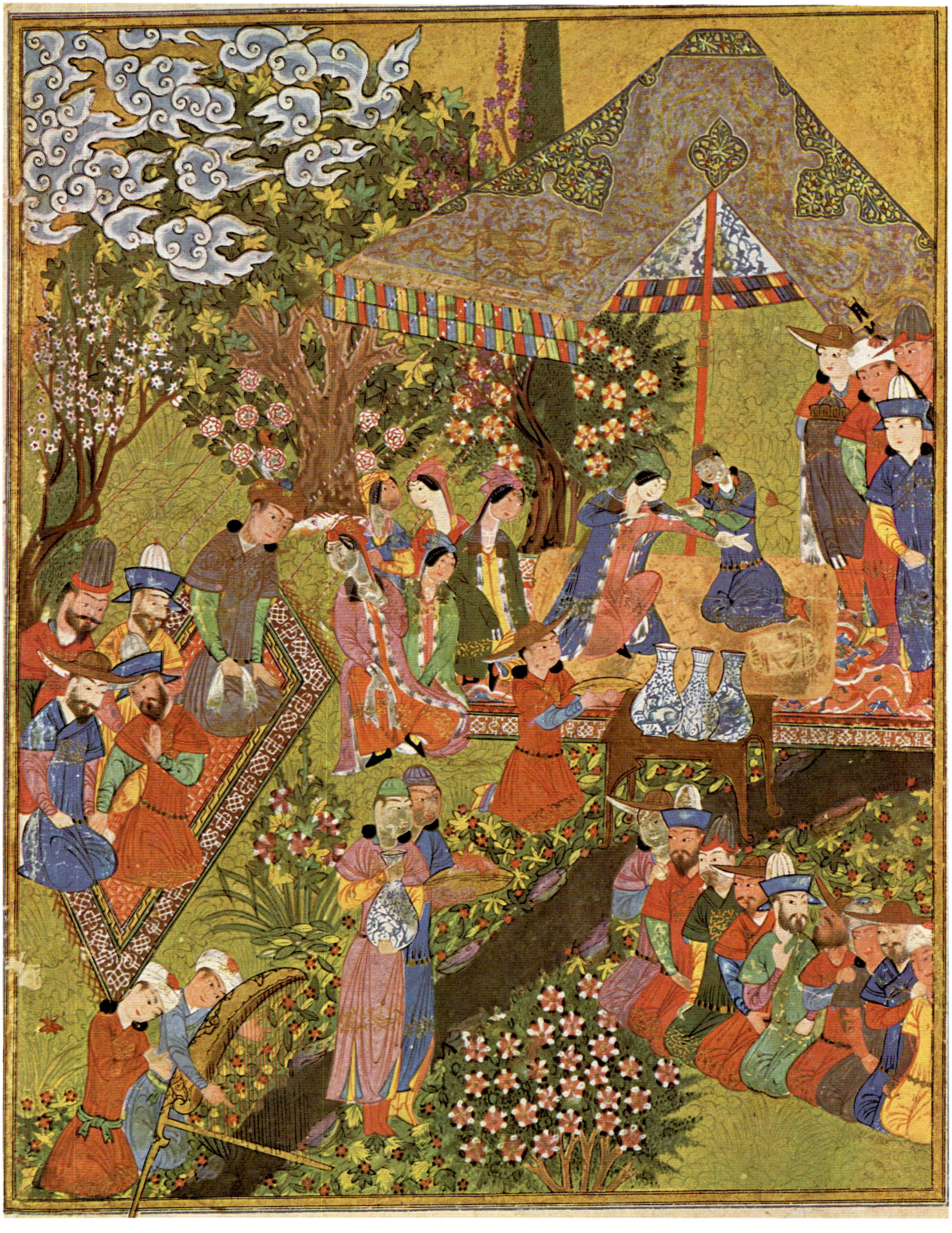

Châh-Nâmeh: Festin royal (page droite du frontispice) - Chiraz, vers 1444 - (H. 0,375; L. 0,275).
Cleveland, Museum of Art, N° 45.169.

Ce groupe de dessins comprend aussi des études d'animaux d'après nature, deux chevaux, une tête de cerf, et même, au milieu d'arbres, une scène avec des ours, des lièvres et des bêtes de proie. Les êtres humains dans ces dessins, plus trapus que ceux de Herat, moins raides qu'eux et les mouvements plus libres, portent des costumes de la première moitié du XVe siècle. Dans les rares compositions achevées, dont ces esquisses peuvent avoir été les ébauches, on retrouve le souvenir de la générosité du XIVe siècle, mais leur réalisme plus poussé et les paysages timourides en arrière-plan rendent leur date la plus tardive relativement sûre. Ces albums renferment aussi des œuvres plus curieuses et plus exotiques. Ce sont des dessins aux coloris assourdis représentant les travaux et les jours de nomades, hommes barbus aux têtes grotesques, vêtus d'habits aux lourdes broderies, menant leurs chevaux et leurs ânes étiques. On y trouve encore des démons, dans les mêmes coloris, en train de danser, de se battre, l'un volant un cheval, l'autre jouant de la guitare, d'autres servant de portiers. Ces démons sont proches d'un genre de peinture chinoise d'origine taoïste, qu'ont certainement connue les contrées séparant la Perse de la Chine. Les vêtements évoquent plus la Mongolie que le Turkestan, mais l'élément de caricature présent dans tous ces dessins, sans parler de leurs rapports avec d'autres styles, empêche qu'ils puissent provenir directement d'Asie Centrale. Leurs détails interdisent de les situer avant 1400 et leur qualité d'exécution après 1485. Encore une fois, on en revient à la même origine: un cercle en rapport avec l'Extrême-Orient et l'école timouride à la fois. Le peintre Ghiyath ed-Dîn qui fit partie, en tant qu'envoyé de Baysonqur, de l'ambassade de Châh Roukh en Chine de 1419 à 1422, a laissé un compte rendu détaillé de son voyage, qu'Abd er-Razzâq incorpora dans son Histoire. Or, on trouve dans ces ouvrages des descriptions de peintures murales de Khotan; à cette époque, elles comprenaient certainement des œuvres taoïstes aussi bien que bouddhiques. Ghiyath ed-Dîn fut très impressionné par la peinture chinoise. Les dessins d'Istamboul paraissent trahir un goût de l'exotique bien plus que refléter des créations de l'Asie Centrale elle-même, qu'elle fussent turques ou mongoles. Il faut se rappeler que les protecteurs des peintres de ce temps, timourides ou turcomans, étaient originaires d'Asie Centrale; quelques années plus tôt, ils menaient l'existence de nomades. Nombre d'entre eux partageaient certainement les croyances astrologiques et les superstitions de leur arrière-fonds païen; l'urbanité de l'Islam ne les avait pas encore complètement conquis. D'où cette déconcertante rencontre du sujet féroce et d'une exécution très raffinée. Il vaut mieux, semble-t-il, n'appliquer le terme d'« école turcomane » qu'à cette peinture très particulière plutôt qu'aux différents styles répandus dans toute la Perse occidentale en 1453, année de la prise de Chiraz par les Turcomans.

Mais revenons maintenant à l'école de Chiraz du milieu du XVe siècle. Le Museum of Fine Arts à Boston possède vingt-six miniatures d'un *Châh-Nâmeh*; il les date d'environ 1470. Ces miniatures sont presque carrées et rappellent par plus d'un trait l'école de Herat du temps de Baysonqur, mais les coloris sont plus forts, comme ceux de Chiraz; on y retrouve du reste aussi les grands nuages à queues caractéristiques de cette ville. Les chevaux sont habillés de couvertures que Robinson tient pour un signe certain de Chiraz; les compositions tendent à s'organiser suivant un axe diagonal et le paysage

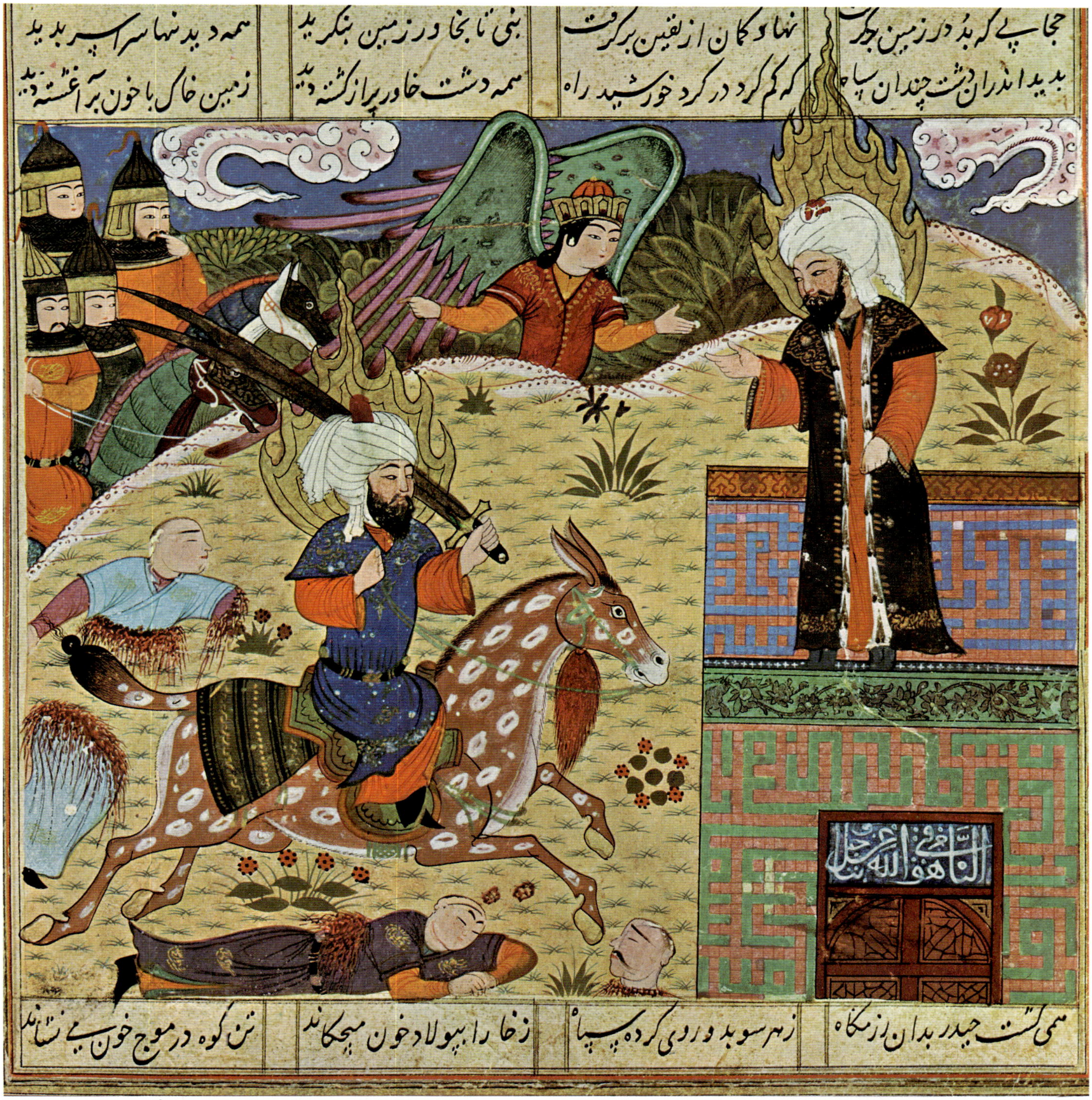

Khawar-Nâmeh de ibn-Houssam: L'ange Gabriel montre la prouesse d'Ali au prophète Mahomet (folio 112). Chiraz, vers 1480 - (H. 0,214; L. 0,22). Téhéran, Musée d'Art décoratif.

à être conceptuel. Rien ne subsiste des perspectives parfaites du siècle précédent, à l'exception du foyer élevé qui permet à l'artiste de traiter des scènes comportant de nombreux personnages.

Avec un paysage conceptuel, la Perse manifeste une fois de plus cet amour de la symétrie et de la décoration qu'elle ne perdra jamais. On s'en rend tout particulièrement compte dans un *Khawar-Nâmeh* de ibn-Houssam richement illustré, et aujourd'hui dispersé. Le Musée d'Art décoratif à Téhéran en possède une grande partie, tandis que d'autres miniatures sont disséminées dans des collections américaines et à la Chester Beatty Library à Dublin. Le colophon manque malheureusement, mais quelques pages sont datées entre 881 et 892 de l'Hégire (soit 1476-1487 de notre ère) et signées par les artistes en caractères minuscules. Si ces annotations ne sont pas très convaincantes,

Illustrations pp. 105/107

Khawar-Nâmeh de ibn-Houssam: Ali enlève une colonne placée par Salomon dans une caverne pour faire jaillir une source (folio 211) - Chiraz, vers 1480 - (H. 0,17; L. 0,225). Téhéran, Musée d'Art décoratif.

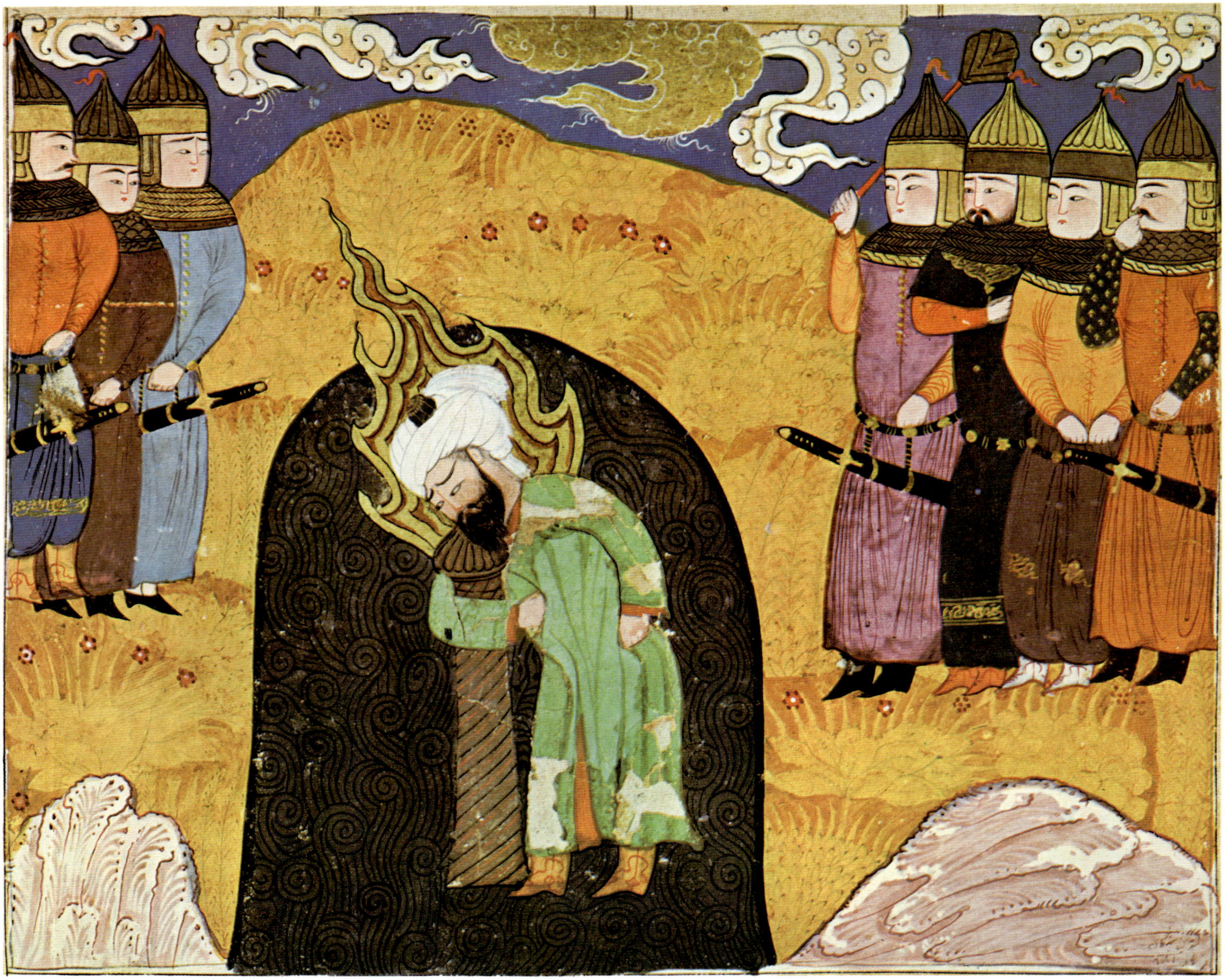

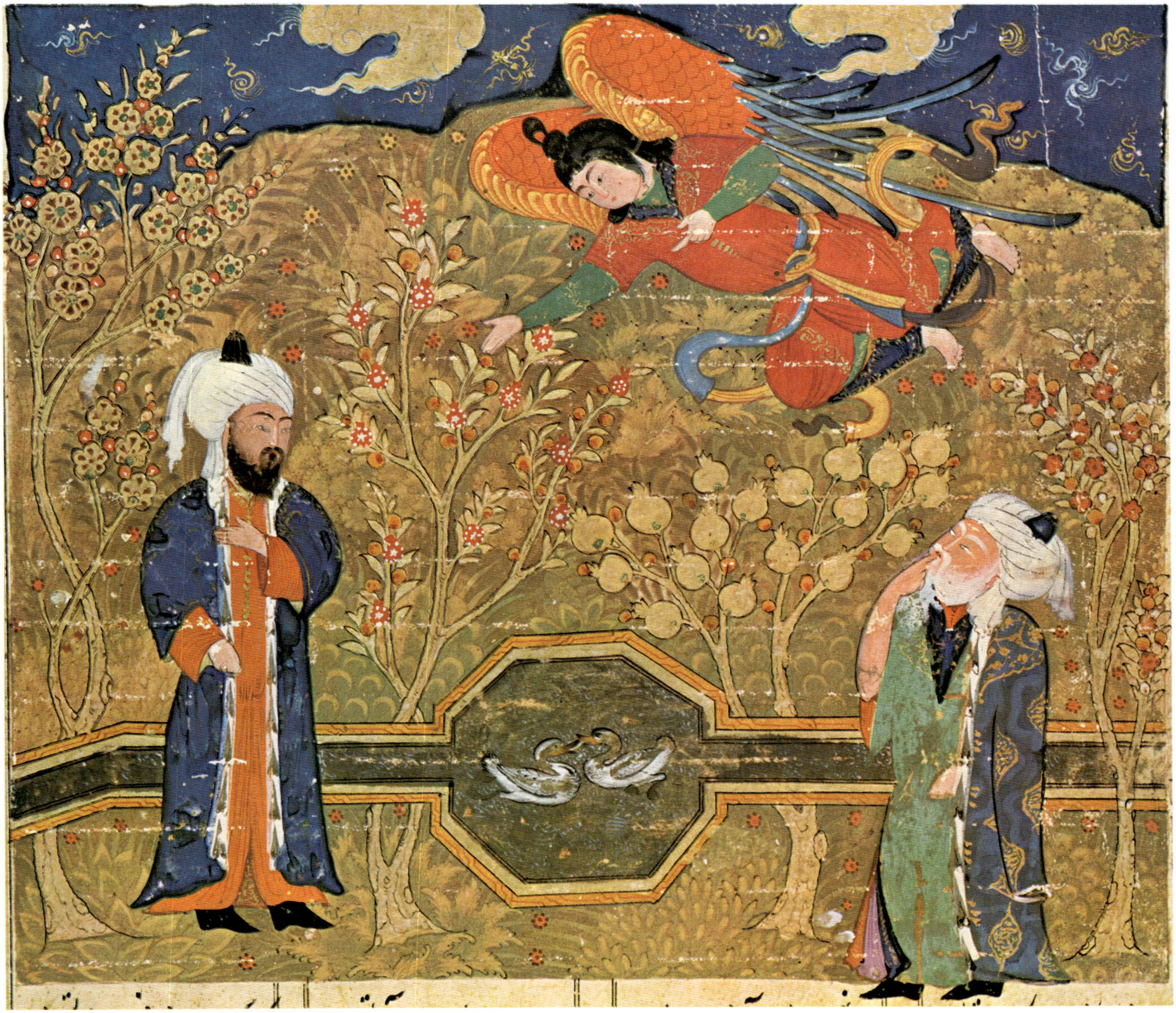

Khawar-Nâmeh de ibn-Houssam: L'ange Gabriel annonce l'apothéose d'Ali (page détachée).
Chiraz, vers 1480 - (H. 0,185; L. 0,22). Cambridge (Mass.), collection privée.

elles sont cependant en accord avec la période à laquelle ces miniatures aux brillantes couleurs peuvent être attribuées. Les nuages sont aussi peu réalistes, par les couleurs, or et bleu dans un ciel d'ardoise, par exemple, que par la forme; la surface picturale est fermée, comme dans une tapisserie. Dans la scène de jardin reproduite ici, l'arrangement Illustration p. 107 des masses est purement décoratif. Le cours d'eau a été superposé aux arbres et les personnages devancent le tout; mais il en résulte une représentation satisfaisante en même temps qu'agréable. Cette méthode ne peut manquer d'être dangereuse lorsque tous les problèmes ont été résolus et que le peintre trouve toujours une miniature ancienne traitant le sujet qui lui est proposé. Dans les *Châh-Nâmeh* des dernières décennies du XVe siècle, les personnages ne sont trop souvent que des pantins jouant un rôle éternel au sein d'un paysage immuable. C'est le sujet seul qui donnera, s'il le donne, son charme à la miniature; mais au lieu d'en accentuer le romantisme, comme il l'avait fait autrefois, il la rabaisse au niveau du conte de fée.

Cependant, tous les manuscrits de la fin du XVe siècle enluminés à Chiraz ne sont pas ainsi. Associée aux miniatures du *Khawar-Nâmeh* par son caractère conceptuel, *Rostem endormi sauvé par son cheval Rakch de l'attaque du lion* (maintenant au British Museum), est une peinture de qualité magique. On y retrouve la surface en tapisserie et aussi les mêmes nuages d'esprit non naturaliste, bleus sur fond or. Cette page a été depuis longtemps détachée du manuscrit auquel elle appartenait, qui n'a peut-être même jamais été terminé, car il n'est pas margé. Il se dégage de cette miniature une énergie et un débordement de vie qui va au-delà des autres miniatures persanes et qui correspond à l'exemple idéal de l'esprit soufi.

L'Ecole de Herat de 1452 à 1510

6

HERAT eut du mal, après ses années puritaines, à retrouver l'élan créateur de son style précédent. Sur l'art du livre au temps d'Abou Sa'îd i Gourkan (1452-1468), rien ne porte témoignage à l'exception d'une *Anthologie* composée de trois poèmes d'amour, aujourd'hui à la Chester Beatty Library à Dublin. M. Minovi a pu y déceler une dédicace très effacée. L'aspect général de ses six miniatures, de petites dimensions, de composition simple, rappelle d'assez près le Saadi de 1427 de Baysonqur, ou l'*Anthologie* Berenson de la même année; la vie leur manque malgré tout. En 1468, succède à Abou Sa'îd i Gourkan Sultan Hoseîn i-Baïqarâ; maître de Herat pendant trente-huit ans, il va lui faire retrouver sa position artistique et littéraire. Mais la peinture ne commencera à porter la marque de ce renouveau que dix ans plus tard. Les miniatures de l'*Histoire* de Tabarî, de la Chester Beatty Library, datée 1469, doivent tout à la peinture qui vit le jour quarante ans plus tôt; elles empruntent, tels quels, des groupes de personnages à une composition pour les intégrer à une autre. Un *Châh-Nâmeh* de la même collection, daté 1480, ne manifeste pas beaucoup plus d'invention; ses miniatures sont encore plus plates et mécaniques. Dans un *Boustân* de Saadi, daté 1478, qui, pour certains, serait une œuvre de jeunesse de Behzad, les compositions sont conçues sans intelligence; on sent pourtant une sorte d'air de printemps à la façon toute nouvelle dont les arbres empiètent sur les marges.

A partir de ce moment, les sources littéraires commencent à s'étoffer; en plus des noms des peintres, elles fournissent des renseignements sur leurs carrières; et comme elles leur sont contemporaines, elles sont sans doute assez exactes. Ces artistes, dans leur ensemble, ne sont pour nous que des ombres; comment répartir entre eux les peintures que nous connaissons? Toujours est-il qu'il n'y a pas de véritable solution de continuité dans l'histoire de l'école de Herat. Le premier peintre de Sultan Hoseîn était le fils de Mansour, artiste de la cour d'Abou Sa'îd. Mais ce Châh Mouzaffar, à l'habileté fort vantée, mourut à vingt-quatre ans, et nous ignorons tout de son œuvre. Plus célèbre encore était Maître Mirak le peintre, un Seyyde ou descendant du Prophète, calligraphe, auteur d'inscriptions monumentales et enlumineur avant d'être miniaturiste. Directeur de la bibliothèque de Sultan Hoseîn, il survécut peu à la chute de son maître puisqu'il mourut en 1507, presque aussitôt après la prise de Herat par l'Ouzbek Cheïbani Khan.

Son premier titre de gloire reste d'avoir formé et élevé un orphelin, celui qui allait devenir Behzad. La période d'activité de Mirak débute sans doute avec le règne de Sultan Hoseîn; rien de sûr ne lui revient avant 1485, date d'un *Khamseh* de Amir Khosrau de Delhi (Chester Beatty Library, P. 163), dont les treize miniatures, quoique bien de ces années, préfigurent par plus d'un aspect le style de Behzad. Dans ce manuscrit, de Herat à coup sûr, transparaissent les dispositions de l'école de cette ville: désintérêt total pour la perspective architecturale, disposition des acteurs en fonction de la psychologie aussi bien que de la composition. S'ils ne sont pas d'une élégance rare, les personnages n'en composent pas moins un thème harmonieux en même temps que fort complexe. Behzad, dans son œuvre sûre, à cette qualité adjoindra son sens inné du geste élégant; il atteindra alors à des harmonies vivaces ou touchantes, dont la perfection surprendra.

En ces années, Behzad devait avoir de trente à trente-cinq ans; s'il avait vraiment été élevé par un peintre et s'il possédait bien les dons qu'on lui attribue, il devait déjà avoir à son actif une œuvre considérable. Le plus ancien travail qu'on lui attribue aujourd'hui remonte à cette époque: une ou deux miniatures d'un *Goulistân* de Saadi (collection Rothschild à Paris) daté 1486, et une double page de l'album *Goulistân* de Téhéran où Sultan Hoseîn converse dans le jardin de son harem; sur la miniature de droite, qui peut dater des environs de 1485 d'après l'âge du souverain, une signature, ou en tout cas une attribution contemporaine de l'œuvre. Le *Goulistân* renferme aussi un portrait du même monarque assistant à un match de lutte. La vitalité et le dessin y sont toutefois bien moins bons. La composition de la scène de jardin est audacieuse: enclose dans l'angle très ouvert d'un écran qui isole le jardin et relie les deux miniatures. De chaque côté un tapis, seul rectangle, en fait seule ligne droite, des deux compositions. Les personnages qui ponctuent le reste de la surface picturale paraissent disposés sans ordre mais en réalité sont associés et composent une phrase musicale dont égrènerait les notes le contrepoint coloré des costumes où le rouge domine les bleus, les verts et les jaunes.

Mais comment Behzad, sans rejeter l'idiome de la composition pleine d'imagination créé par les peintres persans au cours du siècle précédent, parvient-il à renforcer la structure de ces miniatures, accentuant ainsi leur climat émotionnel? Son emploi de la couleur, bien plus scientifique que dans toute la peinture antérieure, y concourt. Interrogeons le *Boustân* de Saadi de la Bibliothèque égyptienne du Caire. C'est un manuscrit royal préparé pour Sultan Hoseîn, qui apparaît sur la double page du frontispice. De ce dernier, et des quatre autres miniatures de l'ouvrage datant de 1488 et bien conservé, Behzad est l'auteur; personne ne le conteste.

Le frontispice est instructif comparé aux scènes conventionnelles qui ouvrent tellement de manuscrits de la première moitié de ce siècle. D'habitude, le prince est assis entouré de ses courtisans dans un décor d'arbres en fleurs; en face de lui, sur l'autre feuille, on représentait le repas champêtre qui l'attendait. Malgré leur climat familier, ces scènes avaient toujours un côté grave et formel qui leur venait d'un type plus ancien de composition, le monarque sur son trône des manuscrits de Bagdad, héritiers, eux, du hiératisme sassanide. Dans le *Boustân*, Behzad, tout en conservant ces éléments originels, peint en naturaliste; il représente la cour telle qu'il la voyait tous les jours à Herat. Le prince, une fleur à la main, son page préféré assis sur le même tapis que lui, écoutant un vieil homme qui lui murmure quelque chose à l'oreille. Sur l'autre page, des domestiques apportent en courant des provisions; on chasse un jeune homme ivre, épisode fréquent sans doute lors des réceptions de ce prince amoureux des plaisirs. Une note plus ferme dans un coin: le portier lève son bâton pour éloigner un importun courbé en deux, à cheval sur la marge. Il y a plus de trente personnages sur ces deux pages; le naturel des groupes qu'ils composent masque l'intelligence des rythmes internes qui font de l'ensemble un thème parfait. Aucun détail ne pourrait être modifié sans dommage. Sultan Hoseîn conserve toute sa dignité à être placé légèrement à l'écart sous un double dais, un parasol bombé de dimensions impressionnantes surmonté d'un auvent carré qui s'élève jusqu'à la marge supérieure. Sur l'autre page, les éternels arbres en fleurs, derrière la palissade rouge de tradition depuis cinquante ans et plus; et aussi, une scène de genre, un porteur d'eau en train de parler avec une vieille femme près de la citerne logée dans une tour qui s'élève au-dessus de la marge, équilibrant la tour d'entrée du premier plan. Les deux tours sont décorées d'inscriptions monumentales, détail cher à Behzad. Le nom du peintre sur lequel à l'origine se terminait cette inscription a été gratté mais cette peinture, comme les autres du même livre, est incontestablement de Behzad. Sa signature est tellement en évidence qu'il devait déjà être à cette époque le premier peintre de Sultan Hoseîn. La célébrité lui vint alors qu'il était au service du ministre Mîr'Alî Chîr Newâ'î; mais ce qu'il composa sous sa protection, on reste toujours impuissant à l'identifier.

Le *Boustân* du Caire renferme trois miniatures qui sont des exercices de composition architecturale; des intérieurs de mosquées pour deux d'entre elles et, pour la troisième, le palais du pharaon, décor des entreprises immorales de Zoleikhâ sur Youssouf. Les cours des mosquées sont vues de face, mais l'élévation oblitère quelque peu le recul suggéré par les plans biais qu'utilisent ingénieusement les lignes du texte, diagonales elles aussi. Les personnages, encore une fois, sont disposés avec une maîtrise supérieure; ils accentuent la profondeur en même temps que leurs gestes expriment avec élégance leurs relations psychologiques. Ses talents de dessinateur et sa maîtrise de la composition valurent à Behzad les éloges des premiers critiques persans, et telles sont bien les qualités maîtresses de ces pages. Le palais du pharaon est plus audacieux encore; les mêmes procédés y expriment le recul dans une représentation frontale. Il s'agit moins dans ce cas d'élévation que de coupe en perspective isométrique; l'action se situe à un troisième étage, où mènent les trois volées d'un escalier; le peintre a supprimé le mur de façade de la pièce principale tout en conservant la moitié de la frise avec inscription qui le surmonte; un balcon fermé surplombe le vide; Zoleikhâ le quitte précipitamment à la poursuite de Youssouf qui tente de lui échapper. Cinquante ans plus tôt, le *Châh-Nâmeh* de Baysonqur et le *Djami' et-Tawarîkh* de Paris s'étaient essayés à des perspectives architecturales complexes mais n'avaient jamais abouti (les vues aériennes de la Kaaba par exemple) qu'à de fragiles décors de théâtre sans rapport d'échelle avec les personnages.

Malgré ses innovations formelles, Behzad ne se situe pas en dehors de la grande tradition persane de la miniature; il conserve au contraire cette intégrité de la vision qui

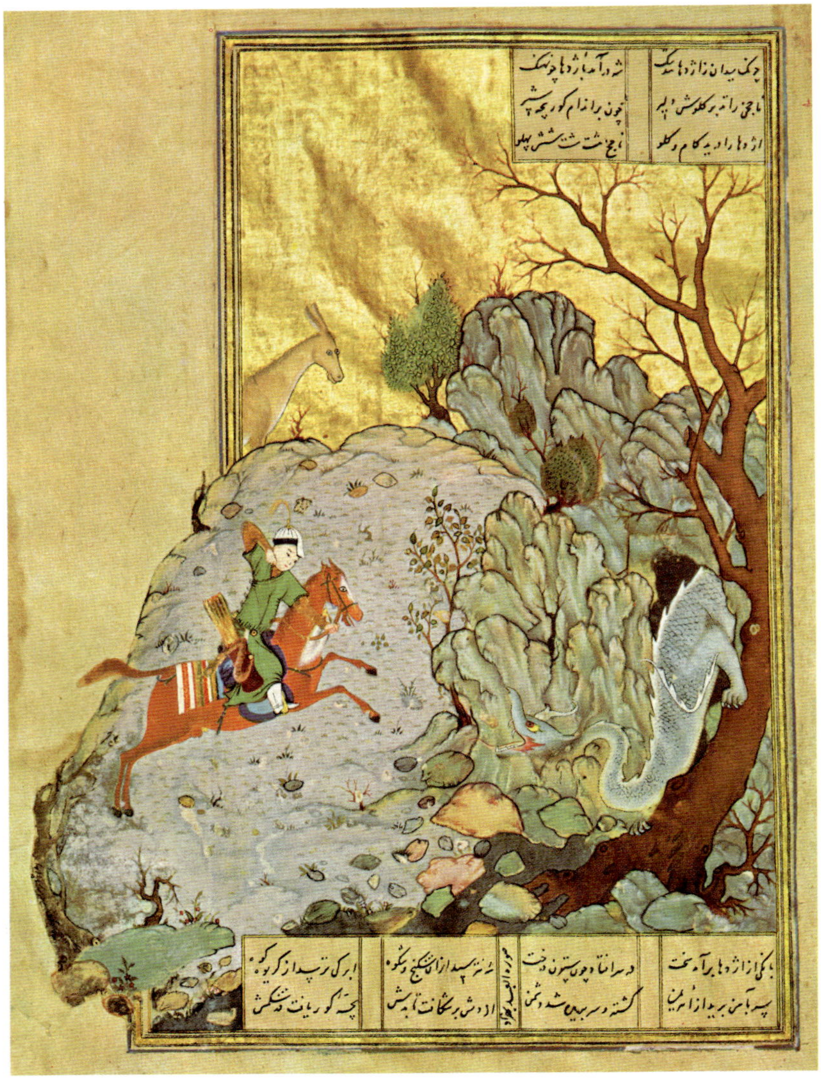

Khamseh de Nizamî: Behram Gour combattant le dragon (folio 161) - peint par Behzad, Herat, vers 1493.
(H. 0,13; L. 0,091). Londres, British Museum, Add. 25 900.

la caractérise au cours des siècles. Il utilise la couleur comme le voulait la règle: des tons purs disposés à plat et juxtaposés ainsi que le pratiqua un moment l'Occident dans les émaux et les vitraux de son Moyen Age. Mais la gamme et la subtilité des effets de Behzad dépassent de loin tout ce qui l'avait précédé. Dans sa palette favorite, les bleus et les verts dominent des zones de bruns assourdis et de jaunes terreux qui servent souvent de repoussoir; de temps en temps, des touches de rouge vif, généralement un vermillon. Il semble préférer en ces années les ciels d'or à l'ancienne mode mais sans les nuages conventionnels d'autrefois. Dix ans plus tard, ses coloris seront tout autres.

Le British Museum possède deux merveilleux manuscrits du *Khamseh* de Nizamî; dans chacun d'eux, plusieurs miniatures généralement attribuées à Behzad, d'autres qui ne sont certainement pas de sa main et d'autres qui sont incertaines. Les premières se trouvent dans le manuscrit le plus ancien, copié en 1442, illustré de douze miniatures plus tardives dont trois portent la signature de Behzad en petits caractères entre les colonnes du texte. Ces petites peintures (les feuilles de l'Add. 25 900 ne mesurent que 19,1×12,1 cm.) dateraient de 1493. L'une d'elles porte en effet cette date. La *Bataille des clans de Leïla et Mejnoûn* que surveille, derrière une colline proche, un Mejnoûn distrait, est la plus célèbre de ces peintures. Il faut la comparer à la cinquième miniature du *Boustân* de 1488, où le roi Dara arrivant à cheval dans les pâturages où son régisseur veille sur ses troupeaux de chevaux se fait reprocher par son fidèle serviteur de ne pas l'avoir reconnu. Cette scène pastorale exigeait les rythmes calmes des chevaux aux robes claires qui se détachent sur le vert foncé et le rose du versant de la colline. Dans le combat, au contraire, les chameaux, dans le feu de l'action, se découpent en silhouette contre le sable presque blanc du désert. Les coloris des chameaux et des vêtements de leurs cavaliers sont bien plus variés, bien plus subtils que dans l'ouvrage antérieur : trois verts, trois bleus et trois pourpres pour les vêtements, et, pour les robes des bêtes, une gamme complète allant du bai châtain au blanc presque pur. Le pouvoir de ce combat relève presque de l'hypnotisme ; le rythme cadencé des membres et des armes envoûte l'œil. Ici, la composition est circulaire ; dans la seconde scène de bataille du même ouvrage elle est horizontale, où de nombreux cavaliers participent à l'action, qu'accompagnent deux chameaux porteurs de tambours ; il n'y a de mouvement que de la droite vers la gauche. Comparons cette scène à la mêlée du *Châh-Nâmeh* de Mohammed Djouki, de cinquante ans antérieure ; les deux armées sont rangées à droite et à gauche ; au centre seul l'action est engagée. Chez Behzad au contraire, un camp pourchasse l'autre, qui offre une vaine résistance ; des hommes tombent de leurs chevaux blessés à mort. La composition est plus ouverte ; on distingue bien mieux les attitudes. Plus de réalisme ? En fait, malgré l'impression de mêlée générale, il n'y a que cinq combats singuliers mais ils sont tous adroitement différenciés. On dirait un détail d'une scène d'ensemble qui se poursuivrait au-delà de la page. La tension émotionnelle de la peinture du *Châh-Nâmeh* de Mohammed Djouki s'est perdue, mais l'imagination n'en est que plus libre. L'intégrité de la vision est encore une fois préservée ; tout se passe en dehors du spectateur à l'inverse de bien des scènes de bataille de l'Occident. Le drame épique des époques précédentes s'est effacé, mais le romantisme est toujours là.

Illustration p. 89

Dans la troisième miniature, la plus romantique, Behram Gour combat le dragon. On retrouve presque la composition de l'*Anthologie* de 1411 (British Museum) ; le seul changement réel, s'il n'est pas essentiel n'en est pas moins significatif. Au lieu de trancher la tête du dragon à coups de sabre, Behram, monté sur son cheval qui se cabre de frayeur, lui décoche une flèche. Le paysage est plus sauvage ; le dragon, l'avant-train plaqué contre un arbre, prêt à bondir, est loin d'être résigné à la défaite. Derrière, sur l'horizon, au lieu des deux spectateurs de hasard, un onagre dont la présence met en valeur le courage solitaire du héros. Les rocs pourpres aux tons variés ont des ombres naturalistes ; une irrésistible sensation de réel se dégage de cette scène. Behzad a traité ce même sujet dans le Nizamî du British Museum daté de 1494 (Or. 6810). Les deux compositions sont identiques au premier abord, mais la seconde marque en fait un pas en avant.

Illustration p. 112

Toutes les miniatures de ce Nizamî, ou presque, frappent par leur rationalisme, sinon leur réalisme, comparées à ce qui les précéda. Elles sont vingt-et-une; l'empereur mogol Djahangir en a attribué seize à Behzad dont le nom fut inscrit à côté de quatorze à une date assez tardive. Seul le style indique celles qui appartiennent vraiment à Behzad. Les critiques lui attribuent aujourd'hui plusieurs de ces miniatures; d'autres, proches des premières, appartiendraient à ses élèves. Le Behram Gour est un sujet qui se prête moins au réalisme que les autres; pour porter le combat au niveau de l'homme, Behzad fait figurer la jeune harpiste qui accompagnait le roi dans ses expéditions; le dragon n'est plus qu'une cible condamnée à la flèche du monarque. Les tonalités basses de cette page, caractéristiques de ce manuscrit, se retrouvent dans deux compositions surprenantes et elles aussi presque certainement de Behzad: *Le calife Mamoun au bain turc* et la *Construction du château de Khawarnaq*. Dans les deux cas, ce sont des scènes de genre qui débordent de mouvement, mais de peu d'imagination; les qualités formelles priment en dépit de l'animation des nombreux personnages. Les serviettes bleues en train de sécher dans la première peinture, et dans l'autre, l'échelle avec l'échafaudage, constituent l'élément essentiel de ces compositions dont le format se rapproche curieusement du carré. Malgré leur apparent réalisme, elles représentent l'un des exemples les plus marqués dans la peinture persane du thème plat à en frôler l'abstrait.

Illustrations pp. 116/117

Comme dans les trois miniatures de l'Add. 25 900, les personnages déterminent à grands traits les rythmes intérieurs de ces compositions assez ouvertes. Behzad fait preuve de son génie de l'individualisation à la façon dont il invente mille attitudes, mille groupes différents, arsenal où la peinture persane puisera encore plus de cent ans après sa mort. Dans la scène de construction, la majorité des personnages sont associés deux par deux par des gestes complémentaires, et ceci donne naissance à un réseau dynamique; contenu dans les limites de la page, il l'imprègne d'une tension profonde. Dans la scène du bain turc, le mouvement est plus lent, mais là aussi construit un rythme interne très serré et d'autant plus neuf que le format de l'œuvre s'écarte des normes habituelles. La porte ouverte dans la marge droite fait pénétrer dans la composition; de là, l'œil est immédiatement attiré vers les serviettes qui sèchent par l'intermédiaire de la longue perche que dresse en diagonale un domestique situé juste devant la porte. Les cordes à linge mènent ensuite vers le bas et vers la gauche, à la deuxième salle où le barbier rase le calife, héros de la peinture. Devant lui, deux jeunes garçons portent des seaux d'eau; groupe puissant et presque symétrique. Dans la première salle, à droite, les attitudes se répondent et s'équilibrent. Dans ces peintures, les personnages, par leurs silhouettes et surtout par leurs bras, en général séparés du corps, étonnent après le début de la période timouride, où les bras étaient généralement collés au corps et les silhouettes formaient des masses compactes dont la seule vertu était l'élégance.

La miniature du *Bain turc* porte les noms de Mirak, écrit en tous petits caractères, et de Behzad en plus grand; juxtaposition rare dans un livre. Ce ne sont pas des signatures. Des discussions passionnées se sont élevées sur l'importance de ces attributions, qui dépend naturellement de leur époque. Auraient-elles déjà existé alors que le manuscrit faisait partie de la bibliothèque impériale mogole, Djahangir en aurait-il lui-même décidé, elles n'en seraient pas moins postérieures de plus d'un siècle aux peintures elles-mêmes. La situation se complique encore du fait que le nom d'un autre peintre, Qâsim'Alî, se rencontre entre les lignes du texte de quatre de ces pages. Tous ces peintres, ainsi qu'Abd er-Razzak, dont on rencontre le nom dans la marge d'une page, on sait par des textes indépendants qu'ils travaillaient à Herat à cette époque. Le plus célèbre était Mirak que Qadi Ahmed donne pour le bibliothécaire de Sultan Hoseîn Mirza et le père nourricier de Behzad. Il était donc d'une génération plus vieux que Behzad et ne peut être responsable des innovations de style qui caractérisent, nous l'avons vu, un certain nombre des miniatures de ce livre. S'il y a travaillé, il doit être l'auteur de ses pages les plus conservatrices, celles qui ne peuvent pas être de Behzad. D'autre part, ce manuscrit n'était pas destiné au souverain mais à un certain Mirza Ali Farsi Barlas en qui on a vu un émir de Sultan Hoseîn donné par Babour dans ses Mémoires pour un homme de caractère aimable, élégant et versé en poésie.

La miniature qui porte cette dédicace est l'une des plus conservatrices; elle ne revient pas à Behzad. Une autre page porte la date de 900 (1494) insérée dans la construction architecturale; il ne peut donc s'agir d'une addition postérieure. Stchoukine et Pinder-Wilson attribuent cet *Iskandar discutant avec les Sept Sages* à Behzad. Le premier estime que la date ne concerne que les dernières miniatures du livre et non le texte qui n'est pas daté; l'illustration, pour Stchoukine, aurait été réalisée sur plusieurs années. On ne peut éliminer *a priori* cette possibilité, mais n'est-ce pas introduire une complication superflue alors que les différences de style s'expliquent fort bien par la contribution à ce livre de peintres de deux générations différentes? Par là, et par là seulement, cette miniature est à rapprocher des illustrations d'un *Khamseh* de Mîr'Alî Illustration p. 119 Chîr Newâ'î (divisé aujourd'hui entre la Bodleian Library et la John Rylands Library de Manchester) qui date de 1485; préparé pour Badî' ez-Zémân, le fils de Sultan Hoseîn, il a sans doute été illustré par les meilleurs peintres de l'époque. Stchoukine et Robinson croient voir Behzad derrière la première et la dernière de ses miniatures, dans leur ordre primitif; Sir Thomas Arnold les a reproduites en couleurs il y a quelque trente ans. Elles représentent des controverses religieuses, l'une dans une mosquée, l'autre en plein air sous un ciel nocturne qu'éclaire la lune; on ne peut évidemment y chercher le mouvement qui caractérise le travail de Behzad pour le Nizamî du British Museum de 1494. Illustrations pp. 116/117 Les rapprocher des miniatures du *Boustân* de Saadi de 1488 (au Caire) se justifie mieux, et d'autant plus qu'elles leur sont presque contemporaines. Dans un cas comme dans l'autre, les compositions sont fermées à la différence des œuvres de Behzad où l'espace était toujours ouvert; le texte n'est pas rédigé de biais; pas de coulisses. Dans la scène de mosquée, le mur du fond est plein; dans l'autre miniature, le paysage est clos par une colline, dont l'or traditionnel est associé au bleu profond du ciel. Ces deux miniatures du Newâ'î, tout comme les onze autres illustrations des poèmes, sont sans doute l'œuvre de peintres plus anciens; Behzad, dont le style à cette date n'est pas encore formé, ne pouvait pas les influencer. Entre les colonnes de la dernière miniature, le nom de Qâsim' Alî est écrit en rouge, mais cette attribution ne peut être admise comme le voulait le regretté J. V. S. Wilkinson, puisque ce peintre a eu Behzad pour maître. Au même

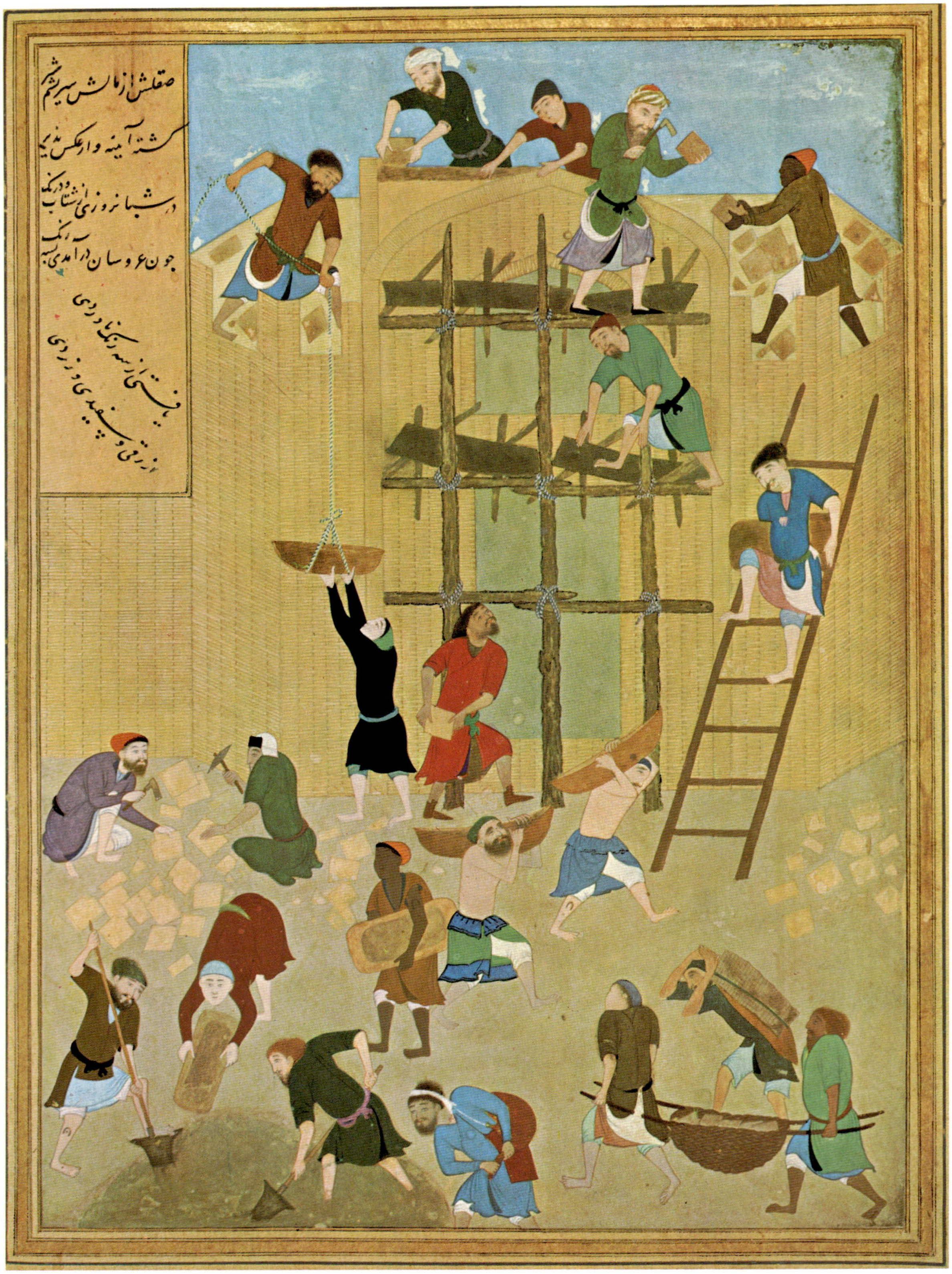

Khamseh de Nizamî: La construction du château de Khawarnaq (folio 154 verso).
Peint par Behzad, Herat, 1494 - (H. 0,178; L. 0,133). Londres, British Museum, Or. 6810.

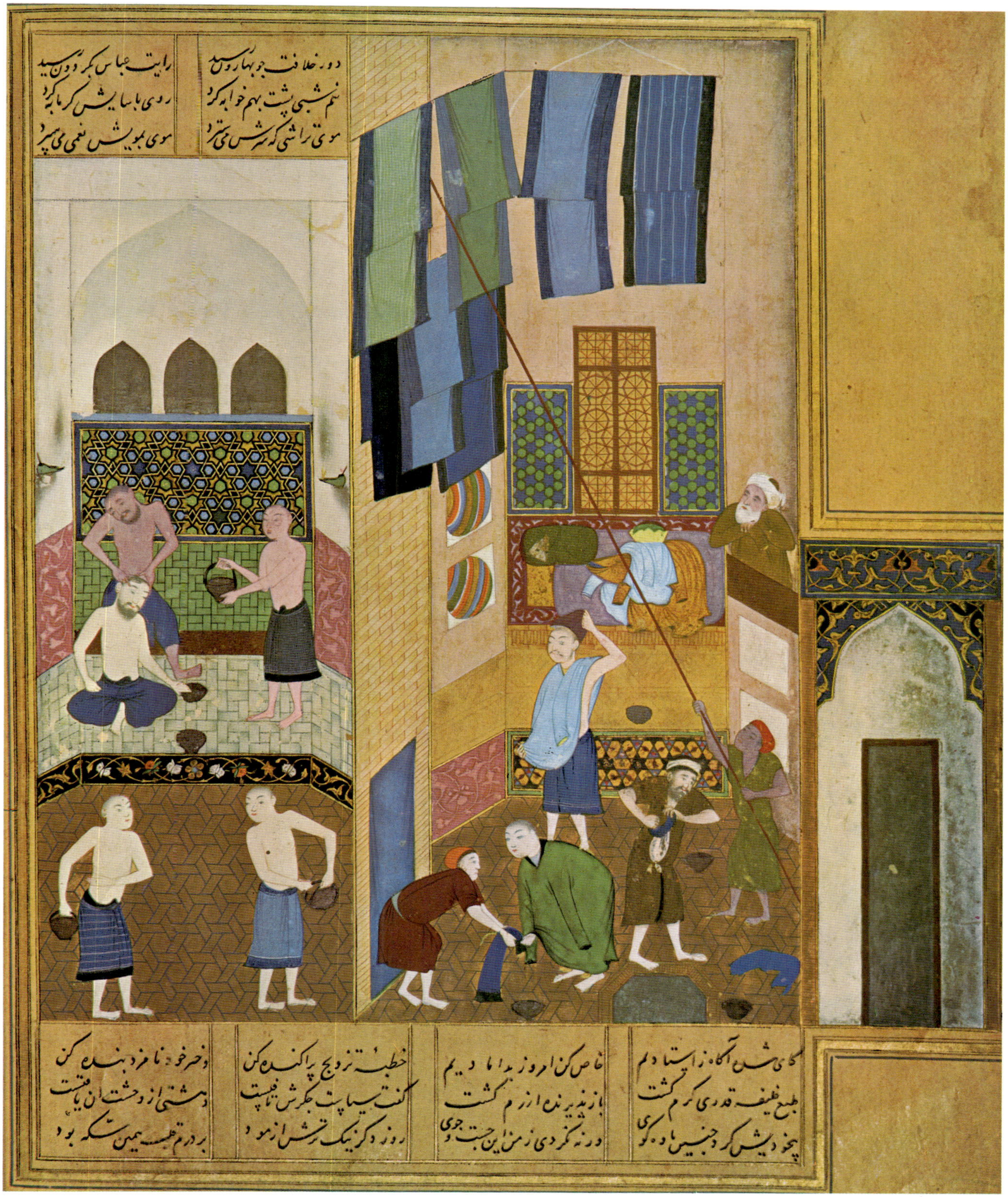

Khamseh de Nizamî: Le calife Mamoun au bain turc (folio 27 verso).
Peint par Behzad, Herat, 1494 - (H. 0,178; L. 0,153). Londres, British Museum, Or. 6810.

emplacement, quatre pages du manuscrit Or. 6810 du British Museum portent le nom de Qâsim'Alî, mais ces inscriptions paraissent postérieures à Djahangir et proviendraient donc de l'Inde. L'ancien propriétaire de ce *Khamseh* de Newâ'î, Sir Gore Ouseley, l'acheta pendant son ambassade en Perse entre 1810 et 1812. Si les noms des peintres n'ont pas été portés à la même époque sur les deux manuscrits, où et quand l'a-t-on fait? Pour résoudre cette énigme, il faudra sans doute attendre la publication de matériaux nouveaux. *Iskandar et les Sept Sages* du Nizamî de 1494 n'est pas sans parenté avec le Newâ'î de 1485, surtout dans le dessin des personnages assis, mais Behzad se devine déjà à l'articulation audacieuse du mur de l'arrière-plan, à la fenêtre supérieure en porte-à-faux et inclinée vers l'avant au-dessus de la porte, le tout de biais par rapport à la droite de la construction dans l'idée de rendre le coin d'une tour. Ce bâtiment est encore moins clair que tous les autres. Les personnages du premier plan, qui ne participent pas à la discussion, et sont plus libres par conséquent, attestent, eux, cette liberté neuve que vient de conquérir la composition. Et c'est peut-être ici que l'on peut voir la main de Behzad. Peut-on supposer qu'à cette époque, les peintres collaboraient à une même œuvre? On l'ignore; toujours est-il qu'ils vont bientôt le faire. C'est une possibilité qui existe en tout cas.

Les miniatures du Newâ'î de 1485 peuvent revenir à des peintres d'une génération antérieure mais leur charme particulier n'est nullement en cause. Newâ'î a dominé la vie littéraire et artistique de Herat; il a été le premier protecteur de Behzad et celui d'un autre peintre, Châh Mouzaffar. De plus, non seulement ce manuscrit était destiné au prince mais il date de l'année même où fut achevé le cinquième poème du recueil; c'est donc sa version la plus ancienne et l'auteur a très bien pu participer à son illustration. A défaut de Behzad, on peut songer par conséquent à Châh Mouzaffar pour ses meilleures miniatures. D'après nos sources, mort à vingt-quatre ans, fils du maître Mansour, peintre de la cour d'Abou Sa'îd, Mouzaffar s'est probablement éteint vers 1480, douze ans après Abou Sa'îd, alors que Mîr'Alî Chîr avait quarante ans; mais il peut aussi
Illustration p. 119
être mort quelque cinq ans plus tard. La miniature la plus originale de ce *Khamseh* représente le grand poète et écrivain mystique Iraki (mort en 1289) disant adieu à un ami avant de partir pour un long voyage. Cheikh Iraki, un vieil homme dans cette peinture, sous le coup de l'émotion, tombe à genoux. Iraki, dont tous les écrits ont l'amour pour thème, comme tous les mystiques persans, voyait dans les liens de l'amour humain le miroir de l'aspiration permanente de l'âme au divin. Ce tableau ne pouvait donc manquer de toucher les cercles sensibles au Soufisme. La composition est aux antipodes de celle de Behzad; au lieu d'un schéma formel charpenté de rythmes internes, ici, deux triangles construits sur les deux côtés de la miniature qui se rejoignent par leurs sommets. Le triangle de droite est plus important que celui de gauche, celui d'Iraki, qui est amputé de son côté supérieur. Ce qui accentue l'opposition entre les trois personnages inclinés du côté gauche et ceux qui leur font face debout, dans l'autre moitié. Pas de gestes libres, ainsi que Behzad l'aimait, pour faire ressortir la construction; au contraire, de délicates indications exprimant le réseau des sympathies qui unissent les assistants les uns aux autres. N'est-ce pas le moment de se rappeler ce jugement de

Mohammed Haydar Doughlat sur Châh Mouzaffar : il était « un maître de la peinture de groupe » ? Comme dans le tableau nocturne des *Mystiques dans un jardin*, l'arrière-plan est occupé par un versant de colline peint en or où court un ruisseau conventionnel et que piquètent des bouquets de petites plantes dans le goût ancien. Ce qui ne l'empêche pas de convenir parfaitement au premier plan tendu d'émotion ; cette peinture est sans équivalent. On le regrettera.

Khamseh de Mîr' Alî Chîr Newâ'î (peint pour Badî' ez-Zémân) : Cheikh Iraki accablé par la séparation (folio 34). Attribué à Châh Mouzaffar, Herat, 1485 - (H. 0,14 ; L. 0,103). Oxford, Bodleian Library, Elliot 287.

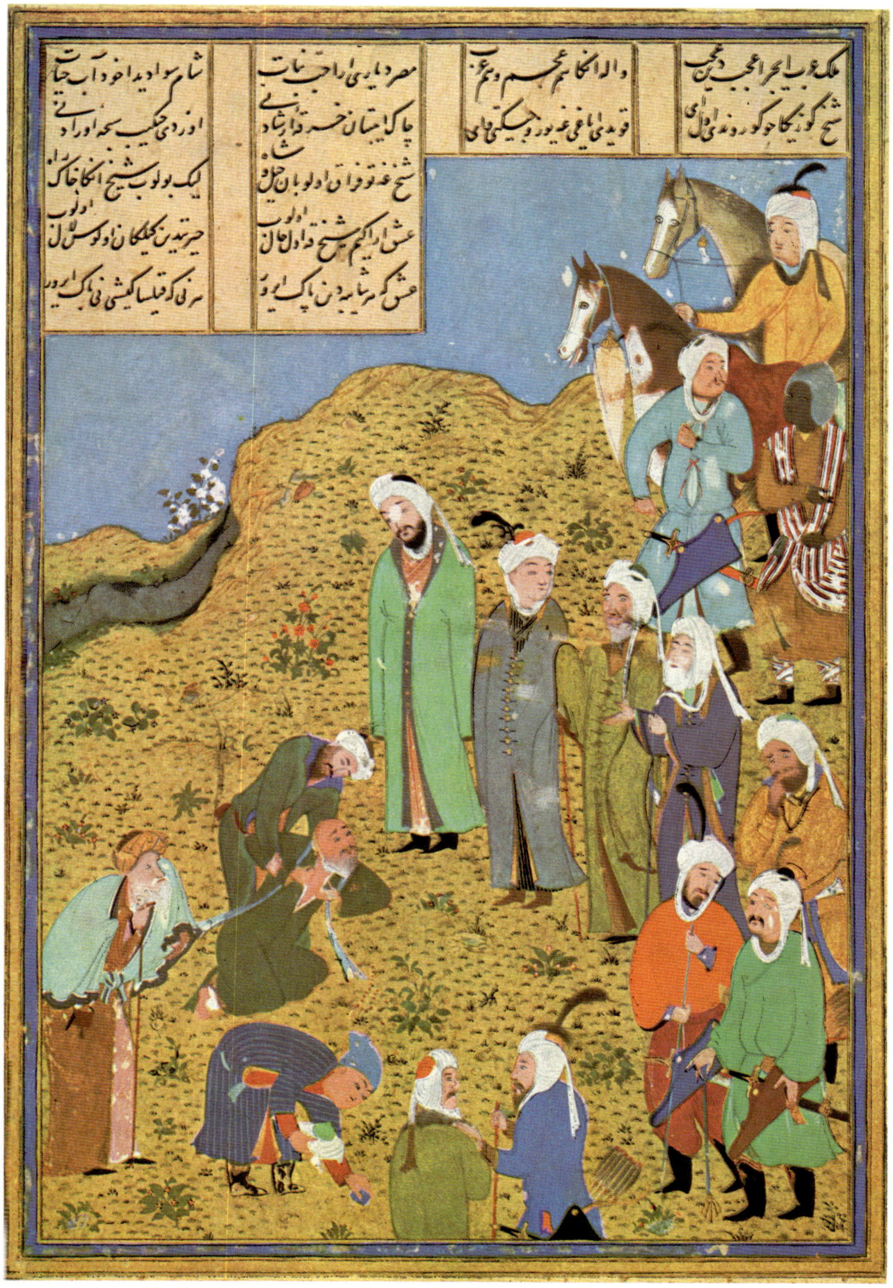

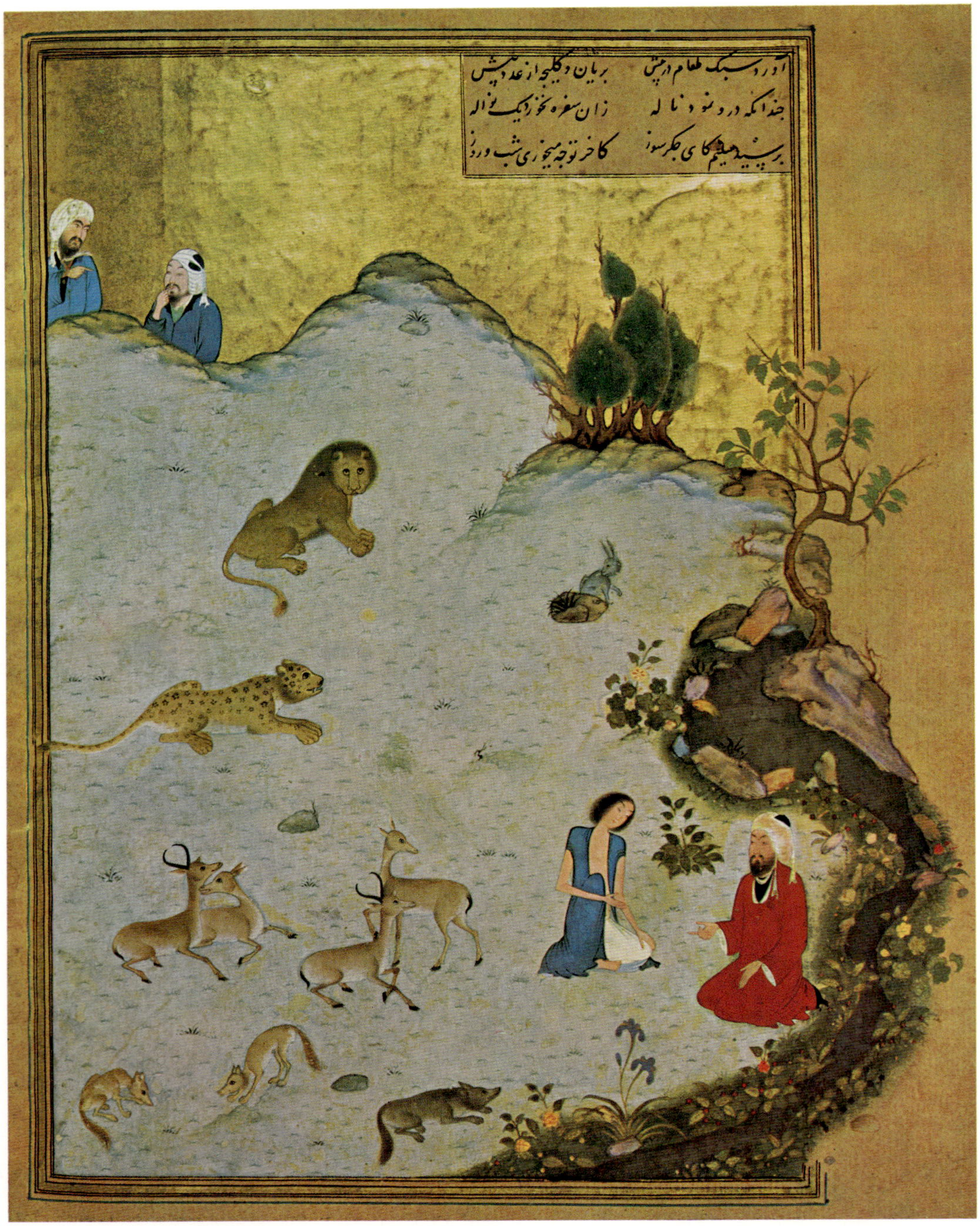

Khamseh de Nizamî: Mejnoûn parmi les animaux visité par Salim (folio 128 verso).
Peint par un élève de Behzad, Herat, 1494 - (H. 0,17; L. 0,148). Londres, British Museum, Or. 6810.

Des deux miniatures illustrant *Leïla et Mejnoûn*, qui constituent la partie (maintenant à la John Rylands Library à Manchester) de l'ouvrage publié pour la première fois par B. W. Robinson en 1954, la plus intéressante est celle qui décrit la visite de Salim à Mejnoûn dans le désert où celui-ci vit en bonne entente avec les animaux sauvages. L'espace est bien conçu, mais trop d'arbres viennent remplir le champ du désert, et les personnages, bien que stylistiquement liés l'un à l'autre, manquent d'intérêt psychologique. Ce même sujet, dans la version du Nizamî de 1494, montre mieux la sympathie croissante entre les deux hommes, si différents en apparence, et l'attachement des biches pour Mejnoûn. Robinson a suggéré que l'auteur de cette miniature a dû avoir devant lui la version antérieure, car il en a emprunté l'idée de la courbe du fleuve enserrant les figures assises. S'il en est ainsi, il a cependant modifié le caractère de la scène en supprimant toute la végétation, sauf celle qui borde le fleuve, réalisant ici une vraie oasis dans le désert. L'espace s'ouvre à la manière de Behzad, mais les deux personnages qui derrière la colline au fond regardent en curieux ne semblent pas s'intégrer à la composition par ailleurs si étroitement imbriquée; il est probable que ce soit là le travail d'un élève ou d'un aide. C'est peut-être cette même main qui a peint l'autre miniature de Mejnoûn dans le désert, où celui-ci est affolé parmi les bêtes, tandis qu'à l'arrière-plan Leïla est assise dans sa tente, inaccessible pour lui. La composition se déploie avec aisance mais elle est un peu gâtée par la gaucherie de quelques figures, et surtout par l'introduction, à nouveau, de deux spectateurs parmi les rochers.

Illustration p. 120

Décrire toutes les miniatures de ce manuscrit célèbre est impossible; il en est une néanmoins qui demande une mention particulière, le *Deuil pour la mort du mari de Leïla.* Par le naturel, la liberté même des mouvements, par les tons sourds des vêtements, on a vraiment là une œuvre novatrice; elle est pratiquement sans égale. Stchoukine a mis en évidence plusieurs points communs entre ses personnages et ceux du *Boustân* de 1488; ils témoignent clairement de rapports avec Behzad; ce ne sont pas de simples emprunts: les personnages sont disposés de façon toute différente, et plus étroitement unis que dans les autres miniatures de ce manuscrit. Ce pourrait être une œuvre de jeunesse de l'un des meilleurs élèves de Behzad, Cheikh Zadeh peut-être, qui parviendra à une émotion aussi puissante dans son unique composition signée, le touchant *Sermon* du Hâfiz de Sam Mirza de 1533, que nous examinerons en détail au chapitre suivant.

Illustration p. 122

Très proches de Behzad encore, six paires de miniatures sur double page dans un *Zafer-Nâmeh,* ou Vie de Timour, de Charaf ed-Dîn Ali Yazdi, copié par Chir 'Alî, calligraphe célèbre, en 1467, pour Sultan Hoseîn et que posséda longtemps la bibliothèque impériale mogole. Sous Djahangir, dont le règne débute en 1605, et sans doute déjà aussi sous son père, Akbar le Grand, ses peintures étaient attribuées à Behzad et tenues pour contemporaines de la date du colophon. Mais leur style est trop avancé pour cette époque. Tous les spécialistes ou presque l'ont reconnu. Stchoukine l'a fait remarquer, certains de leurs personnages et de leurs groupes proviennent de compositions, parmi les plus sûres de Behzad, qui se trouvent dans l'ensemble d'ouvrages dont nous venons de parler. De combien de temps ces illustrations sont-elles postérieures au manuscrit? Nous avons une date limite si l'on pense que le Conquérant est représenté dans plus d'une miniature sous les traits de son descendant, Sultan Hoseîn; ces figurations doivent donc avoir été peintes avant la mort de ce dernier en 1506.

Aux proportions de ces compositions sur double page, nouvelles, il fallait des thèmes plus complexes. Au lieu du rythme circulaire cher à Behzad à ses débuts, ici, des diagonales: des cordes, des lances, des trompettes, des radeaux, des ponts volants, des planches,

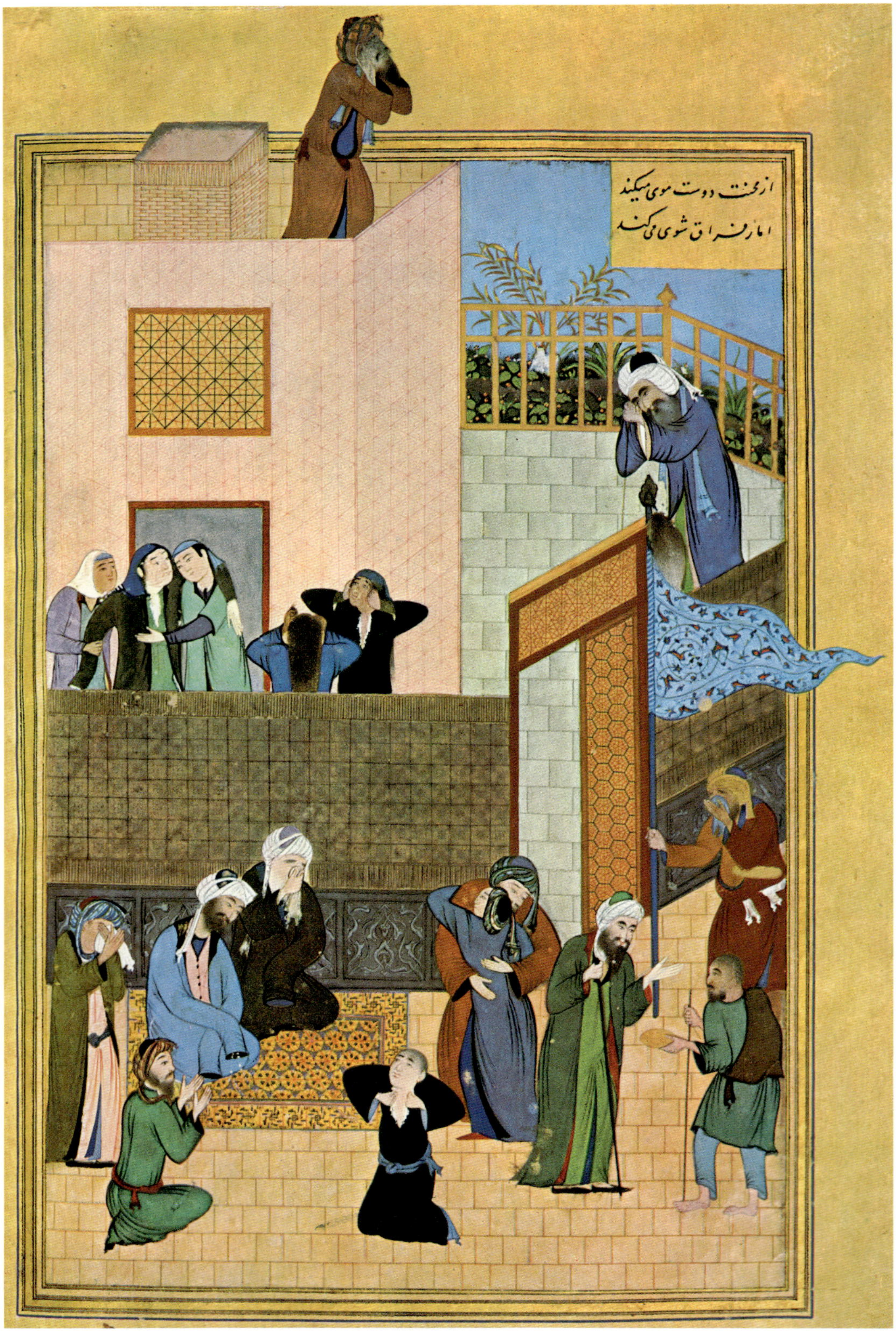

Khamseh de Nizamî: Deuil pour la mort du mari de Leïla (folio 135 verso).
Peint par Behzad ou son élève Cheikh Zadeh, Herat, 1494 - (H. 0,215; L. 0,153). Londres, British Museum, Or. 6810.

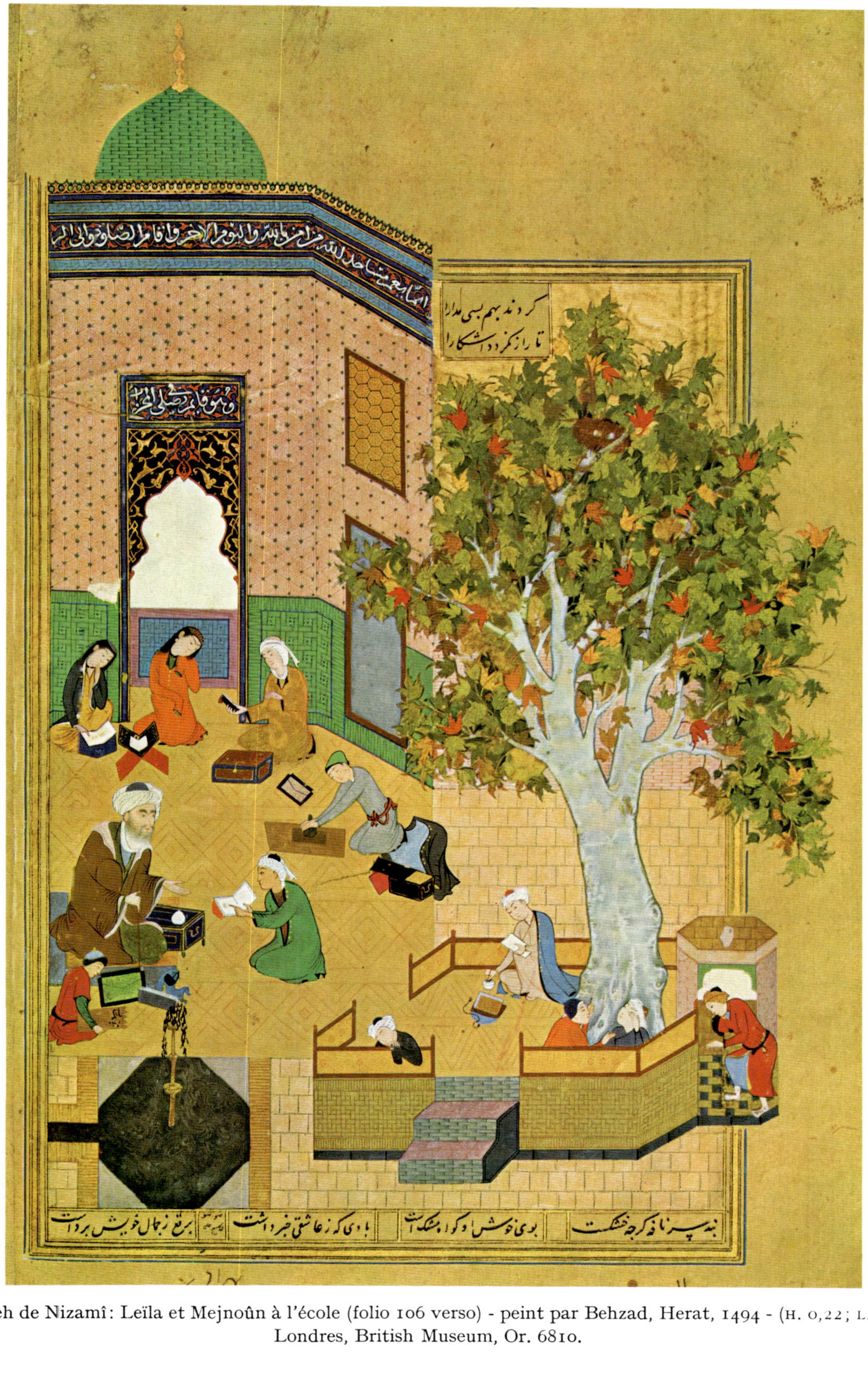

Khamseh de Nizamî: Leïla et Mejnoûn à l'école (folio 106 verso) - peint par Behzad, Herat, 1494 - (H. 0,22; L. 0,14).
Londres, British Museum, Or. 6810.

tout est utilisé. Les chevaux en raccourci, s'ils ne sont pas une invention, sont néanmoins plus fréquents et surtout agenouillés. Le sens du mouvement est encore plus puissant qu'autrefois, mais les personnages ne sont plus des silhouettes isolées; on rencontre au contraire des chevauchements complexes, surtout dans les scènes de bataille. Dans l'ensemble, les coloris sont moins purs et moins bien choisis. On pense aujourd'hui que Behzad a conçu ces œuvres mais qu'il en a laissé l'exécution à ses élèves, qui auraient posé les couleurs. Ces compositions restent très serrées; elles ignorent encore la dispersion qui sera le propre de l'école séfévide du XVIe siècle.

Les deux Nizamî de 1493 et 1494 (British Museum) montrent bien qu'à cette époque déjà Behzad avait des élèves capables de suivre son style de près; on connaît d'ailleurs plusieurs miniatures proches de lui sans pouvoir être de sa main. Par exemple, une miniature du Nizamî de 1494 montre Iskandar parlant à un ermite à l'entrée d'une grotte, dont la composition est fort intéressante. Le groupe principal est circonscrit dans un cercle de rochers à pics couronnés d'un château, très haut à l'horizon. C'est là peut-être une nouvelle conception du paysage, plus plastique et structurale à l'avant, bien qu'encore conceptuelle dans l'architecture à l'arrière-plan. Le dessin rappelle le *Zafer-Nâmeh* de 1467 exécuté pour Sultan Hoseîn, mais les figures sont ici plus raides. Ce Nizamî cependant comble le vide qui sépare le style de la fin du XVe de celui des débuts du XVIe siècle. Les copies exécutées par la suite d'après l'œuvre de Behzad sont moins avancées et de qualité variable. Les plus convaincantes sont celles de deux manuscrits de Leningrad, un Nizamî de 1481, copié par Darvish Mohammed Taqi (Bibliothèque d'Etat, No 338), et un poème d'Amir Khosrau de Delhi copié par Sultan Mohammed al-Harawi, ainsi que deux miniatures isolées incluses dans un album de la même collection. Ces deux miniatures et le Nizamî sont dus à des élèves de Behzad, l'Amir Khosrau est probablement une copie du début du XVIe siècle. Les manuscrits de l'école de Boukhara protégée par les chefs ouzbeks de la maison de Cheïbani Khan, qui en 1507 enlève Herat au fils de Sultan Hoseîn, assumant ainsi le rôle d'héritiers du dernier des Timourides, maintiennent d'autres thèmes; on les examinera plus loin. On attribue fréquemment à Behzad un autre genre de peinture et de dessin, qu'accompagnent parfois des inscriptions dans une calligraphie d'allure assez ancienne. Ce sont des portraits de monarques, Sultan Hoseîn ou Cheïbani Khan par exemple, ou de prisonniers, le bras droit saisi dans le carcan utilisé par les Mongols pour les empêcher de s'échapper tout en leur permettant de suivre à cheval les déplacements de la horde. Certains de ces dessins sont de fort bonne qualité; leurs coloris témoignent d'un sens indéniable de la décoration. Ils font penser à des personnages qui auraient été tirés de miniatures, agrandis, isolés de leur contexte. Les vêtements diffèrent, unis parfois et, sur d'autres dessins, ornés de cols avec des arabesques florales très complexes où des canards et des bouquets de fleurs minuscules se répètent à l'infini. M. Stchoukine a totalement écarté ces portraits de l'œuvre de Behzad en leur assignant une date bien ultérieure. Cependant, nous savons que des portraits furent exécutés avant la fin du XVe siècle, à Istamboul tout au moins. Dans cette ville vinrent séjourner plusieurs peintres italiens appelés par le sultan Mehmet Fatih (le Conquérant), dont Bellini et Costanzo da Ferrara qui y étaient en 1479-1481.

Les seuls portraits connus en Perse avant cette époque étaient de caractère historique, placés dans les ouvrages d'histoire mongole de la période il-khanide; mais ceux-ci n'étaient pas imités. Cette mode, la miniature de la Perse peut très bien l'avoir reçue de Venise, par l'intermédiaire ou non de la Turquie. La copie du portrait d'un prince en train de dessiner (Gardner Museum, Boston) témoigne d'une délicatesse et d'une adresse extrêmes mais n'a rien à voir avec les peintures de Behzad destinées à des manuscrits. Il serait plus logique d'y voir la main d'un élève persan ou turc de Gentile Bellini travaillant à Istamboul.

L'Ecole séfévide à l'époque de Châh Tahmâsp

7

CHÂH ISMÂ'ÎL, le premier souverain séfévide, chasse les Ouzbeks du Khorassan en 1510, mais n'y gagne qu'un répit momentané. L'horrible traitement qu'il fait subir au cadavre de son ennemi, Cheïbani Khan, dont le crâne lui sert de coupe, illustre un aspect de son tempérament. L'autre, un marchand italien le dévoile; il voit Châh Ismâ'îl alors que celui-ci n'a que trente-et-un ans, et le décrit « aussi aimable qu'une jeune fille », « aussi vivant qu'un faon ». Tout le monde a vanté son courage; il était certainement doué d'un charme immense; mais la guerre l'accapara à un point tel qu'on ne doit pas s'étonner de la rareté des travaux qui peuvent revenir à sa bibliothèque, dont Behzad fut en 1522 nommé directeur. Ce dernier aurait trouvé Sultan Mohammed déjà chargé d'enseigner le dessin au fils du châh, Tahmâsp; il est peu vraisemblable que cet enseignement ait pu débuter avant 1521, Tahmâsp étant alors âgé de sept ans. Pendant les onze années qui suivirent la mort de Cheïbani, Behzad a sans doute vécu dans le calme et la tranquillité, presque incognito à Herat. Son activité d'alors est totalement inconnue; les critiques qui veulent voir en lui l'auteur de nombreux dessins de personnages indépendants les situent naturellement pendant cette période de chômage apparent; Behzad aurait eu le temps d'accepter et d'exécuter des commandes privées. Quoi qu'il en soit, à la fin de cette période, sa réputation est intacte; il s'est donc sans doute consacré à des travaux de premier ordre.

Lorsqu'en 1524 débute le règne de Châh Tahmâsp, l'influence de Behzad est toujours aussi grande à Tabriz; le Nizamî de 1525 du Metropolitan Museum en donne la preuve; ses treize premières miniatures se conforment à l'ancienne tradition de Herat. La dixième est datée; il est possible que la quatorzième et dernière soit postérieure de quelques années aux autres.

Khosrau devant Chirine au bain et *Chirine à cheval regardant les travaux de Farhad* se rattachent manifestement au style de Herat, mais les personnages de ces deux scènes, ainsi que ceux d'autres miniatures à l'ancienne mode, ont une raideur bien plus accentuée qu'à la fin du siècle précédent. Aucune d'elles ne peut faire penser qu'elle puisse être exécutée par Behzad lui-même. Malgré cela, leur rapport avec Behzad est étroit, que met en évidence la comparaison entre la *Scène de bataille d'Iskandar contre Darâb* et la Illustration p. 128
miniature du manuscrit de Nizamî de 1442 au British Museum (Add. 25 900), où tous Illustration p. 112

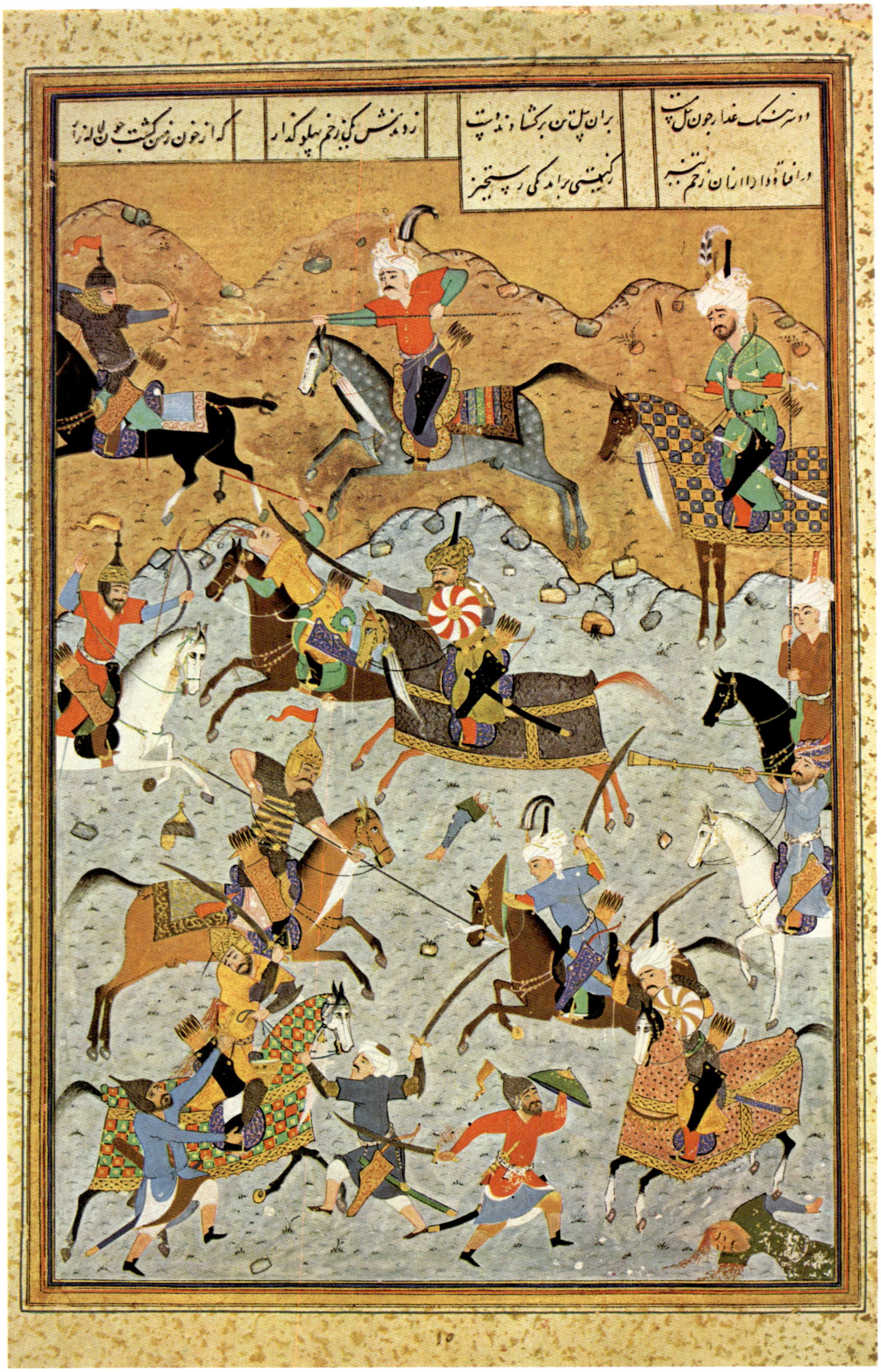

Khamseh de Nizamî: Bataille d'Iskandar contre Darâb (folio 279) - Tabriz, 1525 - (H. 0,326; L. 0,224).
New York, Metropolitan Museum, Jackson & Yohannan 8.

s'accordent à voir une œuvre de Behzad exécutée en 1493 environ. Le groupe des personnages à cheval au premier plan est exactement repris de cette miniature, mais au lieu de la ligne sinueuse formée par les troupes en marche, d'un effet si puissant dans cette composition, il n'y a plus ici que trois cavaliers à l'arrêt, tandis que l'introduction d'un archer placé à gauche de la scène détruit l'effet accentué de mouvement en direction opposée des deux groupes de combattants. On peut admirer dans ce manuscrit les couleurs bien conservées, mais on doit dire que tout sentiment est mort; c'est pourquoi on ne peut souscrire à l'avis de Kuehnel et de Stchoukine qui voient derrière ces treize miniatures la main de Cheikh Zadeh. La seule œuvre absolument sûre de cet artiste est le vivant et même vivace *Sermon*, l'une des trois peintures signées du Hâfiz de l'ancienne collection Cartier (aujourd'hui au Fogg Art Museum et dans la collection Cary Welch à Cambridge). Ses illustrations attestent une imposante maîtrise de la composition; les rapports entre les personnages, spatiaux aussi bien que psychologiques, sont extrêmement subtils. Cheikh Zadeh, en particulier, ne craignait pas plus les profils (il y en a cinq dans la scène du *Sermon*) que les personnages vus de dos. Chaque acteur n'en possède pas moins une individualité bien réelle, et contribue à l'atmosphère d'exaltation, de ferveur religieuse, sentiments qui préoccupent avant tous autres l'artiste. Le Nizamî de 1525 ne possède rien de semblable, avec sa manière détendue, décorative, et ceci jusque dans *La rencontre de Farhad et Chirine près du passage qu'il a creusé pour elle*; un certain romantisme n'y aurait pourtant pas été incongru.

Les mêmes remarques concernent presque autant le *Diwan* de Mîr'Alî Chîr (Bibliothèque Nationale, Sup. turc 316), daté 1526. Stchoukine en accorde quatre miniatures à Cheikh Zadeh. La *Bataille d'Iskandar et de Darâb* et *Iskandar tirant un canard d'un bateau* sont plus vivants mais leur beauté formelle, ou décorative, est d'un genre différent. Le peintre ne cherche qu'un minimum de profondeur dans son occupation de l'espace, qui évoque d'assez près la tapisserie. Ces miniatures appartiennent toutes deux, par leur penchant pour les couleurs claires et par leurs mouvements rythmés, à l'ère nouvelle. Un sentiment lyrique domine ce manuscrit; voici bien ce qui remplace le sens du drame de la plus grande tradition timouride après même que Behzad eut mis l'accent sur les valeurs formelles de la conception. On n'a pas oublié sa science de la disposition des personnages; mais la tension s'est relâchée; ses rythmes internes, serrés, ont disparu. Leur succède un flux linéaire, musical, dans le passage d'un acteur à l'autre, comme une succession de notes créant une harmonie heureuse pour l'œil qui erre sur la surface picturale. La scène de chasse représentant *Behram et sa cour* en est un admirable exemple. De plus, aucun tableau de ce livre qui n'ait son spectateur, et jusqu'au Behram Gour chez la princesse au pavillon noir.

Ce qui est authentiquement neuf, c'est le voyage d'Iskandar sur l'Océan de l'Ouest. Illustration p. 131
Le conquérant du monde vient de tirer un canard au vol; la flèche, lancée d'un geste délicat qui trahit l'adresse consommée, vient d'atteindre sa cible. Iskandar est assis dans un bateau à peine assez grand pour son trône et le dais qui l'abrite, et dépourvu de tout appareil de propulsion ou de navigation. Au premier plan, deux autres embarcations pleines de soldats, l'une gouvernée d'une longue rame, l'autre d'une grande voile carrée;

les soldats se soucient plus du monde qu'ils découvrent que de leur chef; leurs attitudes à tous trahissent l'étonnement, naturel de la part d'un Persan de Tabriz devant la mer qu'il ne pouvait connaître. L'intérêt de la composition réside dans le rythme doux des navires aux proues altières se découpant sur une mer d'argent, aujourd'hui fortement oxydé, et dans les mouvements discrets, mesurés, des hommes serrés les uns contre les autres. Encore une fois, le lyrisme domine, trahissant ici l'enchantement magique qu'exerce sur les hommes un monde qui leur est étranger.

Illustrations pp. 132/133

La Bibliothèque du Goulistân à Téhéran possède un *Zafer-Nâmeh* daté 1529; c'est un manuscrit orné de nombreuses miniatures de style détendu mais savant, copié par le scribe qui calligraphia le Nizamî de 1525 du Metropolitan. Ses coloris sont eux aussi choisis dans la même gamme fraîche; les bleus et les jaunes atténués y dominent — dans la dernière miniature de l'ouvrage entre autres — mais les personnages sont de dimensions bien moins grandes et le paysage encercle les compositions d'un entassement de rochers aux contours émoussés; ce procédé caractérisera le style de l'école de Tahmâsp. Le peintre fait appel à toutes les ressources décoratives des bâtiments et des différentes sortes de dais et d'auvents de plein air. Les haubans des tentes composent un dessin plaisant de lignes blanches au premier plan de la peinture. Mais le trait le plus personnel et le plus remarquable de l'art pictural séfévide de ces années réside dans l'élégante disposition des personnages, assis, debout, inclinés les uns vers les autres, confiants, respectueux ou déférents. Les angles des têtes avec la verticale sont d'autant plus frappants que les acteurs portent la haute coiffure séfévide, le turban à douze tours, en souvenir des douze Imams chiites, entourant une calote rouge avec une épingle géante, et d'où les disciples soufis de la maison de Cheikh Safi' tirèrent leur nom de *Qizil-bâsch.* Un autre trait caractéristique de ces miniatures, souvent repris au cours des trente années qui suivent, c'est l'amour des constructions hexagonales ou en section d'hexagone, ainsi qu'une curieuse recherche de stylisation dans les nuages, en forme d'escargots à l'enroulement très serré, qui donnent l'impression d'avoir une origine chinoise. Mais ce n'est qu'une variante épisodique.

Le chef-d'œuvre incontestable de cette première école séfévide, c'est le Hâfiz de Sam Mirza (de l'ancienne collection Cartier) avec ses cinq miniatures. Il en a déjà été question. Ce prince, fils cadet de Châh Ismâ'îl, né en 1517, devait être jusqu'en 1561, année où Tahmâsp le fit enfermer, l'un des plus grands mécènes de son temps. Le Hâfiz date de sa jeunesse; Stchoukine le situe aux environs de 1533 en raison du prince assis, couronné, sous une arche qui porte son nom et ses titres; Stchoukine y voit un portrait du dédicataire. Cette miniature porte la signature du peintre Sultan Mohammed qui à cette époque était le premier artiste de Tabriz, à en croire son contemporain Dost Mohammed qui vante surtout chez lui son art consommé de certains détails, comme les taches de la robe du léopard. Mais il y a bien plus dans cette scène de cour que de l'habileté technique. Autour du trône du prince, suivant une spirale, sont assis les courtisans; leurs têtes enturbannées penchent comme mille fleurs dans une brise légère — on se croirait devant un pré multicolore — pour se mêler, au fond, avec une haie de rosiers. Cette profusion florale est encore une fois reprise par le tapis qui recouvre toute la cour.

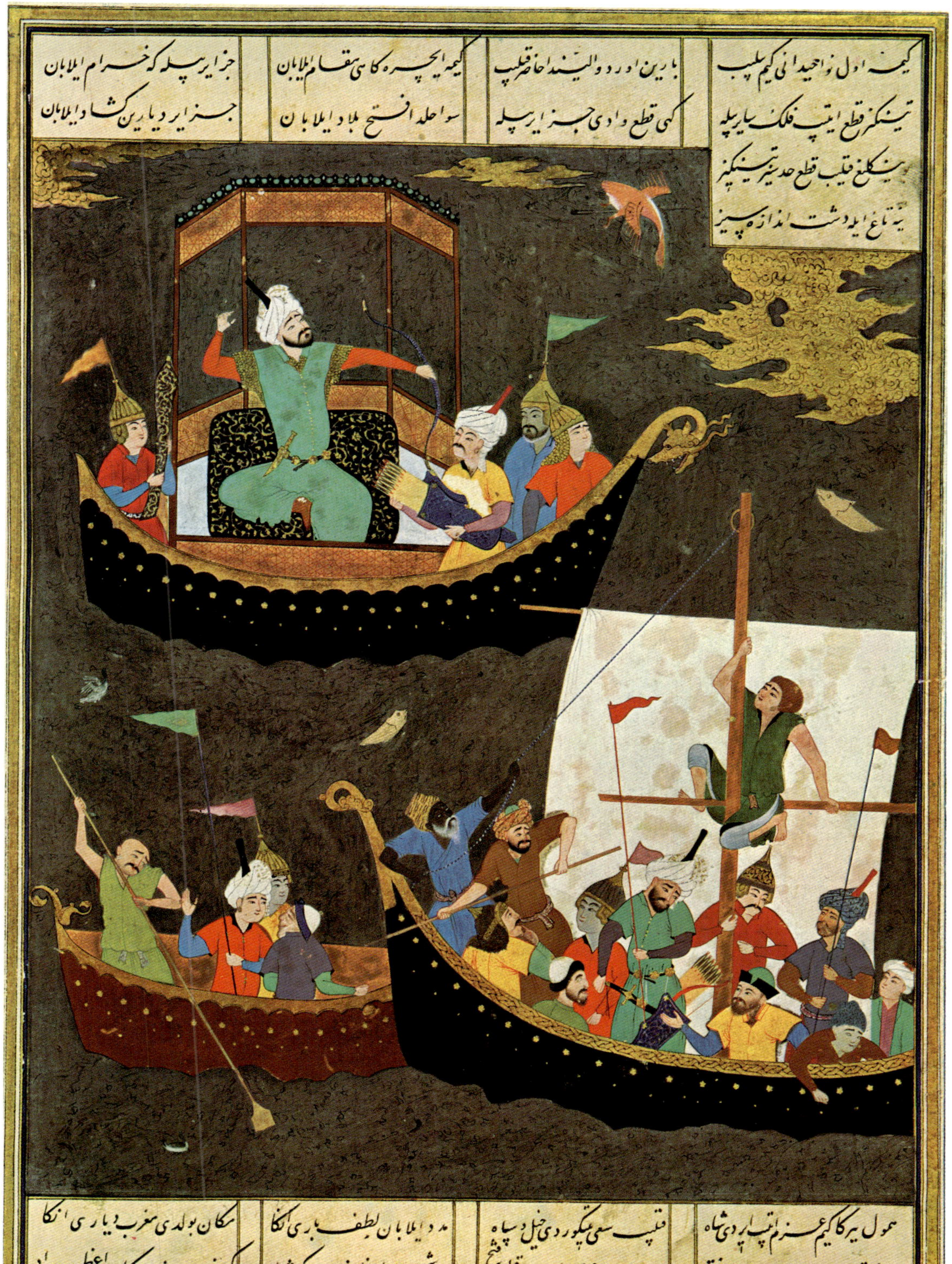

Diwan de Mîr' Alî Chîr Newâ'î: Iskandar à la chasse au canard (folio 447 verso).
Tabriz, 1526 - (H. 0,38; L. 0,265). Paris, Bibliothèque Nationale, Sup. turc 316.

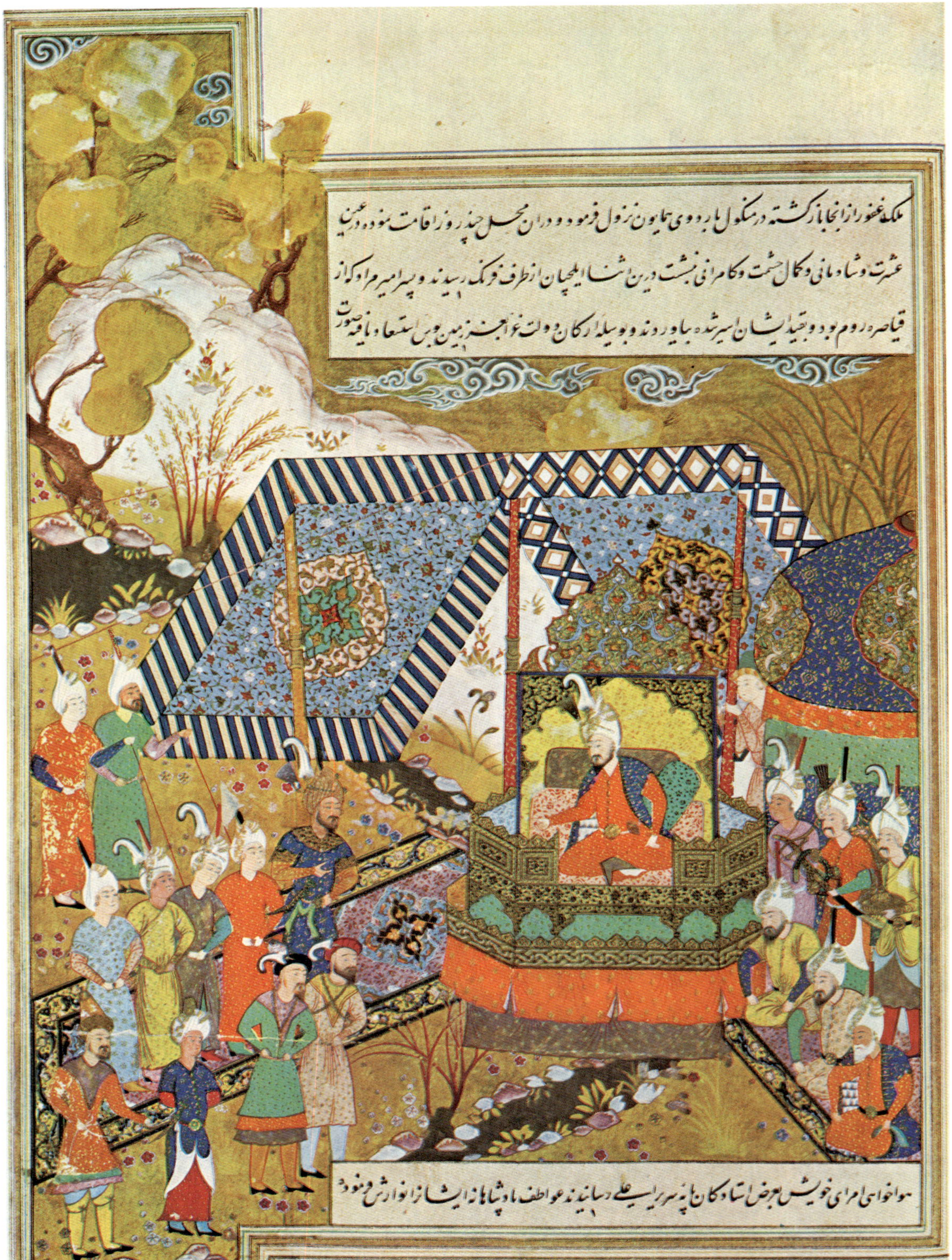

Zafer-Nâmeh (Vie de Timour) de Charaf ed-Dîn Ali Yazdi: Les ambassadeurs européens présentent le fils du sultan ottoman Mourad Ier (folio 520) - Tabriz, 1529 - (H. 0,28; L. 0,202). Téhéran, Bibliothèque du Goulistân.

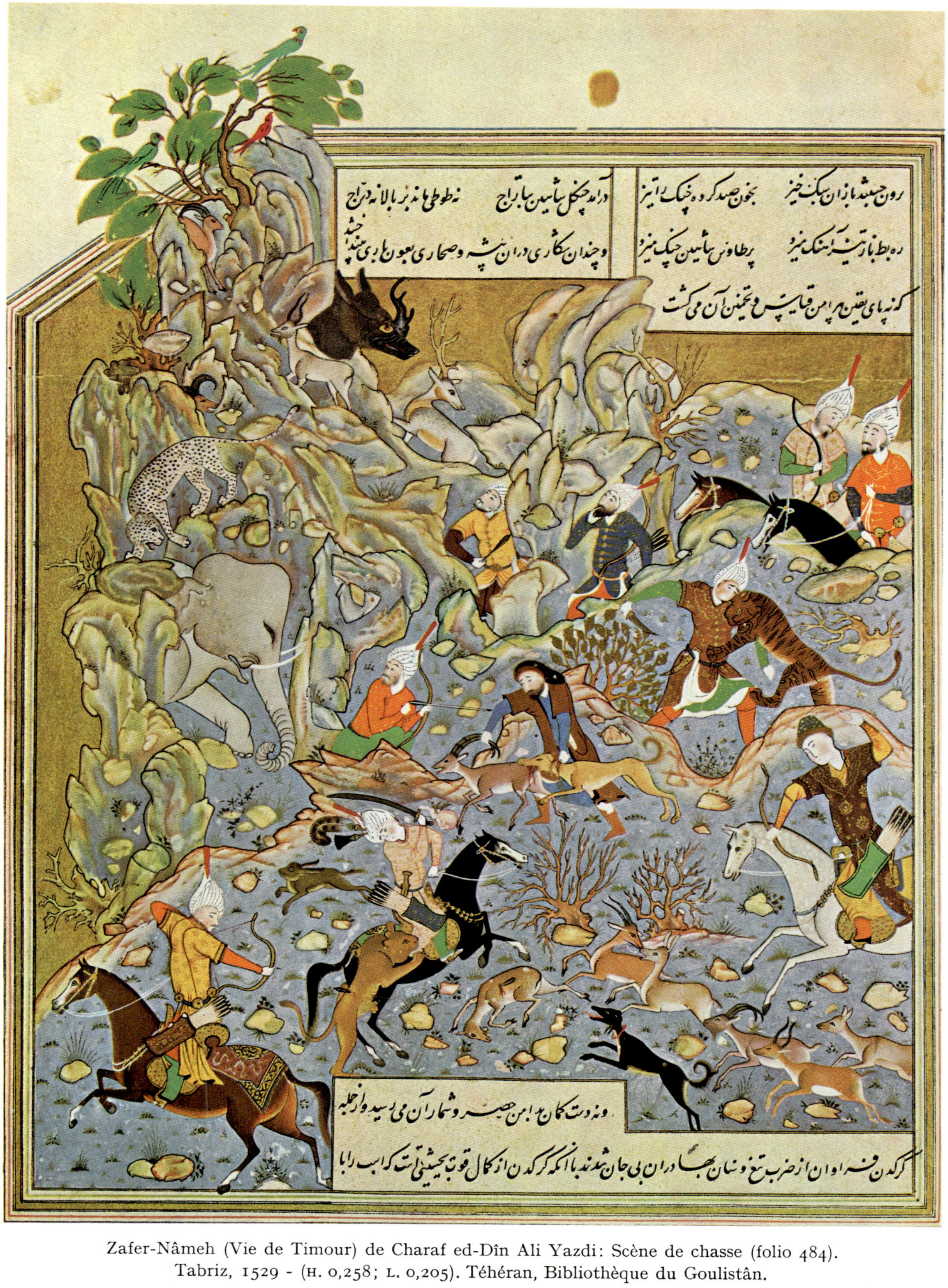

Zafer-Nâmeh (Vie de Timour) de Charaf ed-Dîn Ali Yazdi: Scène de chasse (folio 484).
Tabriz, 1529 - (H. 0,258; L. 0,205). Téhéran, Bibliothèque du Goulistân.

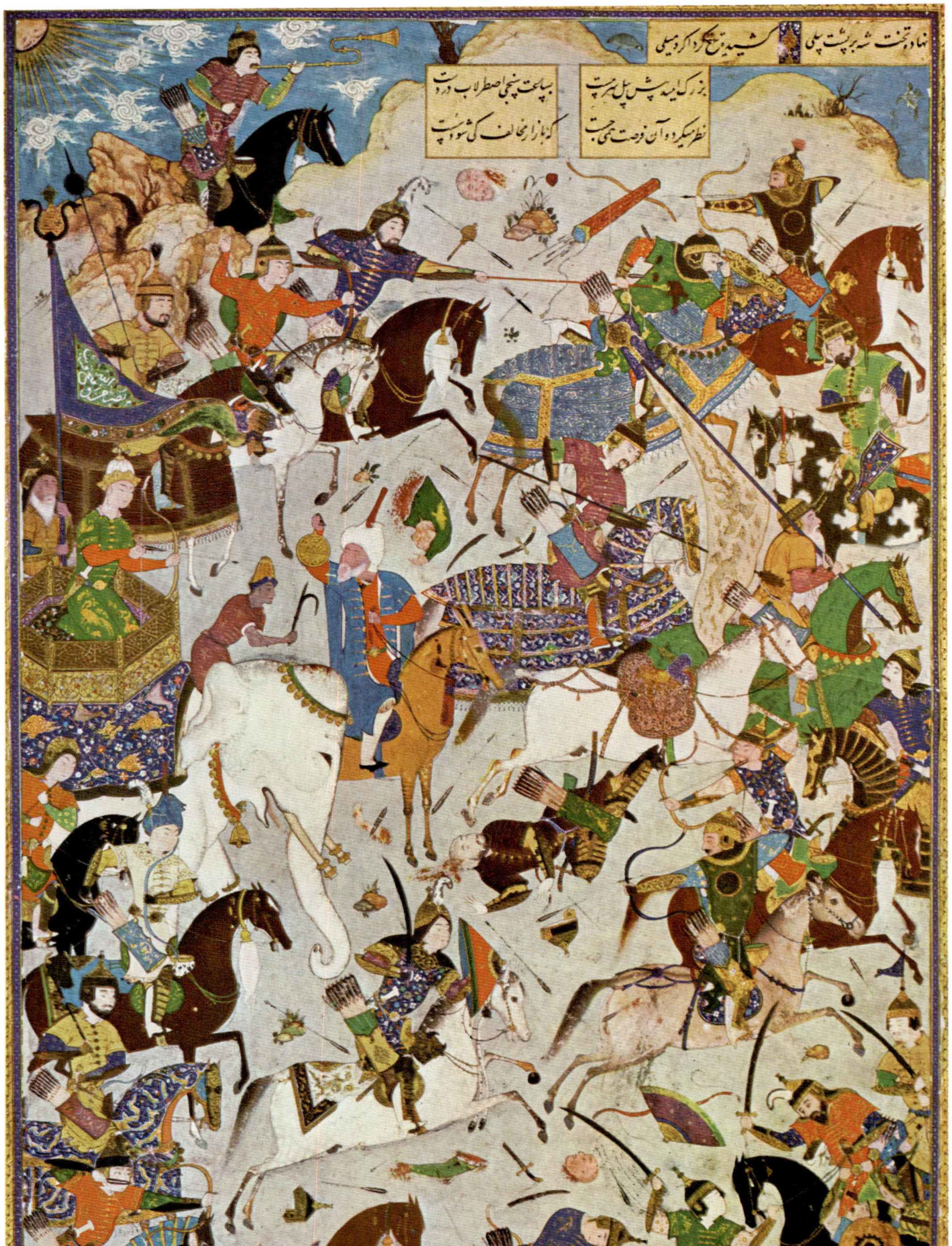

Khosrow et Chirine de Nizamî: Scène de bataille entre Behram Chubina et Khosrow Parviz (page détachée).
Vers 1540 - (H. 0,40; L. 0,26). Edimbourg, Royal Scottish Museum.

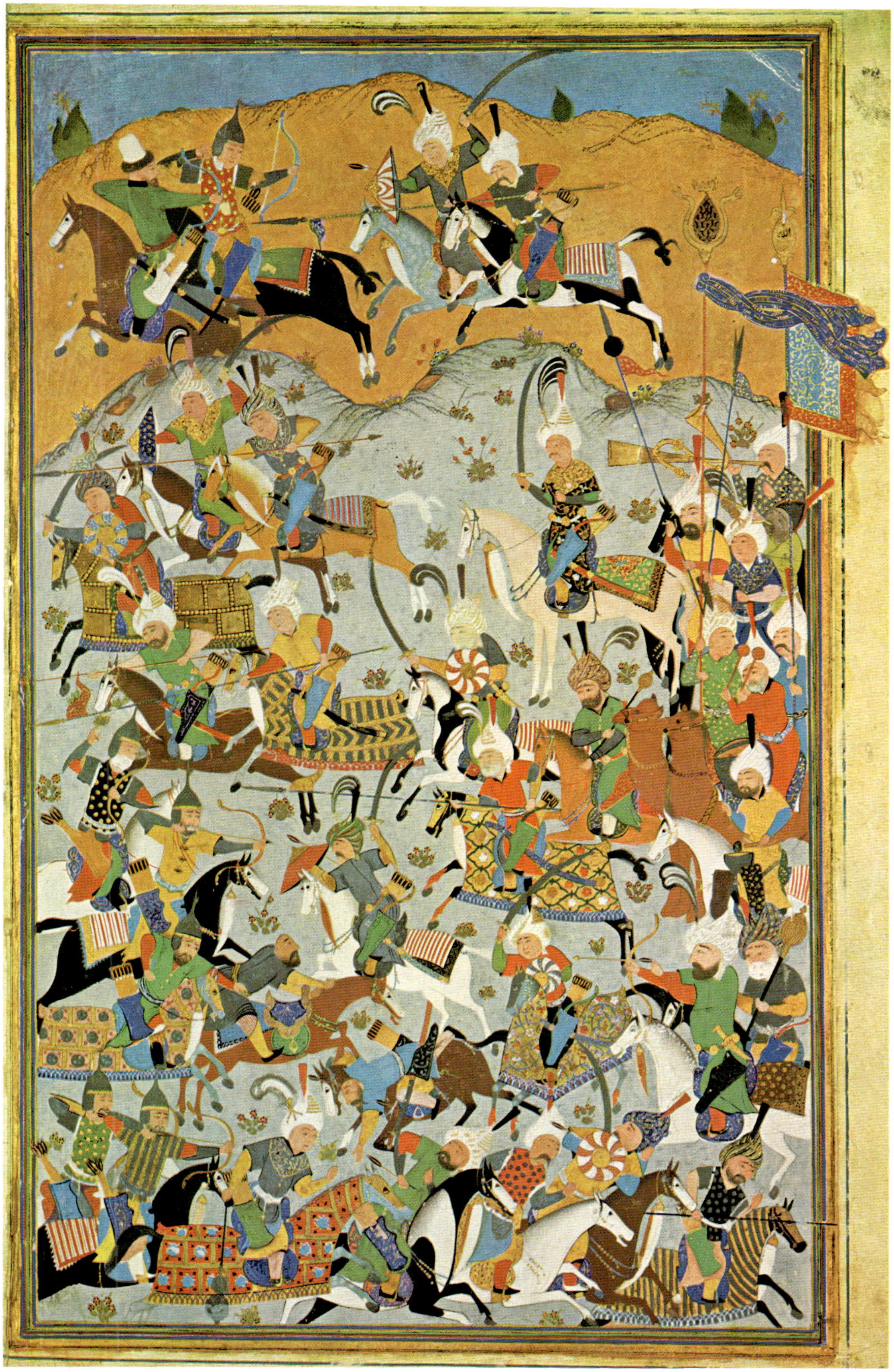

Scène de bataille (page détachée) - attribué à Mahmoud Mousavvir, vers 1530 - (H. 0,322; L. 0,206).
Washington, Freer Gallery, N° 54.4.

A gauche, un groupe de quatre musiciens, traité avec aisance et plein d'expressions diverses; sur la terrasse, des personnages, peut-être en train de montrer la lune qui se lève dans un ciel frais et dégagé. Un sentiment poétique imprègne toute cette peinture, lyrique par excellence. Sur une page de caractère très différent, un second portrait de Sam Mirza; elle représente un prince assis, une jeune fille à côté de lui sur un tapis, dans un jardin en fleurs, que distrayent des musiciens et des danseuses; un page leur verse une coupe de vin, et un dais d'une élégance extrême les abrite de la chaleur. Ils débordent de tendresse l'un pour l'autre. Le morceau de bravoure, ce sont les deux jeunes filles, aux cambrures opposées, qui jouent des castagnettes et se découpent contre une herbe foncée. La composition paraît simple, mais c'est une impression trompeuse; ces arbres en fleurs ne pourraient-ils avoir cent ans? En réalité, aucun personnage, aucune plante n'est posé au hasard; tout concourt à donner le maximum d'éclat à cette fête champêtre qui possède un rythme aussi puissant que les scènes plus peuplées du même manuscrit; et les conventions simples utilisées pour la colline et les nuages ferment cette vision enchantée bien mieux que n'aurait pu le faire plus de réalisme. Cette page semble bien être d'une autre main que la scène de cour signée par Sultan Mohammed ou que les autres miniatures de ce livre.

Illustration p. 137

Deux d'entre elles portent des signatures qu'on tient, pour de bonnes raisons, pour authentiques. La première feuille propose une scène d'ivresse et de danse licencieuse; le nom de Sultan Mohammed est inscrit sur le panneau couvert d'arabesques du pavillon de l'arrière-plan, sur le toit duquel boivent des Peri ailés. C'est une scène allégorique indépendante du poème qu'elle est censée illustrer. Ce détail le montre assez, mais plus encore trois musiciens: ce sont des derviches vêtus de peaux de bêtes, la tête rasée; les danseurs, n'en doutons pas, sont possédés d'une ivresse qui ne doit pas tout au vin. A l'arrière-plan, un homme à demi-couché lit un livre qui, à en juger par son format, doit être un ouvrage poétique.

La dernière miniature de l'ouvrage, le *Sermon dans une mosquée*, on l'a déjà dit, porte la signature de Cheikh Zadeh; aucune de nos rares sources persanes ne le mentionne, mais seulement des documents turcs auxquels il convient d'accorder une foi très prudente. Ce n'est pas assez néanmoins pour douter de cette signature, même si elle se trouve sur un carreau du sol, au premier plan, et non pas, comme les deux signatures de Sultan Mohammed, dans l'architecture elle-même.

Quoi qu'il en soit, toutes les miniatures de cet ouvrage possèdent une remarquable unité de tension, aussi bien dans la composition que dans le climat psychologique. Et par là, ce manuscrit est sans pareil. Les artistes que protège Châh Tahmâsp n'oublieront jamais la science des foules, mais une tendance à la décoration et un souci toujours plus marqué du détail l'emporteront progressivement sur le sentiment. Vers 1545 Châh Tahmâsp se désintéresse subitement des questions esthétiques et porte tous ses soins à l'administration de son Etat. (Auparavant, en 1532 ou 1533, renonçant à ses premières amours, il avait cessé de boire.) Deux somptueux ouvrages sont néanmoins composés à son intention entre 1537 et 1543. Le premier, un *Châh-Nâmeh* qui fit partie de la collection Edmond de Rothschild, contient plus de deux cent cinquante miniatures;

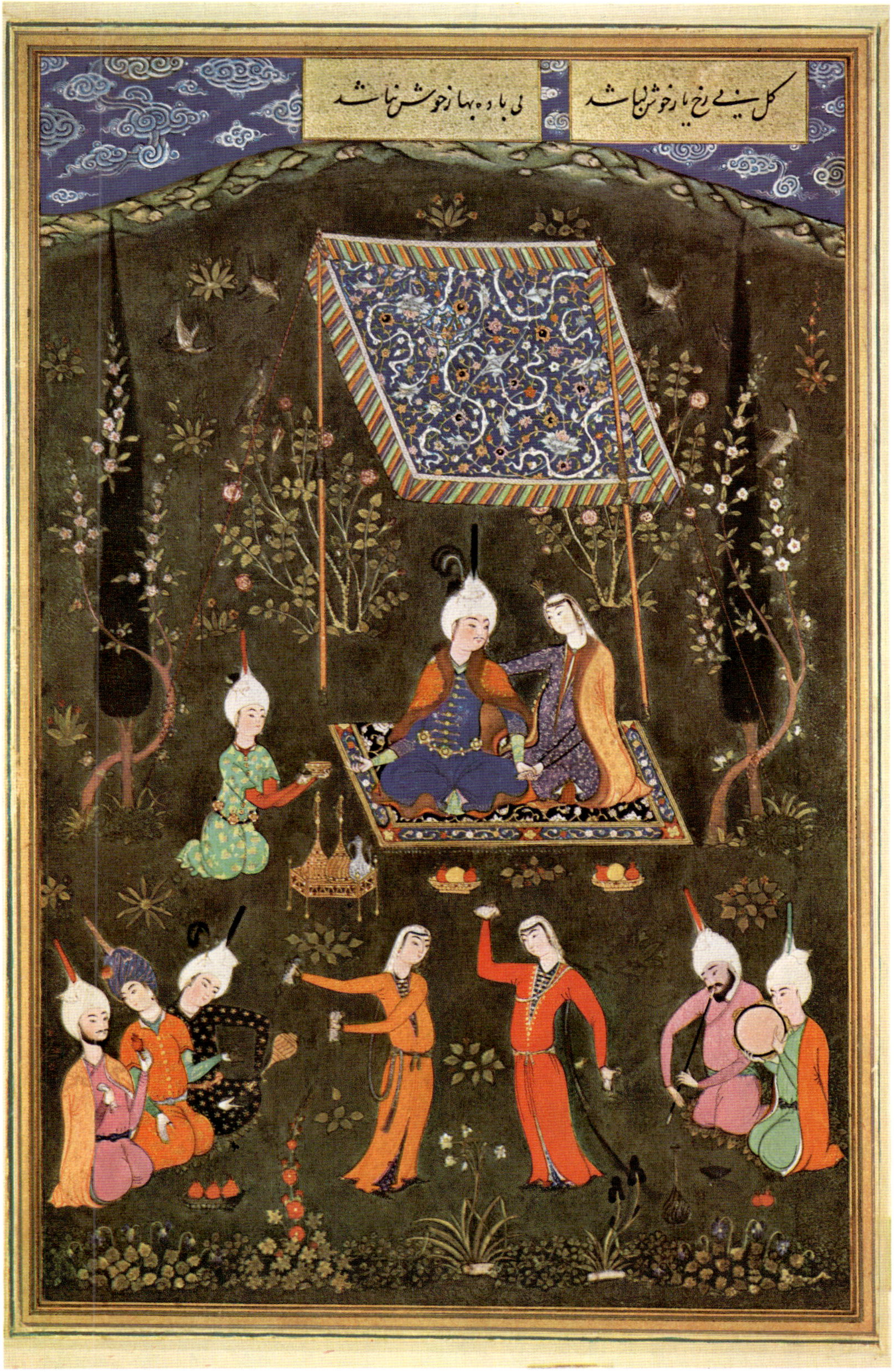

Diwan de Hâfiz: Amoureux divertis par la musique et la danse.
Peint pour Sam Mirza, vers 1533 - (H. 0,29; L. 0,185). Cambridge, Mass., collection privée.

il aurait été achevé en 1537. Le second est le célèbre Nizamî du British Museum (Or. 2265) qui, copié entre 1539 et 1543, renferme dix-sept miniatures, dont quatre datent du siècle suivant. C'est le scribe royal Châh Mahmoud de Nichapour qui l'écrivit, maître d'un tel génie qu'il éclipsa presque celui de son oncle Maulana 'Abdi, le meilleur calligraphe de la cour au début du règne de Châh Tahmâsp. Seul, semble-t-il, le souverain l'employa, qui lui conféra le titre de « Zarin-qalam », ou Plume d'Or. Le châh indifférent aux beaux livres, Châh Mahmoud se retira dans la ville sainte de Meched. Suivant la tradition, il rédigea pour Châh Tahmâsp un *Khamseh* de Nizamî en écriture cursive qu'illustra Behzad. Il ne peut s'agir du volume du British Museum exécuté, lui, en caractères assez grands et dont aucune miniature ne peut avoir Behzad pour auteur, qui mourut en 1536. C'est avant tout la richesse de ses illustrations qui a valu à ce Nizamî sa célébrité; les grandes marges de chaque feuillet sont couvertes de sujets picturaux traités d'un pinceau assez libre, à l'or, avec certains détails, généralement des animaux, à l'argent. Des êtres réels et mythiques se côtoient sur chaque page; l'influence de la Chine transparaît aux *chi-lin* (licornes), très orientaux, aux dragons, aux phénix et aux lions ailés. Néanmoins ces illustrations peuvent être postérieures à leur texte; certaines d'entre elles empiètent sur des marges qui ont été refaites — coupées puis remontées; le fond d'or est toujours là, mais plus foncé sur la page que dans les marges et, à la limite du cadre de la miniature, on aperçoit, en or, les traces de peintures marginales plus anciennes. De plus, l'enluminure des colophons des cinq poèmes est très différente: arabesques tracées dans un autre ton d'or avec un contour noir plus épais. Les *unwan*, ou premières pages des poèmes, ont été complétées, on le voit très bien, pour recouvrir les nouvelles marges supérieures. Pendant la seconde moitié du siècle, la peinture marginale en or purement décorative devient la règle; nous en citerons plus loin un exemple de 1565 mais de style bien plus simple que le Nizamî de Tahmâsp.

Parmi ses miniatures, le *Mejnoûn enchaîné amené par une mendiante à la tente de Leïla*, à côté de laquelle un bibliothécaire a porté le nom de Mir Seyyid Ali, est la plus avancée, par l'esprit et par la composition. Construite à partir de diagonales issues des quatre coins, cette scène est un tableau pastoral autonome bien plus qu'une illustration fidèle; l'anecdote n'occupe en effet qu'une petite partie de l'œuvre. Les gamins qui jettent des pierres au mendiant, le chien aux pattes rouges de henné qui aboie vers lui, rattachent Mejnoûn au campement nomade de l'arrière-plan; seules dans le désert les deux tentes les plus éloignées qui sont faites de feutre foncé. Ce genre de scène champêtre idéalisée connaîtra une grande faveur pendant la seconde moitié du siècle; on peut penser que les artistes une fois libérés des obligations royales peignent alors des œuvres indépendantes qu'ils destinent sans doute à de riches protecteurs.

La même science des grandes scènes en pleine nature se retrouve sur une célèbre peinture sur coton représentant les ancêtres timourides de la famille impériale mogole; elle est aujourd'hui au British Museum. Deux de ses personnages ressemblent de près à un dessin d'un jeune chambellan séfévide, de la même collection, et qui porte la signature de Mir Mousavvir; rapprochement qui donne quelque poids à l'attribution, pour son style, du grand tableau à Mir Seyyid Ali, son fils.

D'après Dost Mohammed, son contemporain, Aga Mirak ne fut pas seulement peintre et portraitiste sans égal mais aussi le confident du châh. Le texte de Dost Mohammed date de 1544, un an avant que le châh ne se désintéresse des arts du livre et aussitôt après l'achèvement du Nizamî. Par conséquent, lorsque le même auteur continue en disant que les deux Seyyides, Aga Mirak et Mir Mousavvir, exécutèrent pour la bibliothèque royale, en dehors d'un *Châh-Nâmeh*, un *Khamseh* de Nizamî si beau que la plume était incapable d'en décrire les mérites, il est naturel de penser qu'il parle du Nizamî qui nous occupe actuellement. Si cette hypothèse est exacte, Aga Mirak est présent dans cet ouvrage. Plusieurs bibliothécaires lui en ont attribué cinq miniatures. Trois sont des scènes de cour avec des jardins pour arrière-plan; une inscription portée sur la frise qui se trouve au-dessus de l'*iwan* sous lequel siège le jeune Khosrow sur son trône, le meilleur passage de cette miniature, est adressée au châh. Le dessin des personnages, dans toutes ces peintures, est assez raide et lourd, mais ils sont d'un bel effet. Deux miniatures seulement reviennent, d'après le bibliothécaire, à Sultan Mohammed: *Behram à la chasse au lion* et *Khosrow devant Chirine au bain.* Ce sont les œuvres les moins novatrices de l'ouvrage et elles ne rappellent guère le Hâfiz de Sam Mirza. Les traits de Chirine, mongols ici bien qu'elle soit arménienne dans le poème, sont plus individualisés qu'il n'est courant dans ce livre ou chez les jeunes filles en général. C'est dans un autre détail que transparaît mieux le génie de l'artiste; la jument Shabdia détourne la tête et hennit pour avertir sa maîtresse de l'approche de l'étranger et saluer en même temps l'étalon de Khosrow. La composition de la scène de chasse est plus ordinaire; un seul détail la distingue: l'ours qui participe lui aussi à la chasse au léopard en jetant une grosse pierre au fauve. Mais Sultan Mohammed n'avait-il pas la réputation d'être le grand spécialiste des robes de léopards? Cette miniature, habile mais sans grande qualité artistique, ne peut-elle lui avoir été attribuée pour cette simple raison?

A dire vrai, une seule miniature de ce livre atteint vraiment au chef-d'œuvre; c'est l'*Ascension* du Prophète (plus exactement la *Chevauchée nocturne*); sujet souvent traité par les peintres mais sans qu'ils soient jamais parvenus à ce sens de l'immensité du ciel nocturne avec des anges qui glissent dans la nuit loin, très loin d'une terre minuscule. Le banc de nuages, plus bas, et les langues de flammes qui encadrent aussi bien le Prophète que l'archange Gabriel qui le précède, sont empreints d'une riche imagination; en général, on se contentait pour une telle scène d'une simple décoration.

Reviennent aussi aux peintres royaux de Tahmâsp un certain nombre d'œuvres indépendantes; par exemple, la très grande scène de chasse sur double page de la Bibliothèque publique de Leningrad; une file de rabatteurs se tenant par la main esquissent la lourde danse qui marque la fin de la battue. L'humour est là, que nous retrouverons souvent chez le principal peintre du règne suivant, Mohammedi. Ce qui n'empêche du reste pas cette peinture de conserver les pleines pâtes épaisses du Nizamî de Tahmâsp. Les cinq miniatures séfévides ajoutées au Nizamî de 1442 (British Museum, Add. 25 900) ont sans doute été réalisées vers cette époque dans la bibliothèque royale; elles sont toujours dans la tradition de Behzad, mais leurs paysages dominent les personnages comme jamais on ne l'avait vu du temps de Behzad lui-même. Les nuages et les arbres

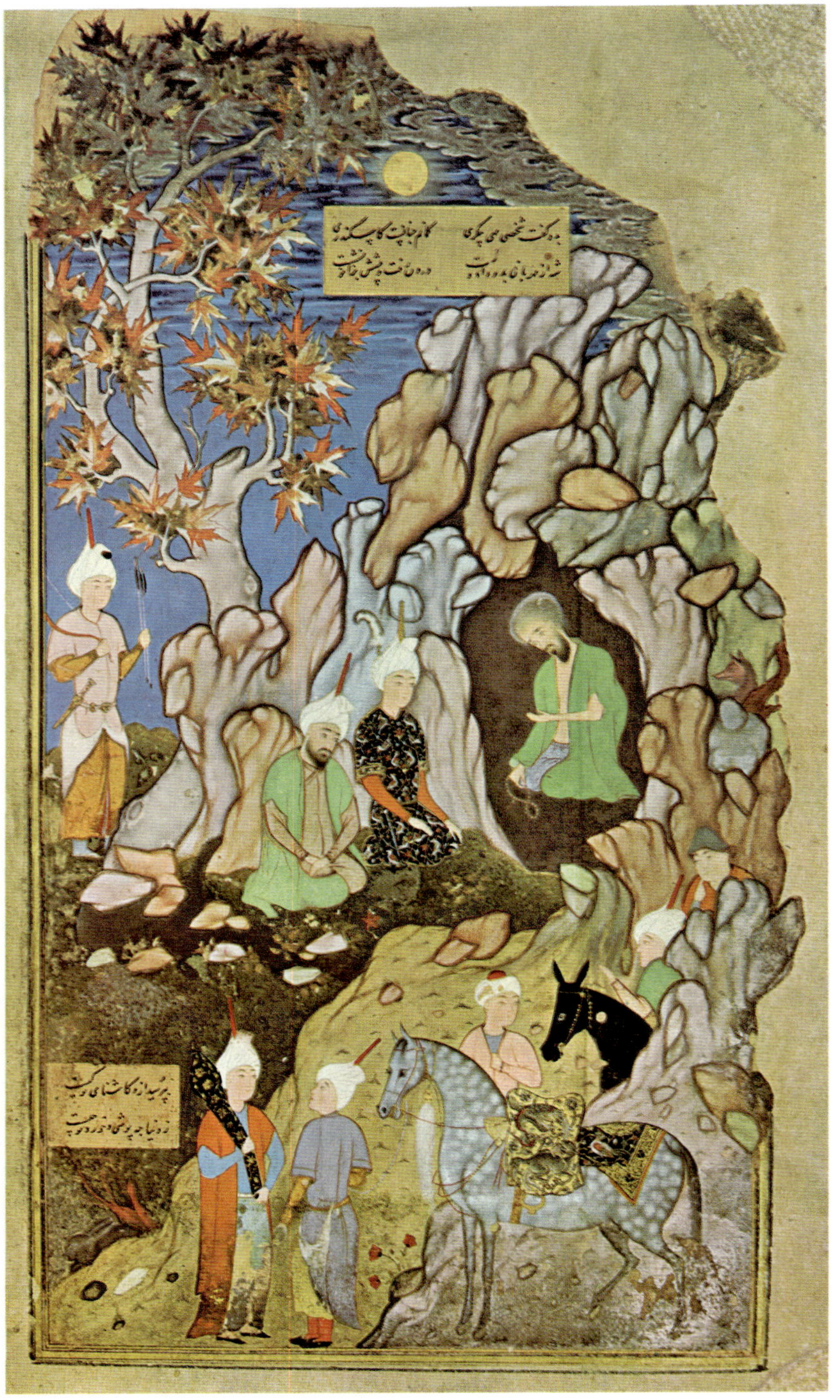

Khamseh de Nizamî: Iskandar rendant visite à un ermite (folio 250).
Attribué à Mir Mousavvir, 1535-1540 - (H. 0,182; L. 0,102). Londres, British Museum, Add. 25 900.

sont plus décoratifs. *Iskandar rendant visite à un ermite* est une œuvre excellente; elle ne ferait pas honte à Mir Mousavvir. Deux pages isolées de Leningrad sont nettement plus avancées; sur l'une, dans la campagne, un prince se repose sous un arbre; il mange des fruits tandis qu'un page retient son cheval et que deux fauconniers attendent le signal de la chasse; l'autre montre une chasse à cheval, avec un serviteur qui mène des chameaux et un guépard sur la croupe d'un cheval. Ces deux peintures sont déjà plus proches du baroque; les arbres sont plus agités, le calme olympien des grands manuscrits royaux a disparu. Pourtant elles ne peuvent être bien postérieures à cette période, avec leurs teintes et leurs costumes. L'empiètement irrégulier de la peinture sur trois marges va se généraliser au cours du troisième quart du siècle.

Illustration p. 140

Deux autres miniatures détachées, représentant des scènes de bataille, montrent une qualité qui justifie leur attribution aux ateliers royaux. La plus ancienne pouvant se situer autour de 1530 est attribuée à Mahmoud Mousavvir, qui travaillera à Boukhara pour la maison de Cheïbani Khan. C'était un bon coloriste et dessinateur et il est fort plausible qu'il soit l'auteur de cette page décorative, très belle dans les détails, mais quelque peu confuse dans l'ensemble. Une autre page conservée à Edimbourg est encore plus belle de composition et plus forte dans le mouvement de la bataille. Le soleil avec ses rayons et les nuages en volutes nous permettent de la dater de 1540 environ.

Illustrations pp. 134/135

L'illustration des manuscrits fut naturellement l'activité essentielle des peintres de Tahmâsp, mais nos sources nous parlent aussi d'autres commandes; par exemple, la décoration des murs d'un pavillon « de miroirs » par les peintres royaux Aga Mirak et Mir Mousavvir. D'autre part, bon nombre de ces peintres auraient été aussi d'excellents portraitistes. Les plus anciens portraits véritables remontent sans doute au règne de Sultan Hoseîn à Herat, dans les toutes dernières années du XVe siècle. L'un des premiers, pour nous, est celui de Mîr' Alî Chîr en vieillard; il porte la signature de Mahmoud al-Modhahib. Grand ministre et protecteur des arts, Mîr' Alî Chîr mourut en 1500; le style du portrait correspond à ces années. Mais Mahmoud, nous le verrons, était en pleine activité en 1550 à Boukhara; il doit donc s'agir soit d'un portrait d'après mémoire soit d'une copie par Mahmoud d'une œuvre antérieure; l'attribution peut du reste être entièrement fausse aussi. Néanmoins, bien que cette œuvre n'ait pratiquement rien en commun avec les peintures plus tardives du même artiste, elle prouve qu'à la fin du XVe siècle on pratiquait le portrait à Herat. On connaît aussi des portraits de Cheïbani Khan, qui mourut en 1510, et de plusieurs princes séfévides qui, à les comparer à des miniatures, dateraient du règne de Tahmâsp, mais sans doute avant 1545.

Pendant les quinze années qui suivent cette date, c'est le neveu de Tahmâsp, Sam Mirza, qui prend la relève de son oncle et assume le rôle de protecteur des arts. Mais rien ne peut être attribué avec certitude à son atelier; l'époque a pu voir un nouvel exode des artistes, cette fois en direction de Boukhara ou de la cour mogole. Plusieurs des meilleurs manuscrits de Boukhara se situent en effet entre 1543 et 1556, comme nous le verrons bientôt.

Après la chute de Sam Mirza en 1561, c'est son neveu Ibrahim Mirza, le fils de Behram Mirza (qui, lui, était mort dès 1549), qui prend sa suite. Il semble avoir toujours joui de l'amitié de Tahmâsp, sans doute parce qu'il ignorait toute ambition politique. A treize ans, on lui donne en mariage la fille du châh, Gauhar Sultan, en même temps qu'on le nomme gouverneur de Meched (1556); la ville lui était déjà familière: son père y était enterré. Il s'y fait accompagner du célèbre calligraphe Maulana Malik qu'il charge à la fois de lui enseigner son art et de diriger sa bibliothèque. Trois ou quatre ans plus tard, le châh rappelle Malik à Qazwin pour y composer des inscriptions destinées à de nouveaux bâtiments officiels. Ceci se passe au plus tard en 1561; mais Malik entre temps a eu la faculté d'entreprendre et de mettre en œuvre l'un des plus grands monuments picturaux de cette période, l'*Haft Aurang* de Djami (aujourd'hui à la Freer Gallery, Washington). Il fallut neuf ans pour venir à bout de la tâche; l'ouvrage comprend vingt-huit miniatures. Le successeur de Malik à Meched, Mouhibb Ali, ainsi que son père Rostem Ali, Ayshi de Herat et Châh Mahmoud, le plus célèbre de tous ces calligraphes, en exécutèrent la copie. De tous, Qadi Ahmed, qui grandit à Meched, fait les plus grands éloges; son père y avait été vizir pendant dix ans, du temps, semble-t-il, où l'on travaillait à ce manuscrit somptueux. Son exposé critique sur les principaux peintres de la bibliothèque du prince est donc sans doute aussi complet qu'exact. Les vingt-huit miniatures de ce *Haft Aurang* reviennent à Cheikh Mohammed, Ali Asghar et Abdullah. Le premier était un élève d'un certain Dost i-Divana, lui-même élève de Behzad, qui serait allé chercher fortune en Inde, sans doute après 1549, date du retour de Houmâyoun en ce pays. Engagé dans la bibliothèque d'Ibrahim Mirza, il appartint ensuite à celle d'Ismâ'îl II puis de Châh Abbas Ier. Il a presque certainement servi Ibrahim pendant toute la fin du règne de Tahmâsp et son travail pendant ces années ne se limite certainement pas à sa contribution au *Haft Aurang*.

La bibliothèque d'Ibrahim Mirza comptait d'autres peintres importants: Ali Asghar et Abdullah. On dit du premier qu'il était un coloriste remarquable et qu'il excellait à peindre les rues et les arbres; du second qu'il se fit une réputation dans la dorure ornementale. Serait-il l'auteur des peintures marginales qui ornent chaque page du *Haft Aurang*? Ce genre de peinture, nous l'avons vu, était caractéristique des manuscrits séfévides, mais les feuillages stylisés se développent plus librement. Ce thème décoratif provient sans doute de la porcelaine bleue et blanche de la Chine, maintenant complètement assimilé à l'art persan; son origine toutefois transparaît ici davantage que dans les peintures marginales du Nizamî de Châh Tahmâsp de 1539-1543. Le motif du rameau brisé qui tombe au travers du feuillage dans un mouvement de contrepoint est commun aux deux manuscrits.

A feuilleter rapidement ce livre, peu de choses à première vue y rappellent la peinture
Illustration p. 143
chinoise, si ce n'est, sur certaines pages, et tout particulièrement le folio 147 (46.12) avec ses deux amoureux débarquant sur une île enchantée, que les nuages abandonnent les nodosités habituelles aux deux siècles précédents au profit des circonvolutions bouclées et des queues en comètes de la robe du mandarin Ming avec son médaillon. Dans la miniature des amoureux, les nuages se lovent même autour des troncs des arbres, mais d'autres détails, ailleurs, évoquent des associations bien différentes; les contours incisifs des personnages, et surtout de ceux de *Mejnoûn devant la tente de Leïla*, la riche miniature

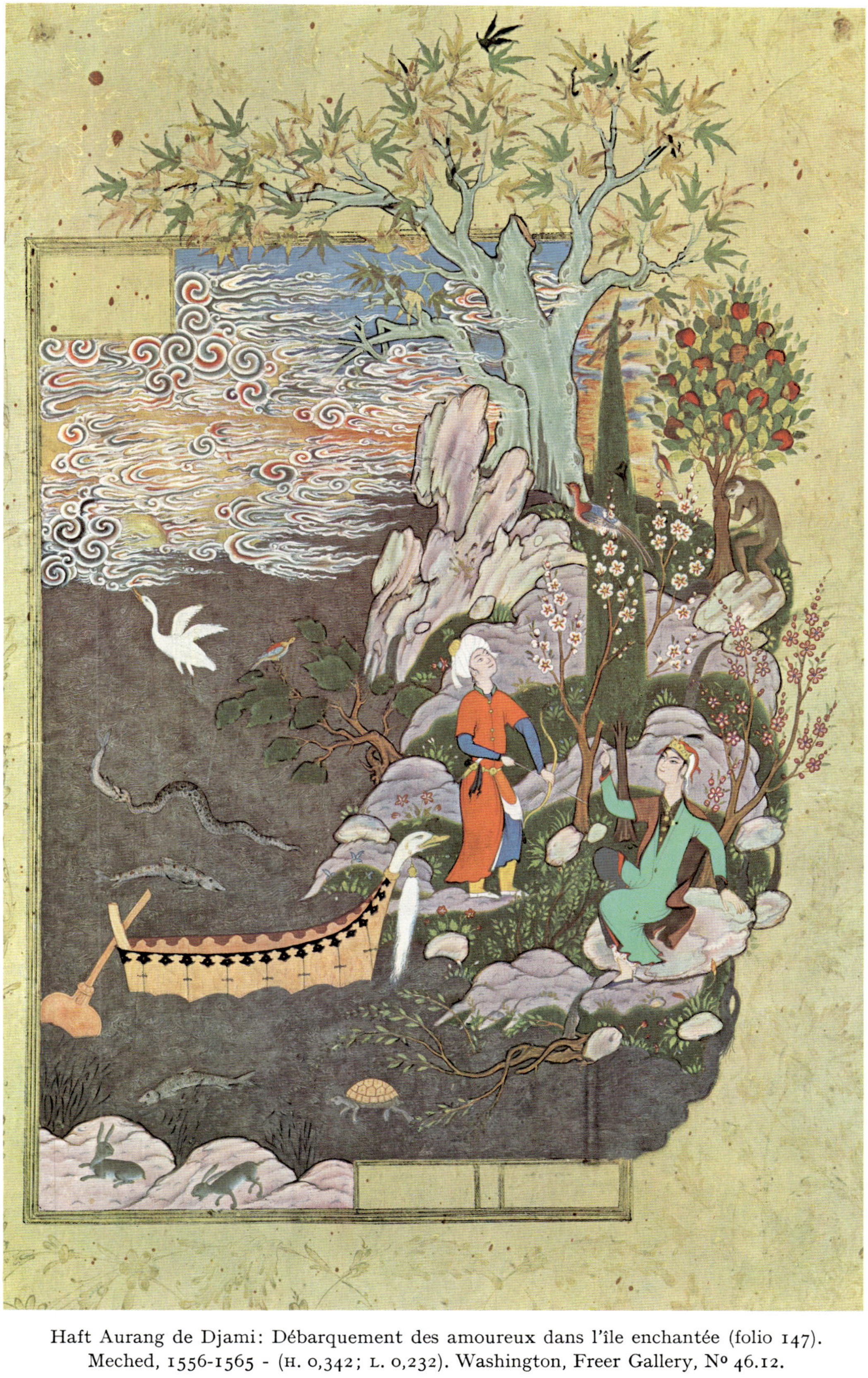

Haft Aurang de Djami: Débarquement des amoureux dans l'île enchantée (folio 147).
Meched, 1556-1565 - (H. 0,342; L. 0,232). Washington, Freer Gallery, N° 46.12.

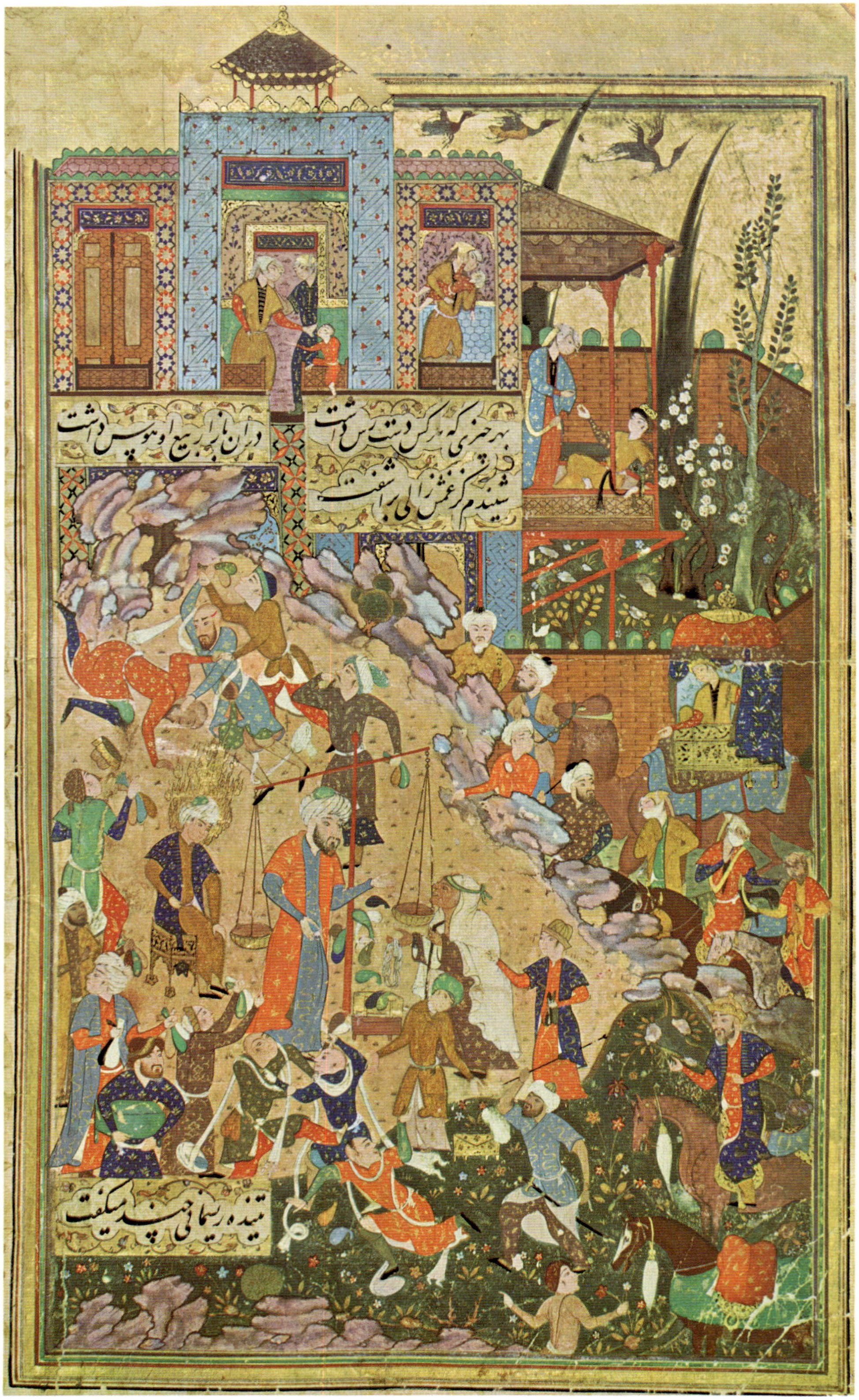

Youssouf et Zoleikhâ de Djami: Youssouf sur la place du marché (folio 76 verso).
Meched, vers 1570 - (H. 0,40; L. 0,26). Londres, British Museum, Or. 4122.

du folio 253, donnent le sentiment que leur auteur a vu et aimé des manuscrits enluminés flamands ou français avec leur apparence de tapisserie. Sur le folio 253, le réalisme des traits est presque trop poussé; le dessin animalier rempli de chaleur humaine du *Débarquement dans l'île* situe cette miniature bien au-dessus du *Mejnoûn*, en même temps qu'il évoque un manuscrit de la Chester Beatty Library, les *Merveilles du Monde* Illustration p. 150 de Qazwini, copié en 1545 par Mourchid al-Chirazi (P. 212). C'est un manuscrit de Chiraz; aucun des peintres cités jusqu'ici n'en est sans doute responsable, bien qu'en ces années les échanges aient dû être beaucoup plus nourris qu'auparavant. Mais ces fonds de paysage sont tout autres; bien moins réalistes, ils ignorent le recul.

Le *Haft Aurang* est achevé en 1565; Ibrahim ne meurt que douze ans plus tard et il a vraisemblablement suscité d'autres livres; mais il est difficile de les identifier. Un autre poème de Djami (British Museum), *Youssouf et Zoleikhâ*, copié par Châh Mahmoud de Meched, avec une miniature de grande dimension (40 × 26 cm.) et douze miniatures en Illustration p. 144 pleine page, atteste le même goût des scènes de rues complexes à nombreux personnages; mais ses paysages sont plus stylisés; c'est pour cette raison que Stchoukine les attribue à Chiraz. D'un autre côté, un manuscrit comme le *Nigaristan* de Ghaffari (Walters Art Gallery, Baltimore) daté 1569, de Chiraz à coup sûr, témoigne d'un souci bien plus poussé des structures architecturales et des rapports des bâtiments entre eux. Ne vaut-il pas mieux attribuer le premier livre à Meched où le calligraphe aurait résidé, pendant les quelque vingt ans qui s'écoulent à partir du changement d'esprit de son ancien protecteur Châh Tahmâsp, jusqu'à sa mort en 1564-1565? L'équipe d'Ibrahim pourrait, elle, avoir achevé ce livre en cinq ans au plus, et de ce fait la situation s'expliquerait bien mieux.

L'Ecole de Boukhara et les autres Ecoles provinciales

8

Les Ouzbeks, on l'a vu, ennemis des Séfévides, après l'avoir pillée occupèrent pendant un certain temps Herat, le grand centre artistique de la fin du xve siècle. La haine féroce qui dressait les uns contre les autres Chiites et Sunnites aggrava la portée destructrice de leurs guerres. Une bonne partie du patrimoine de Herat périt de la sorte en même temps que le Khorassan y perdait sa prédominance culturelle. La capitale ouzbèque de Boukhara en hérita en partie, où se perpétua presque jusqu'à la fin du siècle la tradition picturale timouride. Quand l'école de Boukhara fut-elle fondée? On l'ignore; Herat semble bien avoir conservé pour quelques années, après sa prise par le prince séfévide Ismâ'îl en 1510, sa position culturelle. Mir Ali al-Hoseîni, calligraphe surnommé al-Harawi en raison de sa naissance à Herat dans une famille seyyide, séjourne un moment à Meched en 1506, mais retourne assez vite à Herat; il y reste jusqu'en 1528, année où 'Obeid Allah, Khan ouzbek, maître de la ville, le fera venir à Boukhara; il y travaillera jusqu'à sa mort, en 1544 au plus tôt. En 1519, il a copié un *Boustân* de Saadi (aujourd'hui au Musée d'Art turc et islamique d'Istamboul) orné de deux miniatures de style ancien; les personnages, behzadiens, sont disposés dans des compositions ouvertes et simples mais les hommes sont coiffés du *kulah* séfévide. Ce manuscrit semble, plutôt qu'à Tabriz, ville à laquelle le rattache Robinson, relever de l'école de Herat. Le plus ancien manuscrit attribué à Boukhara par son colophon est le poème romantique d'Assar retraçant les amours de *Mihr et Moshterî*. Copié en 1523, ses quatre miniatures (aujourd'hui à la Freer Gallery), si elles sont du style de Herat le plus typique, ne reprennent pas des compositions plus anciennes. A cette date, un ou deux bons peintres vivaient déjà à Boukhara mais vingt années devront s'écouler encore avant que la ville ne produise des manuscrits en quantité appréciable.

Les miniatures du *Mihr et Moshterî* conservent les personnages antérieurs, trapus, les bâtiments vus strictement de face et les plans simples et peu nombreux — deux en général — du style traditionnel de Herat; mais la palette se limite déjà aux couleurs primaires très accentuées qui marqueront l'école de Boukhara. Dans une scène figure le ciel nocturne si cher à l'école de Behzad, avec sa lune en croissant et toutes ses étoiles; une autre se passe dans une école, décor typique de la fin des Timourides. Le meilleur morceau est certainement le paysage où Mihr chasse le lion; l'artiste fait preuve de Illustration p. 149

maîtrise, d'audace même, dans la répartition de ses personnages; au second plan, ils disparaissent à demi derrière un repli du terrain; la monture de Mihr et le lion déterminent une ligne de force qui traverse presque toute la page. Par sa sensibilité, le bandeau végétal du premier plan ôte à la scène toute raideur en même temps qu'il établit une certaine distance entre elle et le spectateur. Les structures sont toujours limpides, au contraire du *Diwan* de Mîr' Alî Chîr (Bibl. Nationale) de 1526 qui, bien que copié à Herat, fut certainement illustré dans la capitale séfévide.

Un *Boustân* de 1524 (ancienne collection Vever), également copié par Mir Ali al-Hoseîni, possède la clarté de Herat mais son paysage atteste le souci de la décoration particulier aux Séfévides; malgré l'absence du *kulah*, ce manuscrit a sans doute été rédigé et illustré à Herat. A cette époque, nous l'avons vu, l'école de Boukhara est déjà en pleine activité sous l'égide de 'Obeid Allah, qui réside dans cette ville dès 1512. En 1533 il est nommé Khan; ses ressources s'accroissent d'autant. En 1528 et en 1536 il prend Herat d'assaut, y fait mettre à mort les notables chiites mais cherche à attirer les peintres à Boukhara. Nous possédons quelques manuscrits rédigés à Boukhara en ces années, mais toutes leurs miniatures paraissent postérieures à leur texte. Peut-être que ses campagnes accaparaient trop 'Obeid Allah pour qu'il s'inquiète de questions picturales.

Depuis quand un peintre comme Mahmoud al-Modhabib travaillait-il à Boukhara? Il est impossible de le dire; ses seules miniatures datées le sont en effet de 1546 et de 1548, et accompagnent des manuscrits antérieurs à elles, de neuf ans dans un cas, de cinq dans l'autre. Sakisian a tenu ce Mahmoud pour la même personne qu'un célèbre calligraphe installé à Boukhara et originaire de Herat. On ne peut être d'accord avec cette hypothèse; le *nisbah* de ce Mahmoud était al-Chahabi et il était l'un des grands maîtres de la graphie *nastalik* que lui avait apprise Mir Ali al-Hoseîni. Il est curieux de noter que les deux manuscrits contenant les deux seules œuvres datées de Mahmoud, Mir Ali les copia, la première le *Makhzan al-Asrar* de Nizamî de 1537 (Paris, Bibl. nationale, Sup. pers. 985), la seconde un *Boustân* de Saadi, de 1543 (Lisbonne, Fondation Gulbenkian), qui contient sept miniatures sur double page; la troisième et la sixième sont datées et signées Mahmoud; une autre est signée Abdullah. On retrouve encore le nom de Mahmoud sur le tambourin d'une danseuse dans une miniature sur double page du *Tuhfat al-Ahrâr* de Djami (Bibliothèque Nationale, Sup. pers. 1416) copié en 1499; mais cette miniature est de cinquante ans plus récente que son texte. Toutes ces peintures illustrent le style caractéristique de Boukhara au milieu du siècle: coloration riche et simple à la fois; personnages à l'allure ancienne; paysages plus simples que ceux de l'école séfévide en général; curieuse récurrence enfin d'un détail caractéristique: les têtes des femmes presque toujours à angle droit avec leurs corps. Ceci les rapproche d'un ensemble de peintures de personnages isolées; le sanctuaire de Meched en possède deux qui sont signées Mahmoud. Leurs couleurs sont plus gaies mais leurs acteurs se découpent sur un fond uni, simplicité proche des illustrations des manuscrits. C'est à cette simplification que le travail tardif de l'école de Boukhara doit son charme caractéristique; il se fonde souvent sur des compositions de Behzad ou de son école, mais avec des personnages moins nombreux et une palette plus limitée. Ces manuscrits échappent de peu à la monotonie.

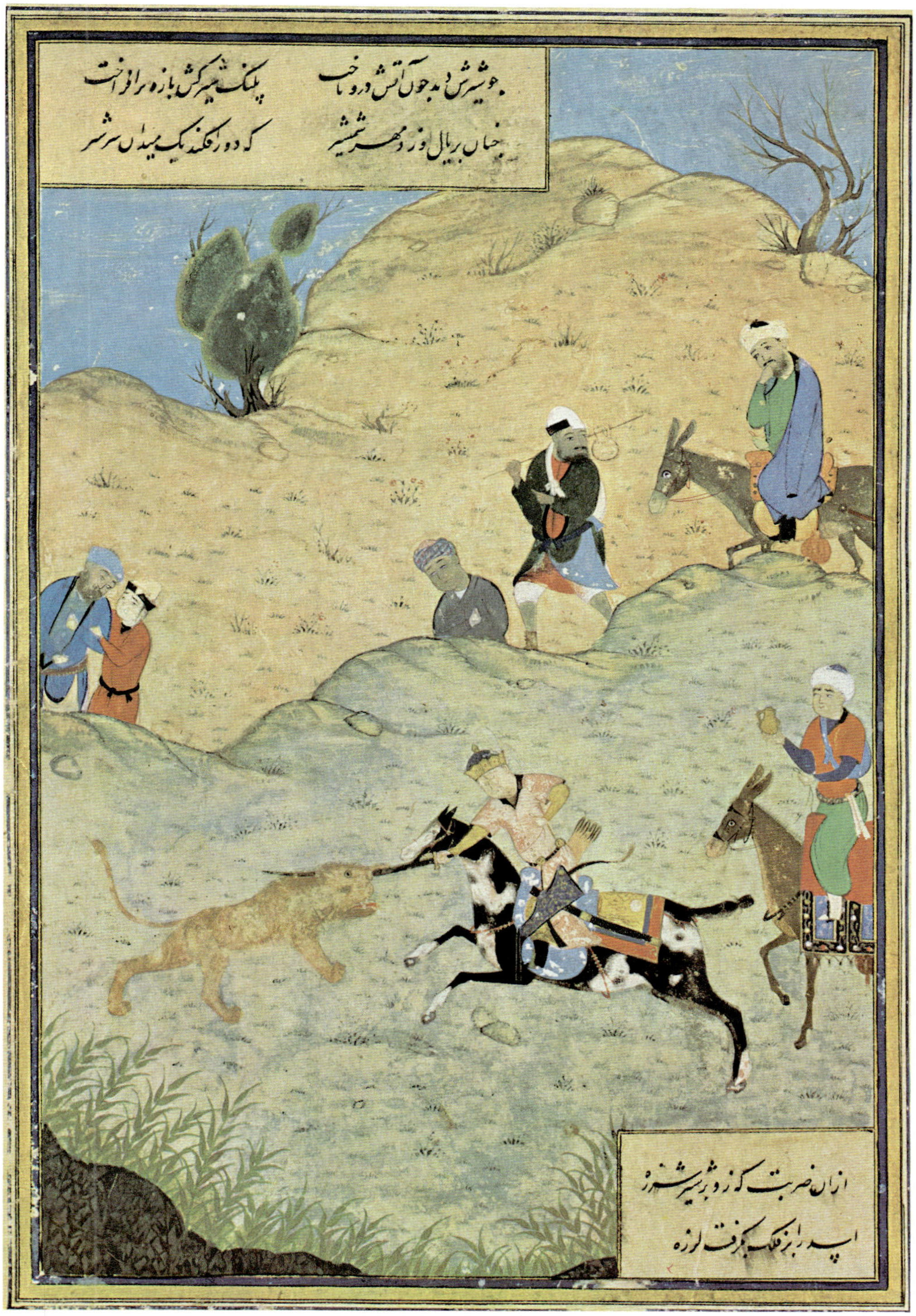

Mihr et Moshterî, poème d'Assar: Le prince Mihr décapite le lion.
Boukhara, 1523 - (H. 0,189; L. 0,127). Washington, Freer Gallery, N° 32.6.

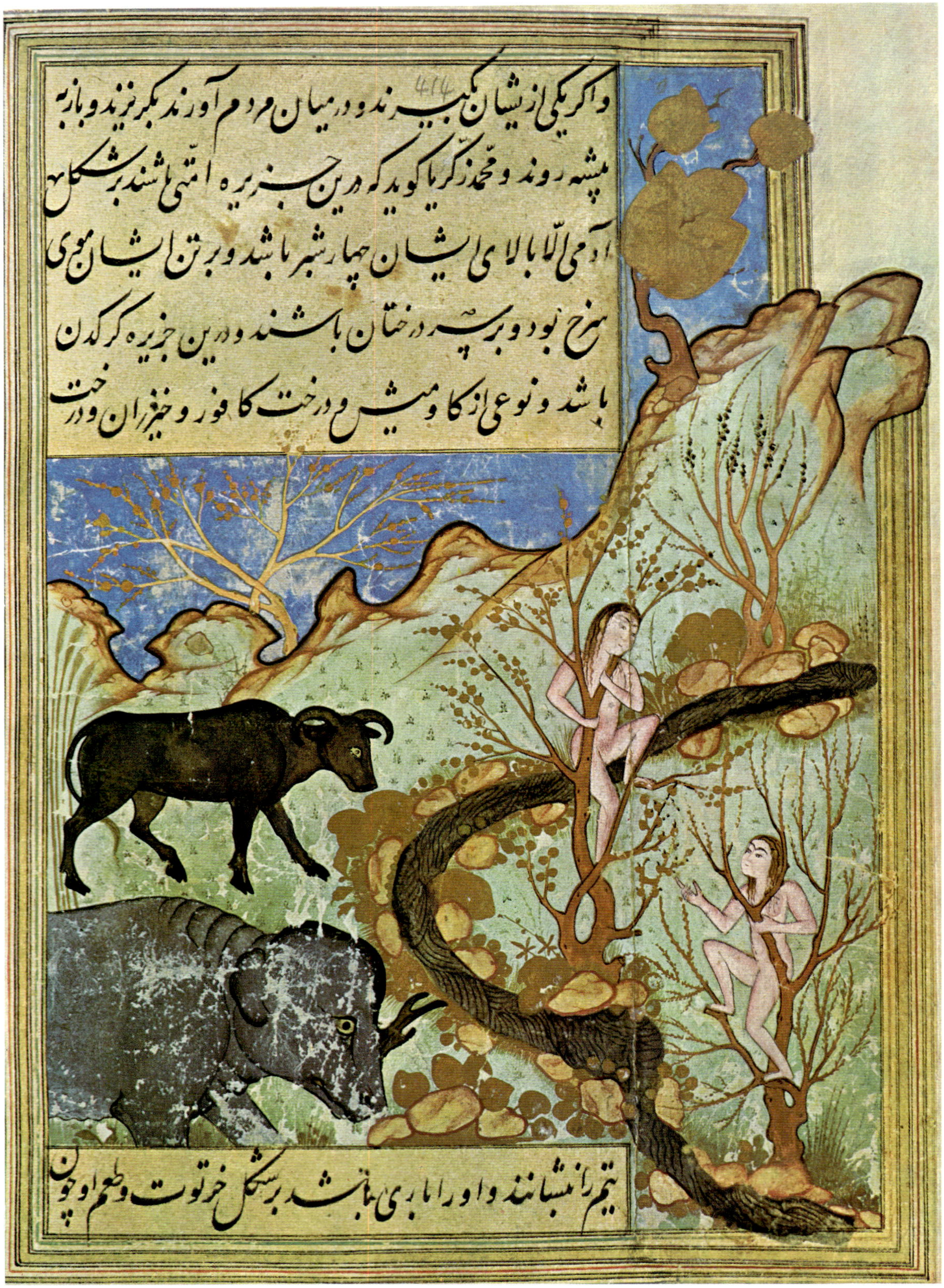

Livre des Merveilles du Monde (Aja'ib al-Makhluqat) de Qazwini: Rhinocéros, buffle et arboricoles (folio 109 b)
Chiraz, 1545 - (H. 0,319; L. 0,189). Dublin, Chester Beatty Library, P. 212.

Le meilleur moment de l'école se situe, semble-t-il, sous les règnes de Abd al-Aziz (1540-1549) et de Yar Mohammed (1550-1557), le dédicataire d'un *Boustân* de Saadi de la Bibliothèque Nationale (Sup. pers. 1187), daté 1556, et de deux volumes des poèmes de Mîr' Alî Chîr (Bodleian Library) de 1553. Quatre des dix-neuf miniatures de ces deux ouvrages sont des versions simplifiées de miniatures antérieures appartenant à quatre manuscrits différents et composées à Herat du temps de Sultan Hoseîn i-Baïqarâ, dans les années 1480. Pour leur temps, elles sont retardataires, surtout par leur ignorance de l'espace, mais elles possèdent une qualité décorative indéniable et toute personnelle. L'ouvrage le plus remarquable est un manuscrit du *Boustân* (aujourd'hui à la Bibliothèque du Goulistân à Téhéran) qui contient quatre miniatures, dont la première est une autre version de *Darâ et le berger* de Behzad dans le manuscrit du Caire de 1488. Le colophon donne le nom du calligraphe, Mir Hoseîn Sultani, et l'année 1553 à Boukhara, mais une de ces miniatures porte la date de l'année précédente et est dédiée à Abdullah Munchi Kitabdar. Ce genre d'inscriptions, mêlées à de fines arabesques, se retrouve fréquemment sur les miniatures de Boukhara. Quant aux personnages, les yeux en amande sur des têtes sans relief, les couleurs plates et pures, les ciels, d'or le plus souvent, leur donnent une sorte de charme romantique proche du vitrail; par leur dépouillement même, elles sont plus fidèles à la nature essentielle de la miniature persane que les peintures, plus illusionnistes, des manuscrits royaux séfévides.

Cette richesse qui découle de l'intensité de la couleur plus que du raffinement de la ligne ou de l'élaboration des détails caractérise encore mieux les portraits isolés du dernier peintre de Boukhara, Abdullah; il travailla jusqu'en 1575, si ce n'est plus tard encore. Une fois de plus, c'est grâce à la couleur que ses œuvres échappent à la vulgarité; la désarmante simplicité de ses peintures ne nuit nullement à l'expression de l'authentique talent de ce peintre, dont le travail se reconnaît immédiatement.

En dehors de celle de Boukhara, la plus grande école conservatrice du XVIe siècle est celle de Chiraz. Nous l'avions abandonnée en 1503; observons maintenant de plus près sa vaste production pendant ces décennies. L'un des calligraphes les plus actifs de la ville est Mon'im al-Dîn al-Awhadî; la plus ancienne rédaction de sa main semble être un Nizamî de 1504 à Oxford (Bodleian Library). Nous avons aussi, daté de 1513, un *Goulistân* de Saadi au British Museum (Or. 11 847) avec douze miniatures dans le nouveau style séfévide de Chiraz, lequel est aussi conceptuel que l'ancien avec déjà quelques concessions au goût de la décoration de la nouvelle période mais sans rien de son naturalisme. Ce sera là le caractère de la peinture de Chiraz dans les années à venir: concentration sur le thème principal du sujet et traitement décoratif pour le reste, surtout pour l'arrière-plan de paysage et d'architecture. Les couleurs sont plus décoratives que réalistes, avec des touches franches, osées même, et puissantes, dans une tonalité d'ensemble qui est blonde. L'époque ne cherchait qu'un décor comparable à un rideau de théâtre et c'était bien ce qu'elle y trouvait. Le bras, la lance, la jambe même — dans la *Capture d'un div au lasso* du Nizamî de 1537 (New York, Morgan Library, M. 471), dont le copiste est aussi Mon'im al-Dîn al-Awhadî, par exemple — qui empiètent sur les marges, le montrent bien.

Mourchid, surnommé al-Attar, actif de 1523 à 1552 au moins, est un autre des grands calligraphes de Chiraz pendant cette période. Qu'il soit mort ou qu'il ait pris sa retraite en 1552, le colophon d'un *Zafer-Nâmeh* qu'il entreprit mais qu'acheva un autre rédacteur, Hassan al-Charif, le suggère. Les douze miniatures de ce livre suivent le style typique de Chiraz en ce milieu de siècle, décoratif, romantique; elles ne s'écartent jamais des limites assignées à l'illustration. Les couleurs sont gaies, les riches costumes se détachent sur des fonds pâles, des versants de collines souvent encadrés de roches alignées et bordées de pourpre, le tout sous un ciel azur ou or. Les peintres de ce temps ont un net penchant pour les files de soldats ou de domestiques se découpant contre l'horizon, masquées à demi par des rochers; presque toujours, hommes et chevaux sont dessinés en silhouette comme des images surimposées, neuves mais issues malgré tout d'un répertoire limité. Si ces illustrations sont heureuses, c'est qu'elles se satisfont des limites sévères qui régissent alors l'échelle, la couleur et les rapports — très étroits — avec le texte dont un fragment alterne presque toujours avec un passage pictural, plus haut ou plus bas que lui.

A ce même Mourchid revient, en 1545, un gros manuscrit de la Chester Beatty Library (P. 212), les *Merveilles du Monde* de Qazwini; son dessin animalier illustre un autre aspect du génie de cette école de Chiraz. Le paysage de l'arrière-plan, systématisé, fournit un cadre idéal aux animaux. La simplicité des fleurs et des arbres qui se répètent, toujours les mêmes, permet au lecteur d'entrer facilement dans l'autre monde, celui de l'animal. La longue histoire de la représentation animale en Perse frémit, entière, derrière ces images emplies de chaleur humaine, derrière ces singes, cet oiseau qui chante toute la nuit, ou cet autre qui change de couleur comme le caméléon. Mais l'imagination des artistes ne se limite pas là; elle crée un monde surnaturel, peuplé de singes doués de
Illustration p. 150
parole, d'hommes ailés ou qui vivent dans les arbres. La peinture cerne ici complètement le texte, contraint à une simple réserve ménagée dans la surface picturale. Les tonalités blondes conviennent admirablement à cet univers enchanté qui, par la vertu de sa propre densité, n'exige ni espace, ni ciel. Comment rêver art entrant de plain-pied avec plus de naturel, plus de bonheur, dans le surnaturel? Cette composition conceptuelle convient aussi bien au monde imaginaire qu'à l'univers réel; le peintre emporte, domine son spectateur. Mais le dessinateur moderne est loin du peintre persan qui ignore tout faux-semblant; son audience et lui-même savent encore voir le merveilleux dans le quotidien.

A partir de 1560 environ, l'école de Chiraz commence à s'épuiser; elle use et abuse de son répertoire d'arbres, de rochers, de nuages, de plantes en fleurs et même de personnages, à cheval, assis ou debout. Les rares ciels qui subsistent sont plats, bleus ou or; leurs petites floculations nuageuses sont disposées avec une triste régularité. Les arbres ressemblent à des spécimens botaniques, chaque feuille dessinée à son tour; l'eau est plus conventionnelle que jamais. Cette obsession du motif systématique est poussée si loin que les structures en deviennent souvent indéchiffrables.

Cet emprisonnement dans les termes d'une conception stéréotypée se retrouve dans le *Khamseh* de Nizamî de 1584 (University of Pennsylvania Museum, Philadelphie). Les personnages de ses riches illustrations, gracieux pris l'un après l'autre, semblent découpés

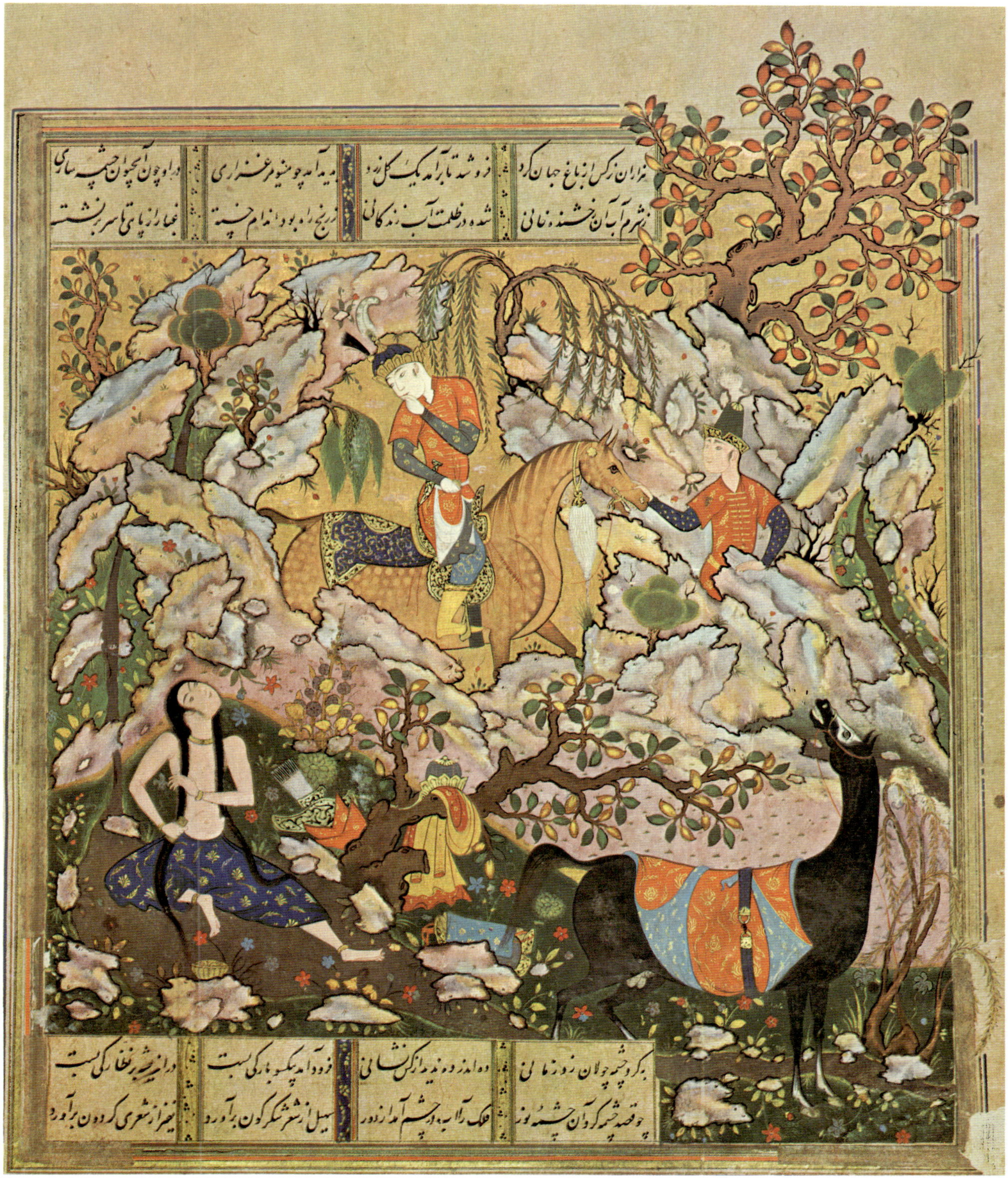

Khamseh de Nizamî: Khosrow voit pour la première fois Chirine (miniature Nº 3).
Chiraz, 1584 - (H. 0,37; L. 0,27). Philadelphie, Pennsylvania University Museum, NE P. 33.

dans du carton et n'avoir d'autre raison d'être que de composer un thème séduisant. Ils passent successivement dans les vastes salles des sept pavillons de sept couleurs différentes où Behram coule les sept jours de la semaine. Le pavillon noir de la princesse indienne, par exemple, procure un admirable arrière-plan aux silhouettes de la jeune danseuse, des musiciens et des servantes, chacune d'elles portant le voile en forme, avec un point derrière la tête, qui vient de faire son apparition. Mais ce bâtiment composé de rectangles invraisemblables que surmonte, en équilibre sur son toit, un dôme de taille ridicule, comment en discerner la structure réelle? Les quatre quatrains insérés dans la composition sont-ils devant ou derrière elle? Dans les scènes avec de fins paysages, Illustration p. 153 *Khosrow voyant Chirine pour la première fois*, par exemple, avec son roi et son domestique (qui y figure par erreur), les personnages sont entourés de rochers sans épaisseur percés de trous par où s'écoulent des ruisseaux et poussent des arbres et des plantes. Tout peintre a naturellement droit à une certaine liberté d'échelle ou de perspective, mais dans la mesure où son œuvre vise autre chose qu'un thème décoratif, le spectateur doit, lui, pouvoir exercer sa propre imagination. Les rapports entre la miniature et la page du livre sont définitivement compromis si la première n'est plus qu'un motif plat couvrant toute la surface.

La peinture à la fin de la période séfévide

9

PENDANT la seconde partie du règne de Châh Tahmâsp, à Qazvin, à Tabriz, et aussi à Chiraz et à Boukhara, la peinture de manuscrits sombre petit à petit dans la répétition et la stéréotypie. Les huit illustrations du *Hadiqat al-Uns*, daté 1573 (Museum of Fine Arts, Boston), le meilleur travail de ces années, ont des couleurs séduisantes et un dessin sensible, mais leur composition est si molle qu'elle semble n'avoir qu'un but décoratif. Sur un papier bleu, contre un ciel d'or, le conventionnel horizon dentelé; les animaux de trois de ces miniatures (un cheval, un éléphant et un chameau) sont constitués d'un assemblage de corps humains imbriqués les uns dans les autres; l'école mogole des Indes adoptera ce procédé décadent. Plus encore, cet antiréalisme accentue la vacuité des pages; par sa complication outrée, un élément unique paraît seul les occuper, au détriment de tout le reste. Or on rencontre précisément à cette époque un peintre, s'il n'en fut d'autres, qui, à la cour séfévide, insuffle un air nouveau à son art par un retour à la nature et sans rompre avec la tradition. C'est Mohammedi; son dessin pastoral du Louvre signé et daté 1578 annonce un art plein de charme et de fraîcheur. Quelques miniatures inachevées, éparses dans différents manuscrits, montrent que sa peinture se fonde toujours sur un dessin en ligne fine. Le dessin de Paris a reçu ensuite une coloration transparente mais non le voile opaque des pigments habituels. Cette scène rurale ne se rapporte, semble-t-il, à aucun texte. Au centre, deux bœufs tirent une charrue; le bouvier, tout en les guidant, se tourne vers un derviche assis sous un arbre; au premier plan, un berger joue du chalumeau à sa chèvre; près d'un cours d'eau, dans leurs deux tentes, des femmes vaquent à leurs occupations; plus loin, une cruche à la main, un gamin puise de l'eau.

Aucun de ces éléments n'aurait surpris chez un peintre proche de Sultan Mohammed, trente ans plus tôt; mais ici, ils ne composent qu'une pure scène pastorale, sans contexte historique, sans propos anecdotique. L'apparition au centre de la composition de bœufs à la place des chevaux habituels en affecte étrangement le rythme; la masse la plus importante est en effet dominée par une longue ligne souple. L'autre élément neuf est le naturalisme plus marqué des autres acteurs, et surtout du berger barbu qui penche en avant son corps maigre, concentré sur son instrument mais souriant aussi sous sa coiffure bordée de fourrure. Ce personnage a fait attribuer à Mohammedi des dessins de derviches dansant, disséminés dans plusieurs collections, qui lui sont en partie postérieurs. D'un autre côté, ses coloris si fins lui ont valu l'attribution d'une autre scène campagnarde; elle se trouve au British Museum; ses contours délicats sont tracés avec plusieurs pigments, mais cette fois, la composition bien plus simple et l'absence totale d'humour — dont le sourire du berger musicien était un exemple — imposent à ce dessin un autre auteur et une date peut-être légèrement antérieure. Il y a cependant d'autres dessins qui peuvent, eux, appartenir à Mohammedi. En premier lieu, l'*Autoportrait* de Boston (Museum of Fine Arts). Il est en assez mauvais état mais signé. Sur un fond uni, un homme barbu, debout, regarde un dessin de fleur qu'il tient à la main. La tête de ce personnage ressemble étonnamment à celle du bouvier du dessin de 1578. La ligne est aussi solide; l'attitude évoque irrésistiblement l'ancienne école de Herat, mais aucun motif sûr n'existe de tenir Mohammedi pour un élève, et encore moins pour le fils de Sultan Mohammed. Le seul texte contemporain ou presque qui le cite le mentionne en passant: excellent peintre, dit-on, du temps de Ismâ'îl II; celui-ci ne régna qu'un an, après la mort de son père Tahmâsp en 1576. Le chef-d'œuvre du Louvre a peut-être à lui seul valu à Mohammedi une importance bien plus grande qu'il ne le mérite en réalité. L'*Autoportrait* et le *Hadiqat al-Uns* ont tous les deux fait partie des collections de Châh Abbas Ier; ils portent son sceau. Le palmier, dans une miniature du *Hadiqat al-Uns* en rappelle un autre au centre de la scène de campagne du British Museum; on peut donc dater cette dernière aux environs de 1575.

Toutes ces scènes rurales, on les attribuait autrefois à l'école de Sultan Mohammed, au maître lui-même parfois. L'arrière-plan de *Mejnoûn amené devant la tente de Leïla* de Mir Seyyid Ali, dans le Nizamî royal de 1539-1543, en aurait donné la clef. Mais c'est oublier le naturalisme bien plus poussé du dessin. Les chèvres habitent réellement le paysage, le berger ne s'appuie pas simplement contre le rocher, il joue aussi du chalumeau; le gamin se penche sur le cours d'eau pour y remplir sa cruche et ne se tourne pas dans une autre direction, comme la jeune fille de Mir Seyyid Ali. Si les moyens sont assez proches, le résultat est tout différent; ici, paix idyllique; là, décor somptueux à la tendresse lyrique. La seule manifestation antérieure de ce trait persan si personnel, c'était le

Illustration p. 49

Diwan de Sultan Ahmed (Freer Gallery), cent cinquante ans auparavant. Mais ses dessins marginaux portaient les signes très nets du tracé chinois; ici par contre, c'est un éblouissement de calligraphie authentiquement persane, avec un trait suprêmement voulu, une ligne douce et subtile.

On l'a déjà vu, le trait de Mohammedi est plus ferme, plus accentué; il s'y ajoute une certaine fantaisie responsable de son humour si particulier et qu'avait parfaitement ignoré la peinture antérieure de la Perse. Plusieurs dessins de derviches dansant — les meilleurs à Leningrad — mettent bien en valeur cet enjouement spirituel. Les danseurs, par leurs attitudes, leurs vêtements, leurs hauts chapeaux pointus, ou encore leurs déguisements en peau de chèvre, ne sont pas sans rappeler la *Commedia dell'Arte*. Les musiciennes qui les entourent attestent l'oubli de l'inspiration religieuse. Certains de ces dessins se trouvent à Londres (India Office Library); ils sont signés ou attribués à Mohammedi. Son nom pourrait-il être lié sans raison à ce genre de dessin? C'est improbable. Ils traitent

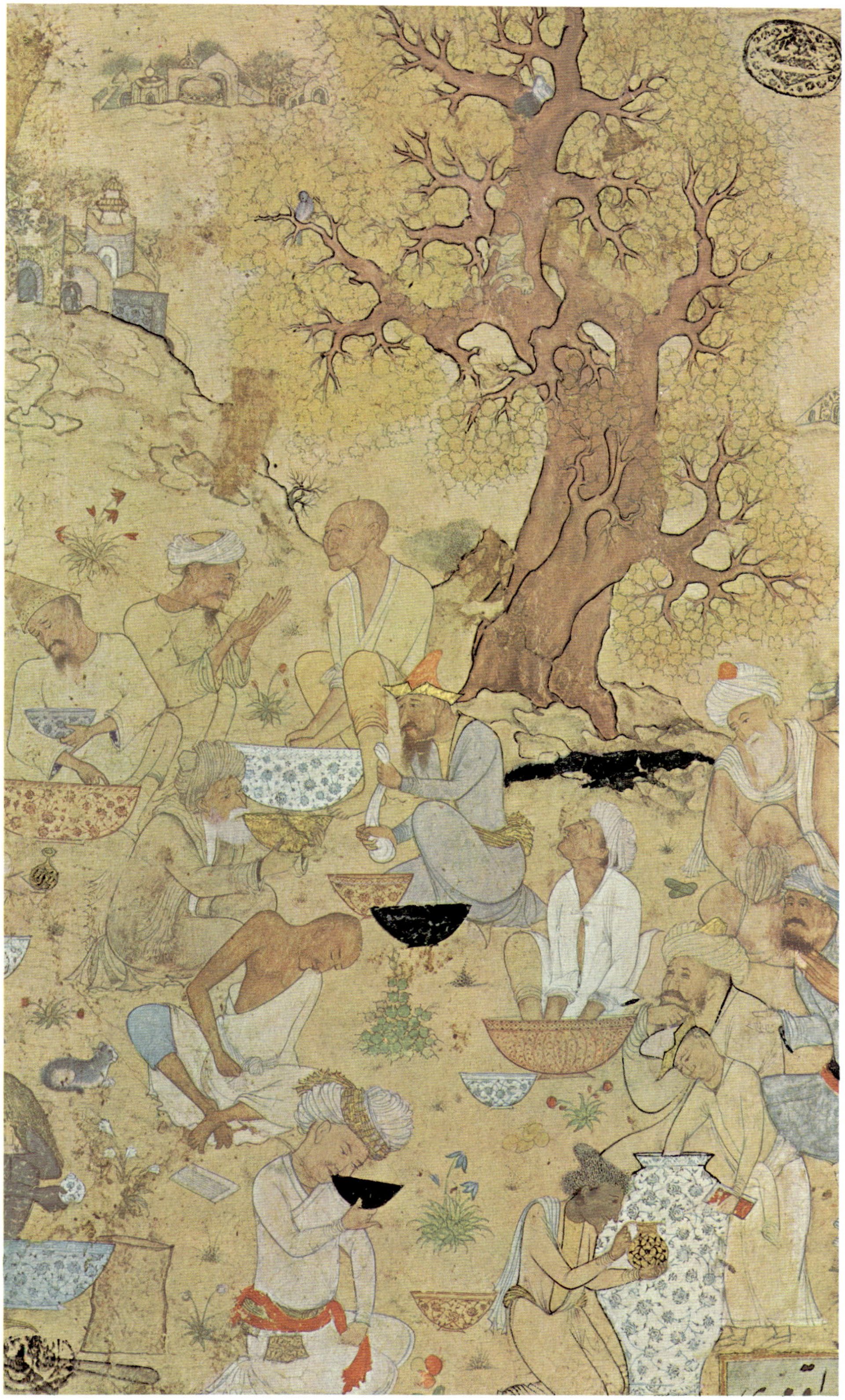

Pique-nique dans la montagne - page séparée attribuée à Mohammedi, vers 1590 - (H. 0,225; L. 0,138).
Boston, Museum of Fine Arts, No. 14.649.

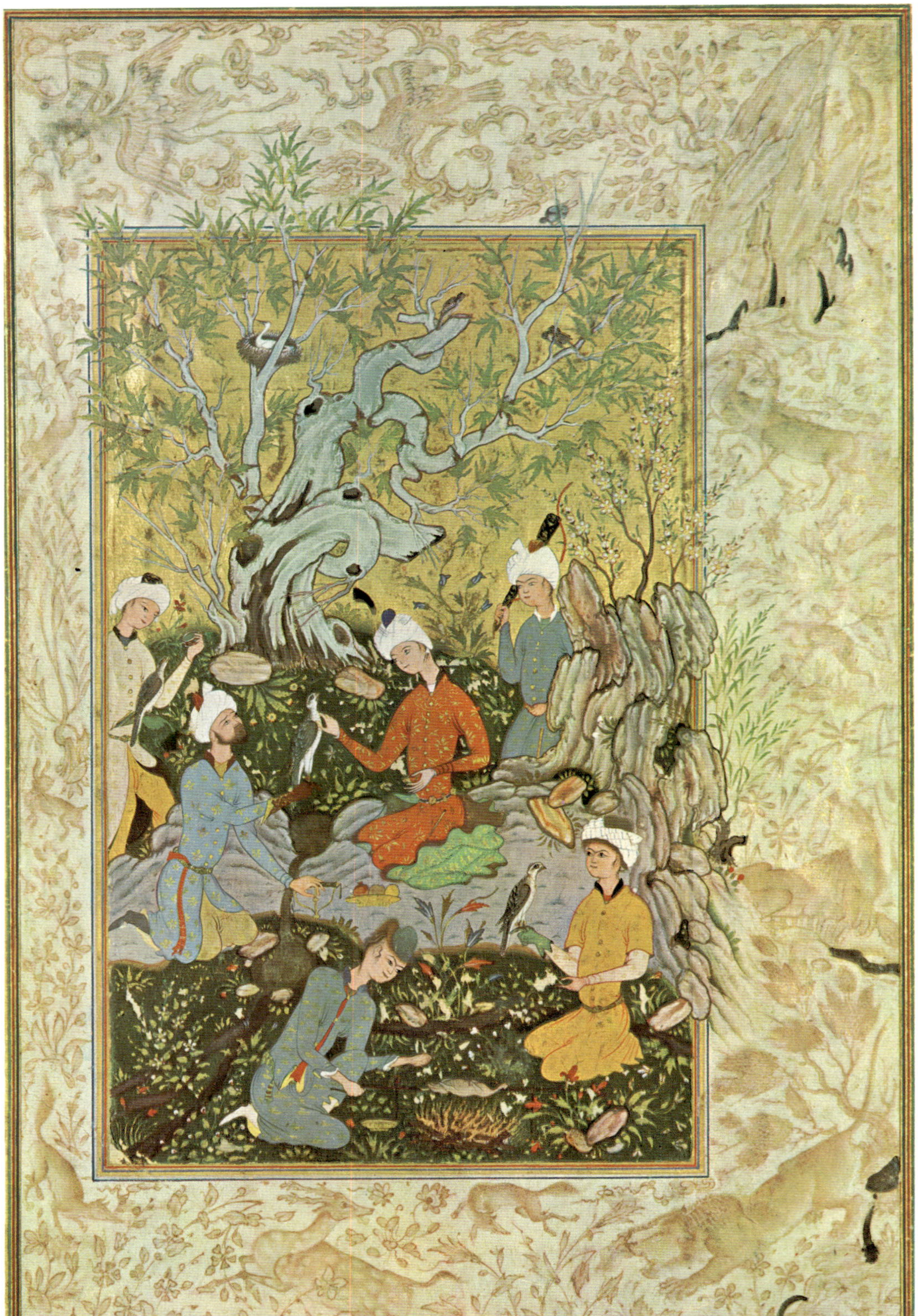

Prince à la chasse au faucon (moitié d'une double-page) - vers 1585 - (H. 0,373; L. 0,247).
Boston, Museum of Fine Arts, No. 14.624 (ancienne collection Goloubev).

le réel certes, mais sans ce réalisme d'une autre catégorie de dessins qu'on attribue, mais à tort probablement, à Mohammedi. Le *Pique-nique dans la montagne* de Boston (Museum of Fine Arts) en est un excellent exemple; le paysage baigne entièrement la scène mais seuls les personnages tiennent la rampe; sans doute aussi des derviches cherchant dans la boisson l'extase religieuse. Ils sont assis par terre devant un arbre noueux; à côté d'eux, de grands bols de riz et des coupes de vin qu'on va remplir à l'immense jarre du premier plan. Tous les récipients sont ornés de réseaux d'arabesques florales empruntés par la Perse à la porcelaine bleue et blanche de la Chine au temps de Châh Abbas Ier; ce dessin date certainement du début de son règne (1587-1629). Le réalisme de certaines têtes a fait croire à Schroeder qu'il pouvait s'agir d'un travail mogol, mais le réalisme ici procède de la chaleur de l'artiste à l'égard de son sujet bien plus que des soucis scientifiques de l'école mogole, avec ses perspectives savantes et son modelé qui doivent tellement à l'Occident. La composition est ici purement persane; comment s'étonner alors de ce chat, de ces fleurs admirablement observés, de ces expressions qui laissent deviner l'humanisme du peintre? Mais la virtuosité croissante de la technique du dessin rend maintenant ces éléments plus sensibles. Le réalisme dérive en fait du sujet lui-même; il ne lui est pas extérieur.

Illustration p. 157

On attribuait à Mohammedi une seule miniature sur double page entièrement en couleurs; le Metropolitan Museum et le Museum of Fine Arts de Boston en possèdent aujourd'hui chacun une partie. C'est un moment de repos dans la montagne, intermède au cours d'une chasse royale au faucon; la brillance des coloris, avec le ciel d'or, l'herbe vert foncé, les rocs pourpres, saute aux yeux; sur ce fond, les vêtements voyants mettent en relief les traits élégants des jeunes gens. Les deux feuilles empiètent sur les marges, et les arbres par leur feuillage se mêlent aux thèmes décoratifs or et argent qui occupent les quatre côtés; ils reviennent donc au même artiste que les compositions; un artiste maniéré, expressionniste, soulignant les contours des joues et des mentons et répétant sans fin ses bosquets. Dans les marges, des animaux en plein mouvement, des lions et des hyènes poursuivant des gazelles, un aigle fondant sur une cigogne, et toutes les bêtes jusqu'aux lièvres, qui pourtant ne semblent guère en grand péril, les yeux écarquillés de terreur ou d'agressivité. On ne saurait imaginer contraste plus parfait avec le trait aimable et filiforme de Mohammedi. Qui est l'auteur de cette œuvre, nous ne le savons pas, mais elle doit dater des alentours de 1585, avant l'apparition du grand turban aux plis lâches. Le peintre se soucie d'exprimer sa propre personnalité bien plus que le charme de la vie rurale ou l'atmosphère lyrique d'un poème romantique; il fouille les possibilités que lui offrent les gestes ou les attitudes élégantes de composer un thème intéressant. Jusqu'à la fin de la période séfévide, la peinture persane va suivre toujours plus cette voie, où prime la touche personnelle.

Illustration p. 158

Celui qu'il faut considérer comme le premier peintre de ce temps est Aga Riza, le fils de Maulana Ali Asghar de Kachan, peintre d'Ibrahim Mirza alors qu'il était gouverneur de Meched, aux environs de 1556 à 1577. Sa formation, il la doit par conséquent au plus grand centre artistique de cette période. L'écrivain Qadi Ahmed était de même origine puisque fils du *munshi* du même prince et ce qu'il dit d'Aga Riza, doit donc être exact.

D'après lui, sa virtuosité de dessinateur et surtout de portraitiste lui valut très jeune la célébrité, ainsi que la faveur dont il jouit par la suite à la cour de Châh Abbas Ier, sans doute au début des années 1590. Le châh néanmoins dès les premiers temps de son règne affronta des invasions extérieures et n'eut guère de temps à consacrer aux arts, jusqu'au transfert de sa capitale à Ispahan en 1597-1598. Certaines œuvres d'Aga Riza sont certainement plus anciennes; la première édition de l'ouvrage de Qadi Ahmed date en effet de cette année-là, alors que le peintre était déjà célèbre. D'après une version postérieure du même ouvrage, que le professeur Minorsky place en 1606-1608, le travail et la manière du peintre se seraient dégradés à la suite de mauvaises fréquentations; Aga Riza ne se serait plus alors intéressé qu'aux matches de lutte. Toutes ses œuvres connues, a soutenu Eric Schroeder, se situent entre 1589 et 1600. Les caractérise une fort belle ligne fluctuante, sensible aux textures et ponctuée d'un léger accent chaque fois que la plume quitte le papier. Aga Riza aimait rendre les transparences, manches de mousseline,

Jeune prince jouant de la mandoline (page 23) - école séfévide, vers 1585-1590 - (H. 0,13; L. 0,13).
Londres, British Museum, Or. 1373.

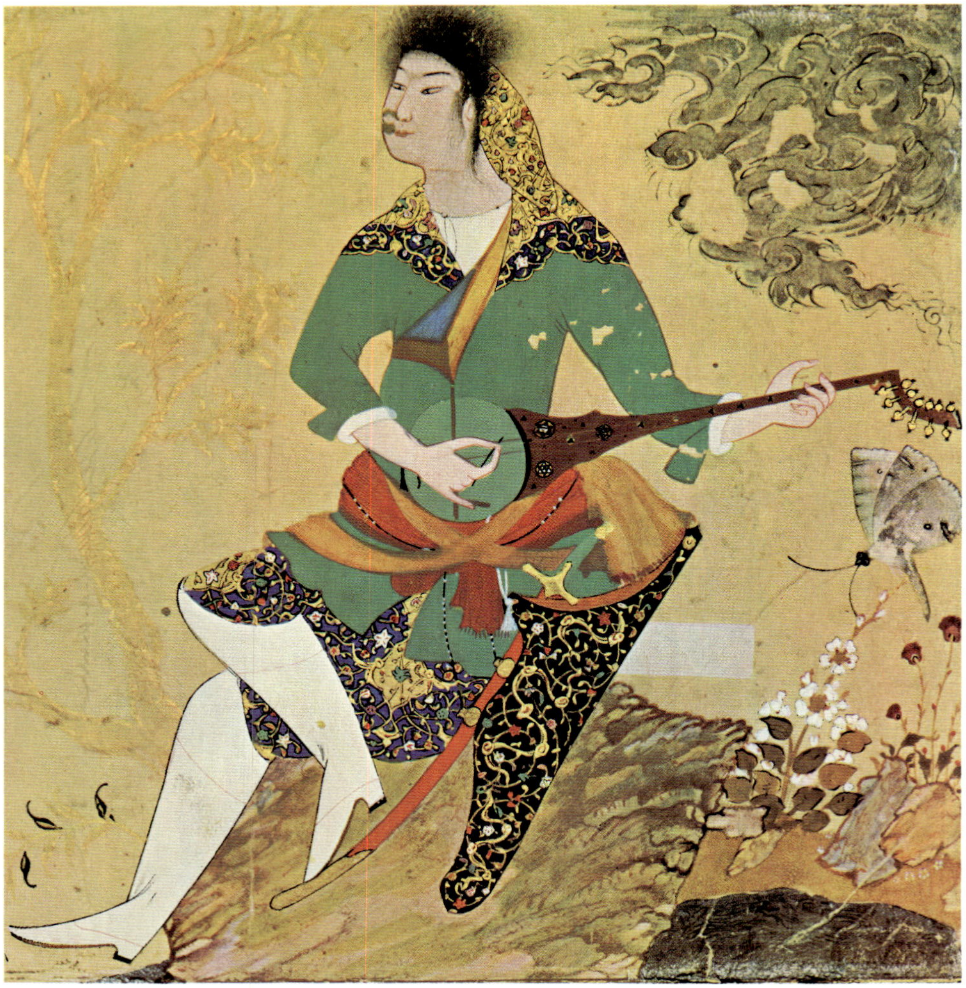

cheveux ou barbes bouclés, et par-dessus tout, les ceintures et turbans avec leurs plis. Un page de cour et une jeune fille élégamment vêtue, peintures signées et marquées du sceau personnel du châh, l'une au Fogg Art Museum et l'autre à la Freer Gallery, peuvent éclairer sur l'origine d'autres œuvres, tels les dessins de personnages de la Morgan Library (album Nº 386). Ces deux œuvres sacrifient déjà à la mode qui, au cours du siècle suivant, deviendra un ennuyeux maniérisme, sinon une manie: le personnage penché en avant, le genou légèrement plié, avec la cuisse qui détermine un tracé unique, auquel correspond une double courbe dans le dos. La joue comme le menton est plus pleine; on se détourne du type humain en faveur sous Tahmâsp pour un autre qu'impose le goût du temps. Epaules plus rondes, corps plus étoffé, taille moins marquée. La poussée du naturalisme en est en partie responsable; ces personnages sont indéniablement moins raides et moins figés; l'impression de mouvement est frappante. En outre, le changement affecte aussi la psychologie. Alors que le milieu du siècle précédent préférait des personnages tendus, sur leurs gardes, maintenant ils paraissent calmes et absorbés en eux-mêmes. Les lèvres s'entrouvrent pour la première fois sur un soupçon de sourire.

Dans deux dessins de la Morgan Library, eux aussi en couleurs vives, les turbans sont d'une élégance encore plus raffinée, leur extrémité ramenée en crête sur le haut de la tête. Les deux personnages sont assis, jeunes courtisans ou princes, l'un s'adressant au faucon posé sur son genou, l'autre forgeant un fer à cheval sur une petite enclume. A défaut d'appartenir à Aga Riza lui-même, ils sont proches de lui. Dans le premier, le même fond à motifs floraux, rehaussé d'or, que dans la page du Fogg Art Museum,

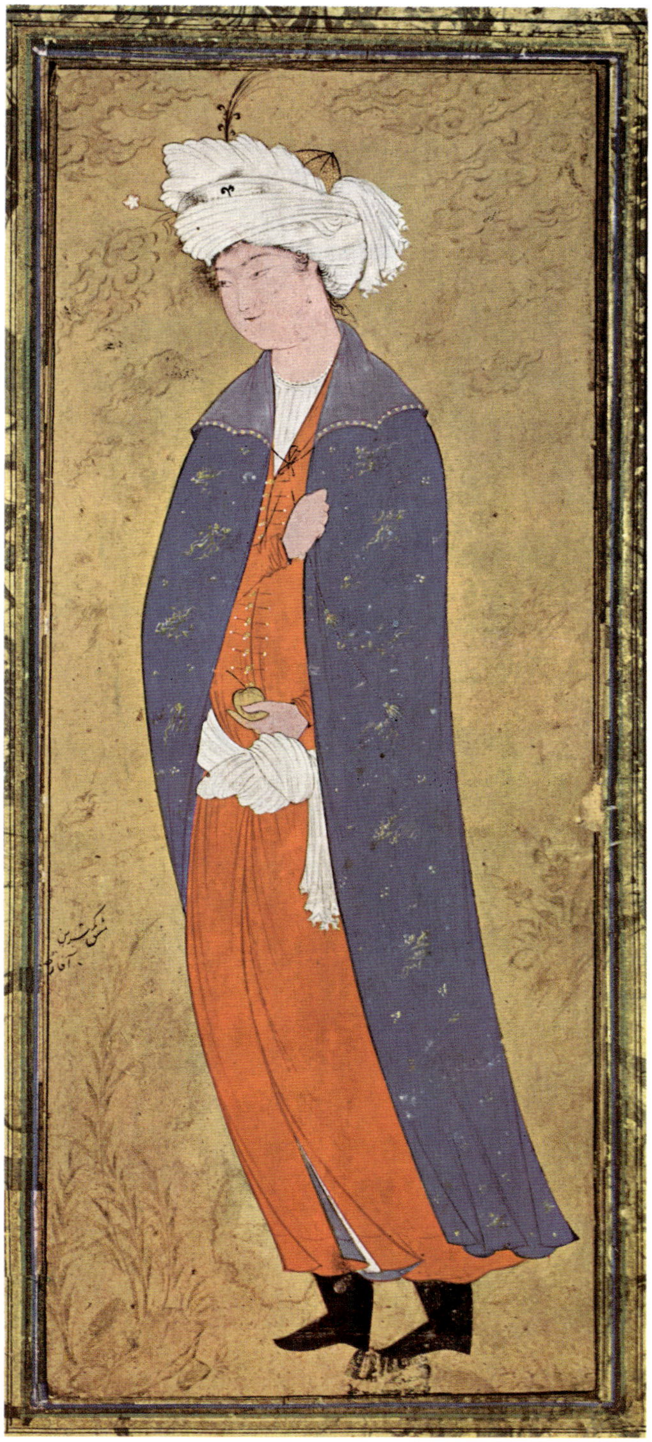

Un page debout - page séparée peinte par Aga Riza, vers 1590 - (H. 0,173; L. 0,074).
Cambridge, Mass., Fogg Art Museum, No. 1936.27.

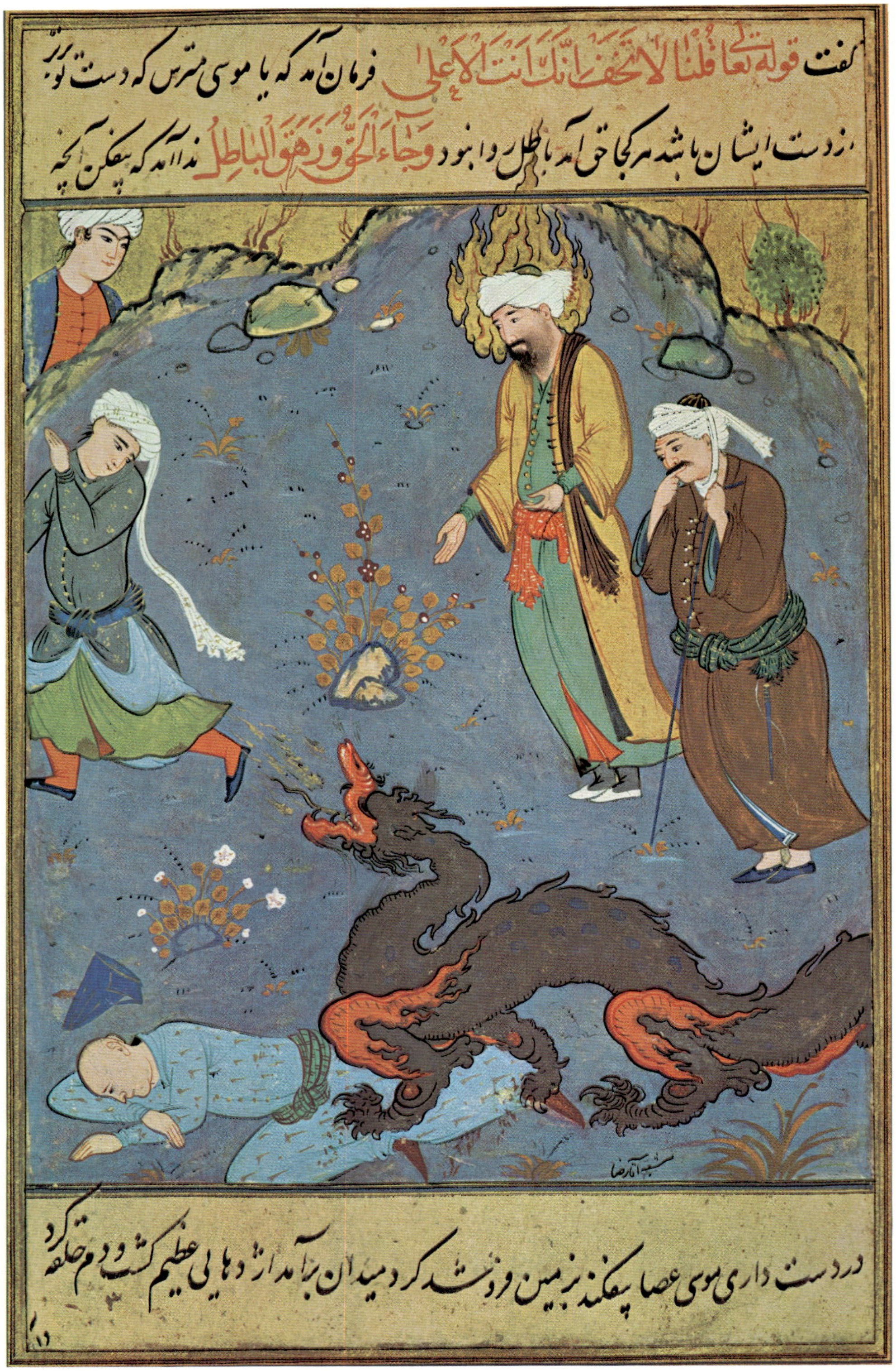

Qisas al-Anbiya (Histoire des Prophètes) de Nichapouri: Moïse et Aaron (folio 79 verso).
Peint par Aga Riza, vers 1590-1600 - (H. 0,142; L. 0,124). Paris, Bibliothèque Nationale, Sup. pers. 1313.

avec les mêmes nuages conventionnels; le second montre, à l'emplacement le plus visible, un tapis, comme dans une miniature du seul manuscrit enluminé qu'on puisse attribuer à Aga Riza, le *Qisas al-Anbiya* de Nichapouri (Bibliothèque Nationale, Sup. pers. 1313). Une dédicace royale endommagée ouvre cette *Histoire des Prophètes*; elle ne peut s'adresser qu'à Châh Abbas Ier, d'autant plus que, par leur style, ces miniatures rappellent irrésistiblement les années 1590-1600. Celle qui est reproduite ici est la seule signée; Moïse et Aaron viennent de faire apparaître un dragon pour lutter contre les magiciens au service du pharaon. La signature est bien de Riza; toutes les miniatures de ce livre, ou peu s'en faut, doivent être de sa main. Les personnages sont inclinés ainsi que dans les dessins isolés; même goût pour les barbes et les extrémités de turban. Le dessin est un peu moins délicat, mais le décor plus vaste l'exigeait; le naturalisme enfin est plus marqué que dans toutes les œuvres antérieures.

Illustration p. 162

D'autres miniatures de ce manuscrit illustrent bien cette association d'un paysage conventionnel à des acteurs naturalistes: les *Sept dormeurs d'Ephèse*, avec leur chien dans la caverne, *Caïn fuyant Abel qu'il vient de tuer*. Les arbres ne sont que des buissons informes; tous les détails sont réduits à l'essentiel; les personnages, comme ils le feraient à l'issue d'une soirée passée à boire, s'appuyent les uns contre les autres. L'illustration de manuscrits passe désormais au second plan derrière les portraits et les scènes de genre. La ligne l'emporte sur la couleur.

Le Fauconnier, sur son poing gauche son animal entravé, coiffé du capuchon particulier aux gens de son état, avec la visière renforcée pour protéger les yeux et le voile rouge au sommet de la tête, est un beau dessin de l'époque. La barbe noire et courte, les cheveux crépus de l'homme sont aussi bien rendus que dans les œuvres signées d'Aga Riza, mais le dessin est plus linéaire et traduit moins bien le volume; des traits rapides expriment les plis, ainsi qu'allait en régner la mode au siècle suivant. Les coloris sont autres, turquoise pour le vêtement, ses ornements pourpres, un orange brun pour le fond, qu'occupent toujours des plantes dessinées en or. Dans le *Page endormi* de Cleveland (Museum of Art), les plis sont traités de la même façon mais l'arbre et le paysage ne valent pas le beau dessin du personnage, ce qui confirme l'impression que l'on ressent souvent devant les œuvres d'Aga Riza. Ce dessin et le *Fauconnier*, que le Legs Eckstein fit entrer au British Museum, pourraient être d'Aga Riza mais postérieurs aux œuvres signées qu'il exécuta pour le châh. Aucun peintre connu ne peut les revendiquer, et pourquoi Aga Riza n'aurait-il pas continué à peindre après être tombé en disgrâce?

L'illustration de manuscrits, dans son ensemble, ne présente pas d'intérêt capital pendant le reste du règne de Châh Abbas Ier. Le dessin de personnages domine de plus en plus. Les arrière-plans composés de paysages sont de tonalités plus basses que les riches vêtements des acteurs. Lorsqu'ils empiètent sur les marges, le cas est fréquent, ils se transforment en simples dessins teintés. On trouve les meilleurs passages non plus dans les paysages, mais dans les peintures murales des bâtiments qui sont représentés. D'habitude bleues ou couleur de sanguine sur un fond blanc, elles suivent les règles imposées par le XVIe siècle aux décorations marginales des meilleurs manuscrits. Ce sont des thèmes d'ensemble avec une progression logique, des arbres qui montent vers un ciel

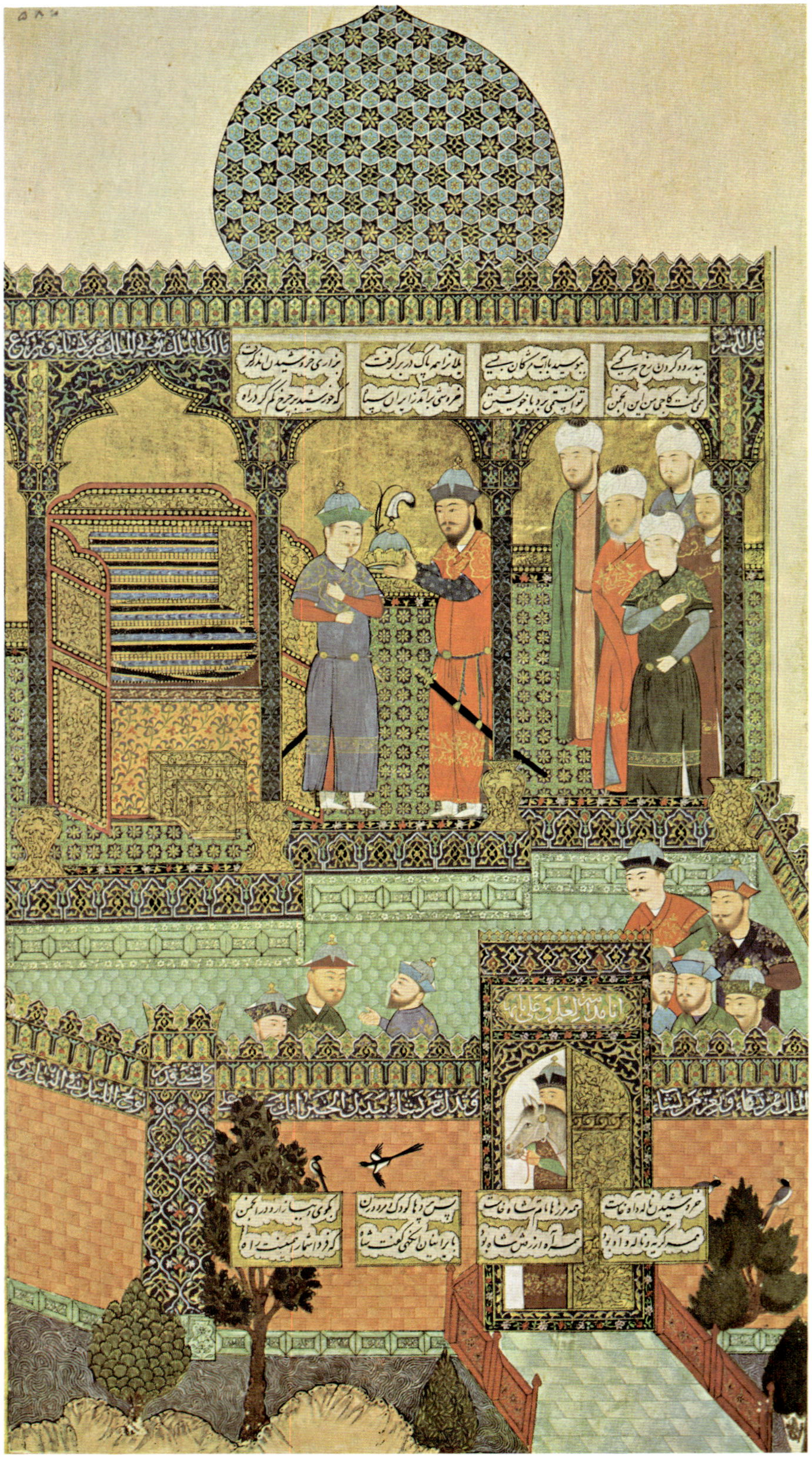

Châh-Nâmeh de Châh Abbas Ier : Couronnement de Louhrasp par Keï Khosrow (folio 580).
1614 - (H. 0,368; L. 0,205). New York, Public Library, collection Spencer.

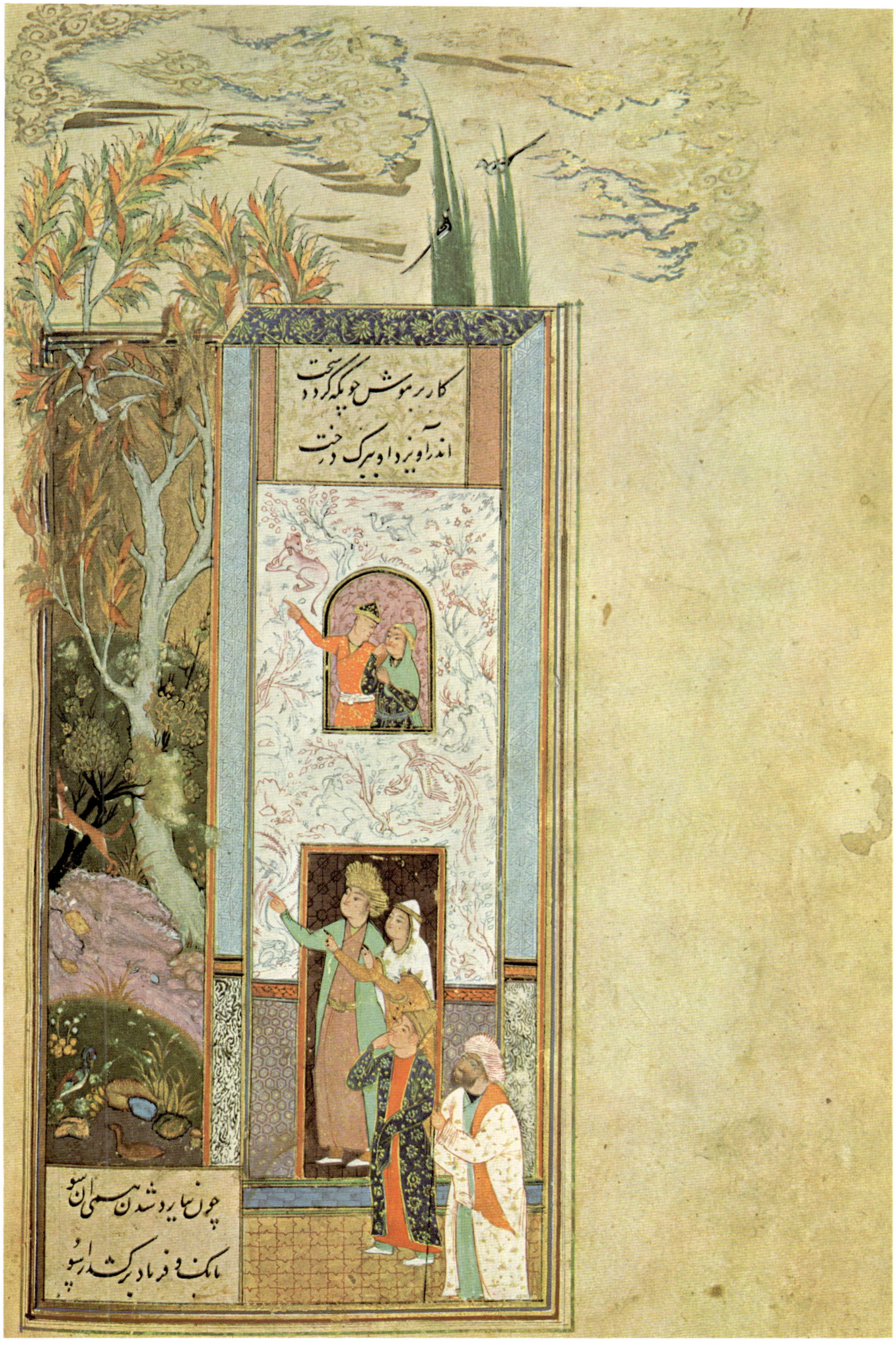

Livre des Merveilles du Monde (Aja'ib al-Makhluqat) de Qazwini: Mangouste dans un arbre (folio 147 verso).
Herat, 1613 - (H. 0,24; L. 0,16). Baltimore, Walters Art Gallery, W. 652.

que peuplent des oiseaux et des nuages. Dans les marges, les nuages sont du reste les mêmes: or avec des franges bleues, ou vice versa, ainsi qu'on le voit dans le bon recueil de poésies de la Walters Art Gallery de Baltimore (Ms. 652) qui, copié à Herat en 1613, contient treize miniatures de qualité inégale. Le dessin animalier est rempli de chaleur, les arbres sont décoratifs, mais la composition n'est pas organisée et les personnages sont beaucoup trop grands. Pourtant, comparées aux illustrations courantes de *Châh-Nâmeh* de cette période — assez nombreuses, par exemple le manuscrit de 1614 du British Museum ou celui de 1618-1619 de la Walters Art Gallery — ces miniatures sont élégantes et heureuses pour les volumes qu'elles accompagnent. Les autres, par contre, même dessinées de façon acceptable, ne sont que les répétitions mécaniques de compositions antérieures; la pénétration, l'imagination qui avaient fait la valeur et le charme de toutes les écoles des siècles précédents leur manquent.

Illustration p. 165

Un *Châh-Nâmeh* aux illustrations somptueuses, réalisé pour Châh Abbas Ier en 1614, aujourd'hui à New York (Public Library, Collection Spencer), compose une curieuse exception à cette règle; non pas qu'un modèle antérieur ne l'ait inspiré, mais la copie est d'une telle qualité que le plagiat, avec elle, atteint à la grandeur. Ses trente-neuf miniatures pastichent le célèbre *Châh-Nâmeh* de Baysonqur (Bibliothèque du Goulistân, à Téhéran). Les coloris qui rarement trahissent leur époque tardive sont fidèles au climat d'ensemble de ce grand manuscrit; l'or et le lapis-lazuli sont utilisés sans parcimonie. A examiner de près ces peintures, on voit que vingt-deux d'entre elles reprennent avec une remarquable fidélité des compositions anciennes; elles se contentent parfois de les simplifier un peu, y supprimant un personnage ou deux, mais bien plus souvent ajoutant, au premier plan des rochers et à l'arrière-plan des arbres. Différence permanente: le texte est disposé sur quatre colonnes et non plus sur six; la miniature, suivant la coutume d'alors, en incorpore plusieurs passages; quelques personnages s'en trouvent délogés. Dans deux ou trois cas, il y a eu des transferts de groupes d'une page à l'autre; au folio 223, par exemple, scène de polo où figure le Baysonqur du frontispice, ou au folio 766, scène de bataille à laquelle manquent plusieurs personnages de la miniature correspondante de 1430, dont l'un se trouve maintenant au folio 126; au folio 287, avec Djamchid entouré des artisans qui lui doivent les métiers, réorganisation des éléments et, dans un cas au moins, inversion d'un personnage. La Perse d'alors savait-elle calquer?

Le plus important néanmoins, c'est que l'ouvrage de 1430, tel que nous le connaissons, ignore dix-huit de ces miniatures récentes; qu'en penser? Imaginer un autre exemplaire de ce *Châh-Nâmeh* encore plus somptueux que le nôtre? Ou bien que les peintres du XVIIe avaient assimilé le style de Herat du début du XVe siècle au point de pouvoir créer des compositions dignes de lui à s'y méprendre? La faculté d'invention de ces peintres était étonnante, c'est certain; le *Couronnement de Louhrasp par Keï Khosrow*, du folio 580, le montre bien. La partie droite d'une miniature sur double page est ingénieusement tirée du *Farâmurz en deuil devant les cercueils de son père Rostem et de son frère Zawara* de 1430. Le premier plan tout entier et l'encadrement sont identiques dans les deux miniatures, mais, dans la seconde, la mosquée est devenue palais; un trône y remplace les cercueils. Les mains tendues en geste de prière autrefois et qui reçoivent

Illustration p. 164

ici la couronne offerte par Louhrasp n'en trahissent pas moins une profonde indigence créatrice. Le *Sauvetage de Bijen dans le puits* du folio 432 semble, lui, entièrement neuf; le paysage est assez chaotique; le héros est vêtu à la mode du XVIIe siècle; ses traits évoquent eux aussi cette époque. Toutes les illustrations nouvelles possèdent des ciels d'or absents du manuscrit original; les rochers du XVe siècle se multiplient ici à l'excès.

Le fait est là néanmoins qu'en ce siècle tardif, la bibliothèque royale est encore capable de produire œuvre aussi trompeuse. S'agit-il d'un cas unique qu'aurait dicté le désir de perpétuer par la reproduction l'existence d'un manuscrit célèbre, sans doute déjà dans la bibliothèque royale? A un manuscrit de la Bibliothèque Malek à Téhéran, qui fut écrit pour Baysonqur, on a ajouté une seule miniature dans ce même style du début du XVIIe siècle. On a suggéré également que le Nizamî de 1580 au Metropolitan Museum à New York était aussi un pastiche d'un ouvrage timouride tardif. Cette découverte implique des conséquences considérables; elle suppose la minutieuse organisation de la bibliothèque royale telle qu'elle a été décrite postérieurement dans un traité traduit par le professeur Minorsky sous le titre de *Tadhkirat al-Muluk* (1943), texte d'administration séfévide datant des environs de 1137 (1725 de notre ère).

Châh Abbas Ier dirigeait une bureaucratie efficace qui suivait à tous ses échelons ses buts et son goût personnel. Le centre d'Ispahan, avec la Meidan du Châh qu'entourent mosquées recouvertes de céramiques et portails des bazars, et que domine la haute silhouette du palais de Ali Qapou, exprime bien son amour de la splendeur et sa passion de l'architecture. Du haut de son palais, Châh Abbas Ier voyait les rues vivantes de sa ville que ceinturaient de vastes jardins. Les peintures murales décoratives de Ali Qapou paraissent quelque peu incongrues dans ce cadre, mais la Perse séfévide ne possédait pas de tradition propre de peinture murale. Ne pouvait-on attendre de la part d'un souverain responsable de brocarts et de faïences somptueuses et des tapis qui sortirent de ses ateliers qu'il exige de ses peintres décoration plus noble pour ses appartements privés? Mais ces peintures de jeunes pages ou de courtisans représentaient en fait le décor même de la vie du châh, que décrivit sous de si vives couleurs le voyageur italien Pietro della Valle dans l'excellent compte rendu de Wilfrid Blunt sur son année à la cour persane.

Puisque les peintres royaux ont reçu ce genre de commande, il est naturel que l'artiste le plus influent de ces années ait été Rizâ i-Abbassi; sa période d'activité paraît se situer entre 1610 et 1640. Des portraits de lui que réalisa bien plus tard son élève Mou'in donnent 1635 pour l'année de sa mort, mais cette indication n'est pas sûre. De toute évidence, bon nombre des signatures de Rizâ i-Abbassi, tout en suivant sa calligraphie personnelle, ne sont pas authentiques; des versions différentes en existent en effet. Plusieurs œuvres sont bien de lui néanmoins et permettent de porter un jugement sur son tempérament artistique. Rizâ i-Abbassi a été un dessinateur brillant; le célèbre album d'esquisses de la collection Sarre aujourd'hui à Washington (Freer Gallery) le démontre amplement. Cette plume aisée, avec ses pleins et ses déliés, et ses arrêts en égratignures, se retrouve dans toutes les œuvres sûres de ce maître, la plupart du temps colorées de pigments vernissés qui se sont craquelés. Au stade terminal, le peintre portait parfois en filigrane des réseaux d'or sur les brocarts des vêtements. Ce qui sépare

Rizâ i-Abbassi de ses élèves et de ses continuateurs, c'est avant tout son goût du thème en soi; larges plis d'une écharpe ou d'une cape de derviche, extrémités de la ceinture d'un page, qu'il accentue au point de leur conférer une beauté abstraite, tandis qu'un fond d'or les met en valeur sur lequel des bouteilles ou des fruits se découpent et se mêlent aux branchages ou aux nuages en flammèches pour composer un ensemble de motifs d'un bel effet. Le sujet lui-même est prêt à se dissoudre, à laisser place à une abstraction pure que la Perse n'aurait pu renier, avec son antique tradition calligraphique et la décoration non-figurative de ses tapis et de ses enluminures. Les peintres de Châh Abbas et les artistes de ses ateliers textiles n'ont pu s'ignorer; le fils de Rizâ, Shafi, a vraiment dessiné des étoffes, nous le verrons. Malheureusement c'est la tendance au réalisme qui a fini par l'emporter. L'art européen en est peut-être le grand responsable auquel le châh s'intéressait pour lui et surtout parce qu'il représentait un marché pour ses brocarts. C'est grâce à un contemporain de Rizâ, Mohammed Youssouf al-Hoseîni, que la volonté de libération vis-à-vis du dessin plat et traditionnel des personnages atteint son point Illustration p. 169 extrême. La brillante composition de la Morgan Library (M. 386), avec ses trois personnages, deux jeunes gens agenouillés dont l'un entoure la taille d'une jeune dame de condition debout devant lui, est le premier exercice composé en profondeur de formes qui se chevauchent. La jeune femme lève le bras; elle vient d'ôter le turban de son ami et le pose sur sa propre tête dans un mouvement dansant dont les nuages qui passent et les feuilles posées sur un profond ciel bleu sont une sorte d'écho. On ignore à peu près tout de ce peintre; les collections Pozzi et Dawud possèdent aussi des œuvres de sa main qui attestent sa maîtrise technique.

Shafi, le fils de Rizâ, dessinateur appliqué et soigneux, paraît s'être spécialisé dans les bordures et le dessin floral; il aurait dessiné des étoffes. Sa plus grande période d'activité se situe, semble-t-il, sous le règne de Châh Abbas II (1642-1667) mais il n'est sans doute mort qu'en 1674; il peut avoir émigré à la cour mogole des Indes après la mort du châh. La Bibliothèque Nationale possède deux œuvres dédiées à ce dernier: un dessin achevé d'un *Chardonneret*, daté 1653, et un manuscrit (Sup. pers. 769) dont on garantît au voyageur suédois J. Otter, lorsqu'il en fit l'acquisition à Ispahan dans la première moitié du XVIIIe siècle, qu'il était de Shafi 'Abbassi. Abbas II protégea les artistes occidentaux, on le sait; des peintres hollandais et leurs élèves persans décorèrent son célèbre palais de Tchihil Sutun à Ispahan. Plus encore, il envoya à Rome pour y étudier l'art occidental le peintre persan Mohammed Zaman. Ce dernier rentra en Perse en 1675; il y travailla jusqu'en 1697 au moins.

D'après Nicolao Manucci, aventurier vénitien qui séjourna en Inde mogole mais dont la parole est plus que douteuse, Zaman se serait converti en Europe; il y aurait été baptisé sous le nom de Paolo; à la suite de quoi, n'osant plus entrer en Perse il aurait été servir Châh Djahan, mais le fanatisme croissant de son successeur Aurengzeb l'aurait poussé à retourner au plus vite en Perse où régnait depuis 1667 Châh Suleiman. Le seul point en faveur de cette version dans l'œuvre de Zaman c'est la présence accidentelle dans plusieurs de ses miniatures de vols d'oiseaux alignés, motif typiquement mogol, ainsi que deux peintures chrétiennes, plus tardives, qui attestent une connaissance

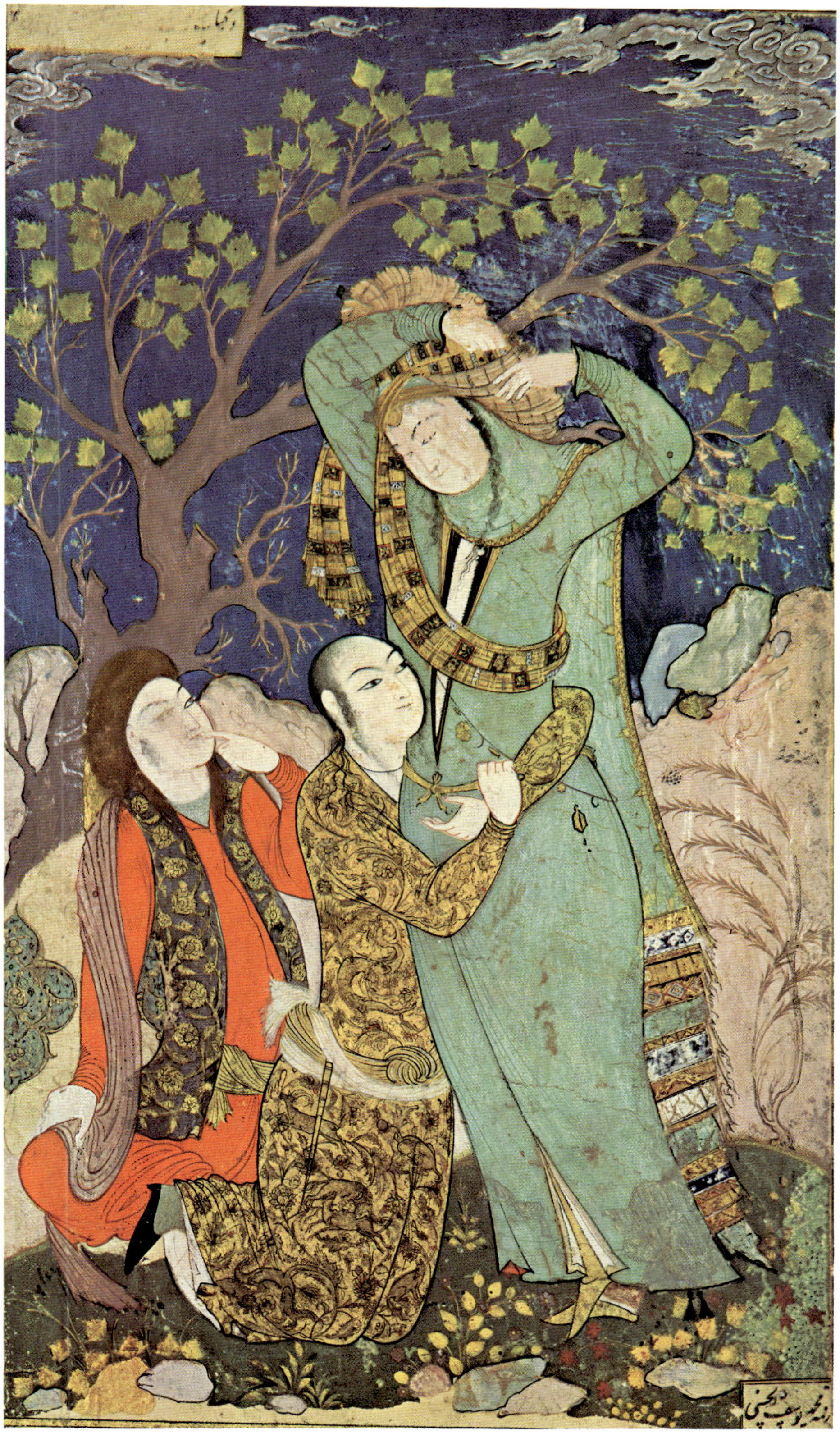

Scène d'amour (feuille 15) - peint par Mohammed Youssouf al-Hoseïni, vers 1630 - (H. 0,245; L. 0,142).
New York, Morgan Library, M. 386.

approfondie de l'iconographie et du style de l'Occident. Mais ces deux peintures elles-mêmes sont signées « Mohammed Zaman, fils de Hadji Youssouf »; il n'est pas question de patronyme chrétien. Le roi protégea Zaman; l'ordre qu'il lui donna d'ajouter trois miniatures au Nizamî de Châh Tahmâsp, de 1543, l'indique; l'une d'elle représente le châh lui-même sous les traits de Behram Gour tuant le dragon; elle est signée et datée 1675-1676. Fait curieux, presque toutes les illustrations de Zaman paraissent de cette année. Entre autres, deux grandes miniatures d'un *Châh-Nâmeh*, à la Chester Beatty Library, et les premières miniatures d'un *Khamseh* de Nizamî, copié en 1675-1677 (Pierpont Morgan Library, M. 469). Partout une atmosphère héroïque et la chaude lumière de l'Italie; des ombres portées. Mais les rapports entre le texte et les illustrations n'ont pas changé. Les personnages conservent dans leurs gestes et dans leurs attitudes le souvenir de l'ancienne élégance persane; dans le Nizamî, le sultan seldjoukide Sandjar écoute une vieille femme se plaindre de ses soldats; près de là, un personnage secondaire dans la pose classique de l'étonnement, un doigt sur la bouche. Sandjar n'est autre en fait que le jeune monarque qui avait vingt-huit ans en 1675-1676, année de cette peinture. Le British Museum possède le dessin d'un prince dans la même attitude, avec un turban tout aussi compliqué; dans le ciel, cette inscription: *Ya Sahib al-Zaman* (O Seigneur des temps), tenue depuis longtemps pour une référence masquée au peintre Zaman et aujourd'hui pour un signe certain de sa présence. C'est un portrait de groupe; le châh est entouré d'un échanson habillé à l'européenne et d'un mogol en vêtement de cour, d'une exactitude bien digne de l'artiste. Aucun paysage dans le fond; l'occidentalisation n'est pas totale. Par contre, le Nizamî de la Morgan Library renferme des pages d'un réalisme encore plus poussé. La *Visitation* et la *Fuite en Egypte*, datées 1678 et 1689, signées mais sans garantie, sont des œuvres indépendantes; à 1697 remonte un plumier en laque peinte (collection Haloun, au Caire) où est représenté le dernier châh séfévide Hoseîn (1694-1722) déjeunant dans la campagne.

Ce style était-il vraiment pour la Perse d'un exotisme exceptionnel? Il faudrait pour le croire les exemples d'une tradition de peinture moins contaminée. Or, même les jeunes pages dans leurs somptueux brocarts d'or et d'argent, les danseuses avec leurs écharpes interminables ont maintenant les traits modelés. Le souci de naturalisme précis a poussé à rompre les anciennes courbes calligraphiques; le dessin très fini de Boston (Museum of Fine Arts, No 14 641), l'illustre parfaitement. Les arts suivent la même courbe descendante que la maison séfévide; ni la vigueur des envahisseurs afghans, ni le renouveau voulu par les Kadjars dans leur capitale neuve de Téhéran, n'insufflent une vie nouvelle à l'illustration du manuscrit en Perse. Au XIXe siècle enfin, ses fondements mêmes sont détruits lorsque la lithographie et l'impression viennent assurer la relève de l'ouvrage écrit à la main.

Bibliographie

Index des manuscrits - Index général

Table des illustrations

Table des matières

Bibliographie

Choix d'ouvrages et d'articles rédigés dans les langues occidentales

Ouvrages généraux :

F. R. MARTIN, *The Miniature Painting and Painters of Persia, India and Turkey*, 2 vol., Londres 1912.

T. W. ARNOLD, *Painting in Islam*, Oxford 1928.

Armenag Bey SAKISIAN, *La miniature persane du XIIe au XVIIe siècle*, Paris et Bruxelles 1929.

L. BINYON, J. V. S. WILKINSON et Basil GRAY, *Persian Miniature Painting*, Londres 1933.

Ernst KUEHNEL, *History of miniature painting and drawing*, dans *A Survey of Persian Art*, vol. 3, Oxford 1939.

E. SCHROEDER, *Persian Miniatures in the Fogg Museum of Art*, Cambridge, Mass., 1942.

B. W. ROBINSON, *A descriptive catalogue of the Persian Paintings in the Bodleian Library*, Oxford 1958.

Ernst KUEHNEL, *Persische Miniaturmalerei*, Berlin 1959.

A. J. ARBERRY, M. MINOVI et E. BLOCHET, édité par J. V. S. WILKINSON, *The Chester Beatty Library : a catalogue of the Persian manuscripts and miniatures*, 2 vol., Dublin 1959-1960.

CHAPITRE I

E. HERZFELD, *Die Malereien von Samarra*, Berlin 1927.

G. JERPHANION, *Les miniatures du MS syriaque N° 559 de la Bibliothèque vaticane*, dans *Codices e vaticanis selecti, N° 25*, Vatican 1940.

G. D. GUEST, *Notes on miniatures on a thirteenth century Beaker*, dans *Ars Islamica*, vol. X, 1943.

Bishr FARÈS, *Une miniature religieuse de l'école arabe de Bagdad*, Le Caire 1948.

D. SCHLUMBERGER, *Le palais ghaznévide de Lashkari Bazaar*, dans *Syria*, XXIX, 1952.

D. S. RICE, *The Aghāni miniatures and religious painting in Islam*, dans *Burlington Magazine*, avril 1953.

R. GHIRSHMAN, *Bîchâpour*, vol. II, *Les Mosaïques sassanides*, Paris 1956.

R. ETTINGHAUSEN, *On some Mongol miniatures*, dans *Kunst des Orients*, III, 1959.

E. WELLESZ, *An early al-Sûfî manuscript in the Bodleian library in Oxford; a study in Islamic constellation images*, dans *Ars Orientalis*, III, 1959.

CHAPITRES II-III

F. R. MARTIN, *Miniatures from the period of Timur in a MS. of the poems of Sultan Ahmed Jalair*, Vienne 1926.

I. STCHOUKINE, *La peinture iranienne sous les derniers Abbassides et les Il-Khâns*, Bruges 1936.

E. DE LOREY, *Peinture musulmane ou peinture iranienne*, dans *Revue des Arts asiatiques*, XII, 1938.

D. BRIAN, *A reconstruction of the miniature cycle in the Demotte Shah-namah*, dans *Ars Islamica*, VI (2), 1939.

Henri MASSÉ, *Le Livre des merveilles du monde*, Paris 1944.

D. E. BARRETT, *Persian Painting of the Fourteenth Century*, Londres 1952.

R. ETTINGHAUSEN, *Persian ascension miniatures of the 14th century*, dans *Ars Orientalis*, I, 1954.

D. S. RICE, *The Seasons and the Labors of the Months in Islamic art*, dans *Ars Orientalis*, I, 1954.

R. ETTINGHAUSEN, *Some paintings in four Istanbul albums*, Accademia Nazionale dei Lincei, Rome 1957.

H. STERN, *Au sujet des images des mois dans l'art musulman*, dans *Ars Orientalis*, II, 1957.

I. STCHOUKINE, *Les peintures du Shāhnāmeh Demotte*, dans *Arts Asiatiques*, V (2), 1958.

CHAPITRE IV

J. V. S. WILKINSON et Laurence BINYON, *The Shâhnâmah of Firdausî, with 24 illustrations from a fifteenth-century Persian manuscript in the possession of the Royal Asiatic Society*, Oxford 1931.

M. AGA OGLU, *The Landscape miniatures of an anthology manuscript of the year 1398 A.D.*, dans *Ars Islamica*, III, 1936.

B. W. ROBINSON, *Unpublished paintings from a XVth century Book of Kings*, dans *Apollo Miscellanii*, 1951.

I. STCHOUKINE, *Les peintures des manuscrits tîmurides*, Paris 1954.

R. ETTINGHAUSEN, *An illuminated manuscript of Hâfiz i-Abrû in Istanbul*, dans *Kunst des Orients*, II (3), 1956.

CHAPITRE V

K. V. ZETTERSTEIN et C. J. LAMM, *Mohammed Asafî, the story of Jamal and Jalâl, an illuminated MS. in the library of Uppsala University*, Upsala 1948.

M. S. IPSIROGLU et S. EYÜBÖGLU, *Sur l'album du Conquérant*, Istamboul 1954.

B. W. ROBINSON, *Origin and date of three famous Shahnameh illustrations*, dans *Ars Orientalis*, vol. I, 1954.

Basil GRAY, *The so-called Turkman school of Persian miniature painting*, dans *Akten des vierundzwanzigsten internationalen Orientalisten-Kongresses*, Munich 1957.

M. S. IPSIROGLU et S. EYÜBÖGLU, *Ein Beitrag zur türkischen Malerei im 15. Jahrhundert*, dans *Du*, Zurich, juin 1959.

Ernst KÜHNEL, *Malernamen in den Berliner 'Saray'-Alben*, dans *Kunst des Orients*, III, 1959.

CHAPITRE VI

F. R. Martin, *Les miniatures de Behzad dans un manuscrit persan daté de 1485*, Munich 1912.

F. R. Martin et T. W. Arnold, *The Nizami manuscript in the British Museum (Or. 6810)*, Vienne 1926.

T. W. Arnold, *Bihzâd and his paintings in the Zafarnâmah MS.*, Londres 1930.

B. W. Robinson, *The John Rylands Laylâ wa Majnûn and the Bodleian Nawâ'i of 1485, a royal Timurid manuscript*, dans *Bulletin of the John Rylands library*, Manchester, vol. 37, 1954.

Muhammad Mustafa, *The work of Bihzad* (en arabe), Le Caire 1959.

R. Pinder-Wilson, *Bihzâd* (article dans *Enciclopedia Universale dell'Arte*, vol. II), Rome 1960.

CHAPITRES VII-VIII

F. R. Martin, *The Nizami MS. from the library of the Shâh of Persia*, Vienne 1927.

Laurence Binyon, *The Poems of Nizami*, Londres 1928.

Qâdî Ahmad, *Calligraphers and Painters*, traité de l'année A.H. 1015 (1606 de notre ère) traduit du persan par V. Minorsky avec une introduction de B. N. Zakhoder, Washington 1959.

I. Stchoukine, *Les peintures des manuscrits Safavis de 1502 à 1587*, Paris 1959.

CHAPITRE IX

F. Sarre et E. Mittwoch, *Die Zeichnungen von Riza Abbasi*, Munich 1914.

Richard Gottheil, *The Shahnameh in Persian, an illuminated and illustrated manuscript in the Spencer collection*, dans *Bulletin of the New York Public Library*, vol. 36, N° 8, 1932.

Basil Gray, *An Album of designs for Persian Textiles*, dans *Aus der Welt der islamischen Kunst, Festschrift für Ernst Kühnel*, Berlin 1959.

Index des Manuscrits

Index des noms et lieux cités

Table des illustrations

XIIIe SIÈCLE

XIVe SIÈCLE

XV

XVIe SIÈCLE

XVIIe SIÈCLE

Table des matières